经纬华夏

〔美〕许倬云

著

南海出版公司

新经典文化股份有限公司
www.readinglife.com
出　品

目 录

经纬华夏，寻根明志

许　宏

一

许倬云先生在耄耋之年推出新著《经纬华夏》，无论对于学界还是公众，都是一大幸事。

在兵荒马乱的岁月中写出《国史大纲》的钱穆先生，据说曾要求独立担纲北大中国通史课的讲授，意在一个"通"字，所求者乃太史公"究天人之际，通古今之变"的执着与大气。许倬云先生这部大作同样如此，处处都能让人真切感受到他呈现完整系统的中国史的使命感，这正是陈寅恪先生所谓"为此文化所化之人"，中西兼通，窗里窗外，我者他者——正因如此，先生方能看得更透彻、更明白。

先生在《余白》中明言，此书本打算作为《万古江河》的续编，最终却"走了完全不同的路线"，而"如此改变，是顺着自己的思考路线发展，顺其自然"——愚以为，这个"顺其自然"的思考路向，就是导言中所谓"中国文化格局的世界性"。如果说《万古江河》还"大多是中国文化圈内部的演变"，那么《经纬华夏》则是要"从世界看中国，再从中国看世界"了。

读此书，感觉最为认同、最惺惺相惜之处，当属许先生以地理、地缘和人地关系作为基础，缓缓为我们展开的这幅华夏画卷。许先生胸怀华夏、放眼东亚，他俨然是位将军，又像是位写意书画家，睥睨天下，挥洒自如。他将中国地理与文化大势比喻为围棋里的一条"大龙"，其所压之处，处处是活眼，内部彼此影响又互相仰仗，而这条盘踞着华夏棋局的巨龙，最终又在东亚乃至世界棋盘上大放光彩。如此一览众山小的豪放之气，正是"经纬华夏"此一书名的应有之义。

观史如观画，都需要远近长短的距离感，微观看细部，宏观看格局。观画的距离感在于空间，观史的距离感则涵盖了时间和空间两个维度。全球史的概念及全球通史类作品的出现，至多是半个多世纪前的事，此前的任何史著，可以说都是区域视野的区域史。从全球文明史的视角看区域文明，处处有比较文明史理念下的观照，是这几十年以来才有的史学新气象。言之知易，行之何难！在此类书籍之中，许先生的作品无疑是针对当前这个大时代的思考结晶，堪称典范。

二

许先生在述及这本书与《万古江河》的不同时，特意强调"因应着考古材料的众多，有一半以上的论述是有关考古成果的启示"，这构成了此书的一大特色。前七章的论述，主要建立在对考古材料分析梳理的基础上。先生大量引用层出不穷的考古材料，涵盖学界最新的发现与认识，致力于"将似乎有个别特色的许多遗址，组织为古史的代表；从这种序列，也可以看到时间维度上某一个文化系统本身的演变"，进而"将中国历史归纳为时间之序列、空间之扩散，从而理解人类的移动轨迹，以及族群之间、国别之间互动的形态。……将大面积、长时段、以其特征为代表的大文化群——即这些个别的、有特色的群体——放在一区一区，也就等于以大型结构体的组合，叙述历史上长时段推演的故事"。

围于专攻学科和自身学力的局限，我对先生的贯通性研究不敢过多置喙，但仍想借此机会与读者分享一些自己的理解与感受。

中国学术界关于中国文明起源认知的最大公约数，是多元一体理论。这一理论框架来源于社会学范畴的多元一体格局，指的是一种横向的当代民族观。而考古学上的多元一体理论，指的是华夏族群纵向的演化趋向——从多元化到一体化。所谓"最大公约数"，指的是在这一问题上，认可度最高，争议最少。书中明确提出的三个"核心区"的概念，就是对上述多元一体理论框架的深入阐发。第一区在黄河流域，从关陇直到渤海，应即黄土高原与黄土平原及左近地区，此区一向被视为中国古代文明的"中原"；第二区是长江流域，从长江上游直至"吴头楚尾"的长江口和太湖一带；第三区则是从南岭、武夷山以南的沿海长带地区，顺着西江延伸到中国西南部云贵地区。许倬云先生对第三区予以充分的强调，颇具深意，这是环太平洋文化圈的一个重要组成部分，同时也是此后近古乃至现代中国融入世界的重要窗口。先生进一步指出，"传统考古学所认定的'中原地区'，从西到东，其实都与草原文化有脱不开的关系""中华文明并非由某个单独的中心形成、进化，然后传播到其他地区。我所列举的三个核心区，都有各自发展的条件以及发展的过程；最后，它们在文化上终于构成一个庞大的群体。上述几个核心区的贡献，最终都融合在这一整体之内"。

关于中国文化不断开展的历程，许先生早先曾借用梁启超《中国史叙论》所述观念，将中国文化圈当作不断扩张的过程，由中原的中国，扩大为中国的中国、东亚的中国、亚洲的中国，以至世界的中国。循着众多前辈的学术志向和探索业绩深入探究，就我一个考古人的视角而言，如果仍然借用梁启超和许倬云先生的观念，从全球文明史的角度看中国："中国的中国"应大致相当于玉帛古国的良渚、大汶口—海岱龙山和仰韶—中原龙山等新石器时代文化所处的距今五千年至四千年前的那个时代，那是一个限于东亚大陆的松散的史前中国互动圈渐趋形成的阶段；"欧亚的中国"相当于以二里头为先导的中原青铜文明（夏、商、周三代王朝）被纳入欧亚青铜文化的"世界体系"，经秦汉而至隋唐，东亚大陆的国家群与亚欧大陆西部和中部不断沟通互动的时代，这也是以中原为中心的时代；"世界的中国"则大致相当于由宋至清的近古帝国时期，逐渐面向海洋，都邑由中原东移，南北变动，步入拥抱世界的新纪元。

因了考古学的兴起，我们可以把眼界进一步放开，从而有了更宏阔的视域。《世界体系》一书曾提出"五百年还是五千年？"这样的问题，在我们看来，"世界体系"最初形成的契机，当然是五千年前席卷整个亚欧大陆、距今三千七百年前后进入东亚并催生了中原王朝文明的青铜大潮，而非五百年前的"大航海"贸易。如此而言，先生以考古学为基石的论述，当属从这一宏观视野对华夏文明乃至全球文明史的考察。

关于中国信史时代的展开，许倬云先生强调自从西周以后，中国内、外之间的区别，乃是一个多重结构的共同体的内和外；不是单纯的华夏和夷狄，而是"网内"与"网外"多层次的我者与他者。他指出，"游牧与农耕并存的形态，成为东亚农耕国家与游牧群体之间对立而并存的常态"，而"在世界历史上，游牧民族征服中原政权或者被中原政权往西边推，于是东方的变动形成一股压力往西方传导，建构了中东和西欧的历史"。这种高屋建瓴的大气，为我们勾勒了一幅牵一发而动全身的中国与外部世界的"系络图"。自然，此间也不乏对古代中国由复杂的文化共同体融合而成的天下格局，以及欧洲民族国家之间分化扰攘态势的比较分析。至于先生对古代中国文化格局和思想系统的阐述，更是汪洋恣意，金句迭出。凡此种种，读者自可徜徉其间，尽享思辨之美。

三

就史家而言，先生不是事不关己的旁观者，他曾在战乱时被卷入，深怀流离失所之痛；也曾亲身参与社会改革，希冀能对故土更好的发展有所助益。他既是冷峻的观察研究者，又是抱持热望的践行者。他是严肃的，又是热忱的，他的文字融入了情感，但又质朴自然。他说自己提出的解释，不见于任何教科书之中，如果不用心在史料上，是看不出来的。也正因此，他对自己抗战时亲身经历的叙述，对知识群体如何影响中国历史发展方向的分析，对湖湘经世集团及其后继者作用的强调等，都构成该书区别于一般中国通史的鲜明特色和独到难得之处。从这个意义上讲，这又是一部融学术、思想、家世、情感于一体的史学佳作。

许先生在台湾大学求学期间，受教于中国第一代"海归"，如李济之先生、沈刚伯先生、李宗侗先生及其他文献史学、考古学界的硕学大儒，这奠定了他扎实的学术基础。此后先生兼跨中西学术圈，学术取向上致力于打通今古，故对中国大陆的考古发现与研究极为重视，与同辈的张忠培教授等相交甚笃，切磋合作，得以遍访大陆重要遗址和发掘现场、共同组织学术活动。而张忠培先生又是中国第一代考古大家苏秉琦先生的受业弟子。在许先生这部著作的背后，我们可以窥见海峡两岸数代学人由分到合，共同探求华夏文明起源及其演变过程，殊途而同归的学史轨迹。在本书中，许先生的思源感恩之情跃然纸上。虽经百年巨变，但学人寻踪古代中国历程的家国情怀与执着追求，仍让人感怀动心。

先生对包括史前时代在内的中国古代史的悉心梳理勾勒，处处显现出意在通过对中国初生脉络和文化缘起的深究，进而发掘其内涵底蕴的拳拳念想："中国文化是以大宇宙来定义一个人间，再以人间孕育下面各个层次的空间：国、族、亲戚、乡里、朋友。这一级一级由个人而至天下的网络结构，每一级之间，都是彼此关联、前后相续的秩序，中间不能切断，更非对立……既然这一文化圈的特点，是一个大宇宙涵盖其上，一个全世界承载于下，居于二者之中的我们，究竟该如何找到安身立命之所？这才是我撰写这本书的命意。"

掩卷之余，这位世纪老人的谆谆教诲言犹在耳："每个个人的抱负，应当是'修己以安人'。'安人'的过程，从近到远，逐步扩大，最后达到'安百姓'，也就是安顿所有的人类。"这些悲悯的哲思，令人感佩不已。这是一种大彻大悟后的平和与深刻。先

6

生所描绘的华夏文明，不只属于中国，更属于全人类。

　　许先生在全书的最后，谈到对未来中国的希望，先坦言前人在"赛先生""德先生"和"进化论"等认知上的误区，又给出了自己的殷殷嘱托，希望大同世界的梦想早日在中国落实。我在阅读《许倬云说美国》一书时谈及：许先生一直是一位前瞻者，他从前现代走来，身处现代文明的漩涡，窥见了许多后现代的问题。这位世纪老人的警世恒言，处处散发着思想的辉光和对人类文明的终极关怀。读完这本《经纬华夏》，我不得不又一次由衷地感叹：许倬云，常读常新。

2023 年 2 月于京西门头沟

致读者书

这本《经纬华夏》，终于可以放在各位面前，供各位阅读了。在此，我要说明自己撰写本书时的感想。

我想，本书是中国文化史中较为特别的一个文本：因为我在前半段，是将考古学与中国地理分区合在一起，讨论中国地理演变的过程。过去的历史著作，通常只将地理状态视作舞台。本书之中，地理却是参与变化的基本"函数"。历史的变化是动态的，放在这一似乎是静态的格局之上。然而，我却将这一特殊函数，与历史本身的变化（另一函数）编织为一。

由此，我找到了中国文化发展过程中一个重要特色：在全世界人类文化发展的地区中，中国竟是最为完整的一片土地；在此疆域之内，不同族群频繁进出，交汇时不断摩擦与融合。于是，中国文化经历多次调整与磨合之后，呈现其鲜明的包容特色，而这一特色在相当程度上表现为"调和"。

如此特色，在世界其他文化形成过程中，甚为罕见——很少有地理上如此完整的一片空间，作为族群融合的场所。于是，从本书陈述的时间看，中国文化跨度近万年，少说也有六千年。在整个人类文化史上，这一个例极为独特。

这一文化在走向全球化的过程中，经历近四百年的遭逢与碰撞。遭逢的对象，是地理环境割裂的欧洲，一个族群移动频繁、以战斗征服作为融合契机的群体。此外，在中世纪也有些从东方迁入欧洲的族群，摆脱了天主教会的约束，大多数族群改组为民族国家。

随后的时代，出现很重要的转变。一则，当年战斗部落的战士，往往共同推举领导战斗的首领；同时，这些战士，在部落中都是具有独立身份的个人——就集体而言，他们乃是部落真正的主人。当古代城邦出现时，希腊城邦就以这种模式，将战斗部落转变为民族体制。城邦的公民，也就是当初的战士，是城邦的自由人；他们经过选举，推举出共同领袖；出征的部队得胜归来，通过共同会议，决定如何分配战利品。在17世纪出现的民族国家中，有一些遵循上述背景，转变为民主体制，由公民共同决定国家事务与选举国家领导人。这一转变，在人类历史上确定了民主与自由的价值。

另一方面，至少在18世纪以后，欧洲摆脱了教廷在思想上的约束，不再停滞于"一切归诸上帝"。于是，在文艺复兴和理性的时代，他们开始思考天地如何形成，宇宙万物如何运转，人与人之间如何相处，这就出现了人类历史上科学与理性两大基本价值。

西方文明自身的发展，总时长不超过两千年，这一群体行动力强，融合力弱。在上述变化以后，欧洲人才具有自身的"动能"。于是，他们通过海上活动掠夺了非洲和美洲的资源、劳力以及土地，迅速开展为支配世界的力量。近五百年来，这一强大"战斗群"，对中国这一巨大"文化群"形成严重挑战。长期以来，中国"文化群"对于这一挑战，有穷于应付之窘态，近百年来才知如何应对。

世界的运转不会停止，人类社会的变化也不会中断。中国式的群体，长期停留在宇宙和谐秩序下，以"宗法、市集、国家"为组织函数。这一由宗族、社区形成的群体，其中的个人与群体之间，是相对的有取、有予，有支持、有分享——如此原则，可以导致群体一致行动的强大动能；而且群体之内，因为取予相当，也会以稳定为其常态。如此原则，与上述欧美文化已经出现的个人权利和理性的原则，二者之间如何共存，如何融合，将是人类能否在此地球上和平共存，创造人类共享福祉的世界文明之关键。

如果根据欧洲当年部落群的背景言之，他们是移动的群体，没有固定的农业可以维生，必须经历依赖草原上的牧草，养育牲口以维生计的阶段。在部落群进入欧洲时，欧洲已有的当地居民分散各处。从考古资料看，距今一万年到四五千年间，这些古老的族群分别据守林地与草地，以采集与比较初级的农牧业维生。欧洲破碎的地形，无法容纳大量人口，发展出以农业为主体的中国式生态。原有居民与新来的部落群，即使更往西进，到大西洋边便无路可走。因此，其经济模式无法转变成占地面积庞大的农业经济，他们必须四处掠夺，也掠夺邻近的中东、非洲。当民族国家形成后，临海国家经由海路掠夺其他地区的资源，或经由商业交换取得利润，甚至于侵略土地、奴役人口：这就是海上贸易的雏形。在此雏形之上，终于出现了制造和交换产业，也就是资本主义经济的前身。如此生态，孕育了资本主义海上活动具有的侵略性和掠夺性，同时带来了民主与自由。

占有亚洲大陆东方大片面积的中国，形成稳定的农业文化，并在此基础上发展出各级都市的交换，建构了城乡之间的交流、循环。于是，中国式的国家与经济秩序，是稳定与合作，再经由合作分配于社会群体内的其他人员。相对于欧洲在18世纪以后呈现的形态——取之于人，以肥自己；人人都有争夺的权利，于是"人自为战"，不求合作——两者确实是凿枘不投。这也说明，为何在明清时期，西方人叩关求入而中国不应，终于在鸦片战争时，以兵舰和大炮砸开中国的大门。到最近的20世纪，中国也采取了西方模式，试图以子之矛，攻子之盾。

以我自己的感觉，假如以物理学上描述的粒子与群体之间的状态而言——个别单位内部的静态，依赖于其内部粒子"能"的交换，取得整体的动态平衡；而各层次的群体，共同维持动态稳定——如此状态，可能恰好涵盖了东西方的特色。西方求动而不得定，东方求稳而不愿动，双方又不能理解对方的理由与惯例造成的行为模式——这就是目前我们面临的困局。

因此，我在这里祈求：各位读者，请不要仅仅将这本书视为"教科书"。我在书中提出的课题，乃是希望各位借此机会思考：人类该如何避免互相伤害，而走向互利共存？

言及于此，心情十分沉重。借用王阳明心学的"四句诀"其中一句，"无善无恶心之体，有善有恶意之动"，希望我们不再滞留于"无善无恶"的静止状态，我们必须要有所裁断，有所取舍。我们将来面对如此严重新局面的态度，应非对抗，而是劝说。

2023年3月24日于匹兹堡

导　言

中国文化的世界性

一

　　长江、黄河这两条中国的生命之流，各自发展出中国文化的一部分。中国文化的整体，当然也应当包括长江、黄河流域以外的地区。我从江河讲起，只是想要表达，我的陈述是追溯其源流始末之要者，是在形容各个地区不同的地方性文化如何交缠为一，终于建构出世界上最大的一个文化格局。这一文化格局不是部落性的，也并非民族性的，不仅是国家性的，而且是"普世性"的，我们可以称之为"天下格局"。"天下格局"这个词，并没有"帝国主义"的含义，只是说明中国文化的内涵，乃是以"天下"为关怀，不受国界的限制，以万民百姓为同胞，设定的即是《论语》所说"安人""安百姓"——"百姓"指的是许多不同族群，并非任何一族而已。

　　相对于中国的特色，世界几个主要的文化体系几乎都从犹太教的根源衍生而成：天主教、东正教、伊斯兰教……没有一家不是拥出一个独一真神，这个神对某一族类或其信仰者，有"偏爱的佑护"。这一套独神教的信仰，基本上是排他的。相对而言，中国文化在形成过程之中，到了周代，以抽象的"天"作为宇宙的全体，天与人乃是相对相成、互相证明。因此，中国文化是以大宇宙来定义一个人间，再以人间孕育下面各个层次的空间：国、族、亲戚、乡里、朋友。这一级一级由个人而至天下的网络结构，每一级之间，都是彼此关联、前后相续的秩序——中间不能切断，更非对立。

我曾把上述想法，写成《万古江河》一书，借此陈述中国文化本身发展的脉络，及其从若干地区性的文化逐渐融合为一个近乎世界性大国的历程。那一书名，乃是形容中国历史存续时间之长久。

《万古江河》写完后，我常常感觉这本书所讨论的，其实大多是中国文化圈内部的演变。既然这一文化圈的特点，是一个大宇宙涵盖其上，一个全世界承载于下，居于二者之中的我们，究竟该如何找到安身立命之所？这才是我撰写这本书的命意。

本书的书名，确定为《经纬华夏》。我也是从许多考古遗址的分布，以及系列古代文化的延伸与转折中觉悟：在长程演化之中，中国文化有许多个体的遗址可以排布为序列。诚如苏秉琦先生所说：以"区、系、类型"作为线索，将似乎有个别特色的许多遗址，组织为古史的代表；从这种序列，也可以看到时间维度上某一个文化系统本身的演变。我在本书中，将中国历史归纳为时间之序列、空间之扩散，从而理解人类的移动轨迹，以及族群之间、国别之间互动的形态。这就是将遍地开花的遗址，组织成有演变、有调节的整体叙事；将大面积、长时段、以其特征为代表的大文化群——即这些个别的、有特色的群体——放在一区一区，也就等于以大型结构体的组合，叙述历史上长时段推演的故事。

在撰述本书以前，我对于中国考古时代发展模式的考察，相当程度上是依照傅斯年先生所提出的"夷夏东西"的分野，在中国传统的中原地区（也就是黄河大平原、关陇以至于渤海湾），陈述其延伸和扩展过程。最近，孙岩的新著《普天之下的多元世界：西周北疆的物质文化、认同和权力》（*Many Worlds Under One Heaven: Material Culture, Identity, and Power in the Northern Frontiers of the Western Zhou, 1045–771 BCE*），从最西的西汉水一带（后来秦国的发源地）开始考察，接着是西周的周原、泾水流域，再接下去是晋国在山西汾水流域的发展，以至于最后讨论到燕山和草原交界处的燕国一带。秦、周、晋、燕这四个区域的北向或西向，外面都有相当发达的草原文化遗址。孙岩从这些遗址遗留的文物入手，检查其各别文化特色，发现每一区和草原文化之间都有千丝万缕的联系，其痕迹从出土器物上历历可见。这一说法，也正可以帮助我们理解：传统考古学所认定的"中原地区"，从西到东，其实都与草原文化有脱不开的关系。

在本书中，我顺着考古遗址展开再思考，发现长江流域与黄河流域这两个平行的地区，实际上各自发展、互相纠缠。中国古代的发展基地，绝对不仅中原一处而已。尤其我想指明者为：关陇以西，青海与贺兰山脉、祁连山脉地区，在中国历史上的重要性超越了"西部边缘"的意义，其实乃是东方与西方进退盘旋的空间。

三星堆遗址引发的疑问，使我终于理解：阴山以下至于其东面，进而延伸至川北、长江上游源头，是农耕与游牧的交错所在；也正在此一地区，东亚内陆进行的诸多人类活动，必然波及东亚的主要地区——中华的本土。

所以，我才将"允姓之戎"（早期文献称之为猃狁）作为一个共同称谓，以概括这一最东部的游牧族群❶，他们与华夏本土之间保持了长期互动；也因此注意到，从川北迄于长江口那一遍布山、岭、江、湖的天地，也是中国古代文明演化的地区。而四千年前从渤海湾到山东东海岸新石器时代的族群扩散，使得长江与黄河两个地区的发展，往往呈现交缠叠合的复杂现象。此处所谓"族群扩散"，在本书后文，将以龙山文化的扩散作为叙述。为了简化文字，我将以"海岱地区"涵盖这一整个的文化区域。"祝融八姓"的扩散所在地，也就涵盖其中。

当黄海地区的族群扩散，联系到东部沿海及至闽越地区，古代中国先民各种族群你应我和、交流合作，才创造出这片华夏天地。这个大舞台上，进行着东方人类最重要的一场长诗大剧。

至于干扰中国历史的因素，似乎主要是来自亚洲大陆北方草原地带的牧人群体的威胁，他们一批批进入中国，有些竟就此融入中国。及至近代，在渡海而来的欧洲人和东亚其他族群冲击之下，自中亚进入中国的丝绸之路，其重要性已不复当年。这些从海上而来的刺激，确实对中国构成极大冲击：中国不再只是大陆国家，而必须踏着太平洋的洋流，参与全世界的人类活动。这才是本书下半部分，我必须陈述者：中国如何因应海上来的冲击。

这一段陈述，是我的内心剖白。希望读者能由此找到阅读本书的线索。

---

❶ 游牧作为一种生产方式，出现时间较晚，学界对此已有较为成熟的研究，具体可参见王明珂教授著作《游牧者的抉择》相关章节。为求简洁，本书中涉及草原部族生产形态相关论述，仍统称"游牧"。

二

在前面数章，我尝试将古代中国的演变，组织为三个核心区；每个核心区都有其发展的过程，也都有其内在的特色。而三个核心区之间的互动——或延伸、或演进、或转接、或扩散，即是华夏文明本身从成长到成型的"诗歌"。

第一区在黄河流域，从关陇直到渤海，北面是"塬上"这一游牧民族的家乡，南面则是"秦岭—汉水—淮河线"以外广大的长江湖泊地区。这个核心区域，一向被视为中国古代文明的"中原"。

第二区在西北的源头是川北的岷江流域，南边的界限则一直到南岭，其最东端是长江口和太湖，"吴头楚尾"，在此与中国沿海的第三区相接。整个第二区气候温暖、水分充足，地理景观与生活条件确实比第一区更为优越。这一区习惯上被视为南方，作为第一区的延伸。在历史上的中国，第一区受北方游牧民族重大冲击时，其主体会撤退到第二区。

在写作本书时，我才逐渐发现：海岱地区文化的扩散，带来了优良的文化传统，刺激了各处新迁地区文明的发展。总而言之：龙山—大汶口从海岱地区的扩散，最重要者，是他们将自己文化传统的精华，分别带到长江流域以及东南沿海，将各地新石器时代终结，开启了青铜文化的转机。而长江口以南，以南岭、武夷山为界的东南沿海，包括西南腹地的云贵，我们可以称其为第三核心区。

这三个核心区，正是本书命名为《经纬华夏》的理由：山陵丘壑与河流湖泊，处处相叠相交，构成中华文明主流的广大基地。当然，我们还需要注意，原有三区划分的边缘地带，还有另外两片广大区域：一者为中国西北部，崇山峻岭与沙漠、绿洲交错，喜马拉雅山、天山与阴山是中国许多河流的发源地；一者为中国西南部的第三区，山高谷深，民族成分复杂——此上二者，都是中华文明逐渐延伸而扩张的腹地。由于我着重叙述的是中华文明在早期的发展过程，主要讨论的范围也就集中在上述三个地区。在本书中，西北和西南地区尚未多加着墨。将来若有时间和机会，我想可以将这两区的发展单独论述。

让我发挥一点想象力，将这三个核心区排列在中国的地图上。第一区与北方游牧民族有两次个别的接触，它们彼此同时发展，当然也有参差；在第二区又看见中国西北部戎族文化的影响❶，至少有一次延伸到四川，在那里又与崇山峻岭中出现的南方文化接轨。而在距今四千年前，第一区已经存在相当发达的玉石文化（从红山文化到龙山文化）。可是，在一次严重的气候变化之后，本来极为发达的大汶口到龙山的新石器文化，被迫扩散到第二区和第三区。这一个转折，使得第二区获得了极大的动力，也加强了第二区与第三区的互动，还彰显了第三区以百越文化为代表的文化特色，促使其延伸到南方海岸。

假若将这三大核心区视为一个整体，放在围棋的棋盘上，当作已经排好的一条"大龙"：从大陆最高点喜马拉雅山脚下，向东南开展，处处都有高山峻岭，也处处都有湖泊河流；在这山河荟萃之处，清晨云气环绕山峦，黄昏暮霭渲染江湖——这些变化无

---

❶ 戎人在西北分布广大，根据一些器物上高鼻深目的形象推测，可能是亚洲系的白种人，后来有人称其为"斯基泰人"。我则认为，戎人乃是阴山山脉中的前突厥种族，亦即《汉书·西域传》所说大月氏的居民，后来被匈奴压迫，整族迁移到乌孙一带（今巴尔喀什湖东南、伊犁河流域）。

穷的云舒雾卷，都犹如飞龙满天，在中国大地上翱翔。

华夏大地，凡有水源处，就可能有古人留下的遗址，也许是生活聚落，也许是墓葬。当然，更多的是他们留下的器用和生活必需品。在河边、台地、山谷、平原，那些古人的遗留犹如星罗棋布，处处可见。于是，我们从这些文化痕迹，可以推测其来龙去脉，以及彼此间的交换与改变。借用苏秉琦先生的观点：同一文化的遗址，可以拉成一条条"区、系、类型"，在这些遗址之中，如果有因接触和适应而出现的变化，也就可以瞻见不同人群间彼此如何实时修改其生活形态及文化内容。

本书的前面数章，正是借助这些云舒雾卷的古代文化遗留，才得以推演出：在这广大的山峦峡谷之中，古代先民如何共同生活，又是如何来去移动。这就是为何我经常以《易经》乾卦的"飞龙在天"为比喻，形容中华文明在这片土地"一天星斗""遍地开花"的实况——大家彼此映照、气象万千，无须任何一处作为主流，那是"群龙无首"最好的卦象。即使群龙飞入大海，也只是在临海的泰山和玉山这两座高山之上，在海潮汹涌之中游戏自如。

中华大地，云气弥漫，这些飞龙在半空喷雾吐水，使得处处都有足够的水分，育成农作物以喂养万民。这些善良而勤劳的农夫，日复一日靠着自己的努力养生送死，无须以掠夺和战争维持生计。但每逢外来侵犯，农夫们也会努力保护家园，依仗着星罗棋布的村落、田地和水塘，拿起刀剑弓弩，挡住胡人南侵的马蹄。

如果北方农村聚落所构成的防卫系统无法抵抗游牧民族的冲击，则华夏集合体的"神经中枢"可以立刻由第一区迁入第二区。例如，永嘉南迁后防守的前哨站，就放在荆、襄、江、湖和江北淮泗。如果来自北方的压力更进一步，还可以撤退到第二区所谓

"吴头楚尾"处。例如，靖康之乱后南宋迁都杭州，而仍旧以巴蜀、关陇作为右角的前哨，以荆、襄、江、湖作为后盾，延续了一百多年的政权。20世纪日本侵华，南京国民政府从沿海撤入巴蜀，以三峡下游的长江作为第一道防线；又在西南的群山之中开出后路，通向外面的世界。

这三大区域之间的人群，彼此支持、互相移动也是常有之事。人口密集之处，会将多余者分散到人口较为稀少的地区——当然，更常见的是拥挤的都市，将多余人口疏散到四郊及乡野。世界历史上的大帝国，如蒙古帝国、突厥帝国，以至于近来的"大不列颠世界"和苏维埃共和国，疆域都比中国大，但是其内部的充实和一致性，以及面临外部重压下的调节能力，都无法和中国历史上呈现的弹性相比。

在东亚棋盘上，华夏棋局所占比例应在三分之一到一半之间。假若以下围棋的规矩而言，占据棋盘三分之一者很难号称赢局。可是，中国这条"大龙"所压之处，处处是活眼；每个地区性文化，又都与邻近文化常有接触、互相影响——如此大的一条龙，盘踞三分之一的棋盘，没有对手可以将其劫杀。整个中国的局面，自东往西、从南到北，区与区之间相互依仗、彼此掩护，是一个内部完足的整体。简而言之，它有巨大的稳定性。可是，正因为这个完整的格局稳定性太高，当外来者释放挑战的信号时，其下意识反应可能就是："我不想要""别惹我"。

这一特性也许正可以解释，本书所讨论的中国对于外来刺激的反应。第一，刺激所传递的信息完全因时而异。有的时代，社会、政治、经济的组织允许信息迅速地传递到决策层，也就使得这条巨龙有内在的、充分的可能性，可以长存不败。不幸在于，中国历史到近古以后，由于君权长执威柄，中间层的士族或官员回馈信息的机会和能力都越来越弱——拥有的资源如此丰足，人民的才力也如此高明，中国在面临挑战时居然如此迟钝；对于微小的挑战尚能应对，对于近代以来西方的全面挑战，却是如此不堪一击。

愿我国人在回顾华夏历史时，有我们自豪之处，有我们觉得满足之处。只是，我们如何能耐得、能忍受一条世界罕见的巨龙，却要陷入沙滩甚至于泥泞中，停留在"潜龙勿用"的阶段？

我盼望：中国能站起来，在世界上扮演一个大国应有的角色。然而，中国不能落入白人霸权的窠臼，中国不要做霸主，而是做许多国家之中互相帮助的一员。犹如《易》的乾卦六爻，如果一条大龙变为"亢龙"，就将面临"有悔"的悲剧。我希望看见中国这条大龙，是满天大大小小的飞龙之一，没有带头人的压制，众多伙伴互相欣赏，大家自由飞行。这个卦象，恐怕是《易》卦之中无可命名的最高一阶。

三

在本书之中，我开宗明义，先从人种分类和东亚居民的定义开始。其中提到在东亚地区出现的许多古人类，甚至"先人类"的大猿及原人。我并未标榜东亚与其他地区的人类有何不同，只是为了说明：灵长类的人属，究竟是在非洲走完全程，然后走向亚欧两洲？还是在亚欧两洲的长程跋涉之中，这些原始人类也在不断地寻找适应的条件，以至于最后构成了今天全世界的我们？

我们有肤色的差别，形貌的差别，体态的差别。在种种差别之上，哪一点是我们相同的？这方面的内容，我并未多加陈述，原因在于：第一，我所受的体质人类学训练不够，尤其对于基因的深入分析，还是一个尚待推进、极为复杂的科技项目，我几乎完全不能处理；第二，现有的资料及个案的数字，不足以归纳做出结论。我在此处抛出这个课题，是为了提醒我们自己：现在古人类分类学上，西方的尼安德特人和东方的丹尼索瓦人之间基因的差别究竟在哪里？这种差别具有多少意义，或只是一种内在更深的分层？《纽约时报》上有一篇文章提出同样的课题，和我此处的说法不约而同：我们还没有能力对这个严肃的命题给出进一步的界定。

第二个阶段，我又将中国划分为几个不同的文化形成区，它们各有自己分岔、相互融合的机缘。中华文明并非由某个单独的中心形成、进化，然后传播到其他地区。我所列举的三个核心区，都有各自发展的条件以及发展的过程；最后，它们在文化上终于构成一个庞大的群体。上述几个核心区的贡献，最终都融合在这一整体之内。当然，融合之中还是有各自的特色，正如每个人都是"圆头方趾"的个体，然而我们还是用《水浒传》中的描述来解释如此现象："一百八人，人无同面，面面峥嵘；一百八人，人合一心，心心皎洁。"毕竟，我们人类确实有许多的不同之处，也有很多相同之处。

在历史上，中原王朝不断承受草原民族的冲击、融合。以我的观察而言，东部草原是这些南下民族的主要来源地。进入中国以前，除了一些自有的农业基础外，这些草原民族并未掌握其他文化的禀赋。于是进入中国以后，他们很容易就完全融入南部的人口。在亚洲草原西部，我以阴山地区作为界限，以突厥及其分族作为例证，来观察草原民族与中国之间的关系。在历史上，尤其南北朝和唐代，西方的这些兄弟民族一样也进入中国；只是，他们融合于中国内部族群的过程并不完全相同。

中国历史上的西部游牧民族，常常在今天九曲黄河的陕甘宁一段着地生根，形成与中原政权相似而不同的单位；他们也可能更往西边，在今日的新疆形成绿洲国家或草原游牧单位。这些草原游牧单位，例如匈奴与蒙古继续向西发展时，一波又一波打进中东地区，甚至于最后狂飙卷入欧洲。他们所带去的文化因素，却不仅限于草原传统：向往东方中国的地区，有长期成型的"桃花石"（中古时代中国西边的族群称呼中国的别号）；往西走，他们将这一模式及其约略知道的一些东方文化因素带入欧洲。以上陈述说明：中国历史上不仅有南北之间的混合，其实还有相当可观的东西之间的差异。

中国文化在其成型时期，尤其从史前到西周及秦汉部分的历史进程，竟能够将许多不同地区、不同性质的地方文化，彼此融合、交缠为一体。以如此庞大的文化共同体，中国遂能长期稳定地应对外来刺激，自新石器时代以下，逐步修改自己或融合他者——中国文化的大格局，几乎是个"金刚不坏之身"。

可是，经过这些思考，我不能不提出一个疑问：为何在宋以后，尤其明清阶段，中国对外面的感应竟显得如此迟钝和保守，终于在清末，面对西潮的轮番冲击时手足失措？这一疑问，常常使我夜不成眠，苦思不得其解。

如今我觉得：中国在过去建构出庞大的文化体，可能做到了非常彻底的程度，以至于这个严密的文化体，终于趋向严重的"内卷"。最显著的现象是郑和七次下西洋，居然没有带回任何新的观念和事物。主要原因可能在于，当时的中国往外面看，发现没有值得学习之处——这一自满，终于造成了对外严拒固守的心态。现在，我们正在进行与西潮融合的巨大工程，我们必须要保持警觉：既不能照单全收，也不能全部拒绝；融合的过程，必须要留下许多修整的空间。

我们必须要注意：中国固有的文化性格，其实有相当重要的动态成分，例如《易经》的"变"，那一个永远变化不断的特色；而西方文化之中，却有独神信仰专断的一面，也因此以为只有一种格局得神佑而长存。进行这种修改自身的重要任务时，我们要时常自省：任何改变，不应当囫囵吞枣，而应当注意到，将他者的"变"与自身的"变"，合成一个陀螺旋转式的动态平衡。人类的历史，本来就是不断适应、不断变化的恒动过程。

本书所述各时代的特色不尽相同，每一时代所讨论的项目，也就不一定按照同样的思路呈现。经由这些讨论，我们可以理解每个朝代所面对的内忧外患，以及中国曾经受过多少的艰难和搅乱。

四

世界史名家麦克尼尔（William H. McNeill）在《西方的兴起》中，将"power"解释成"权力"和"动力"两种定义。若无各部分的反应和回馈，权力中枢将没有着力之处。在这一课题下，我所注意的是人口、经济、物质文明的发展。这些都是文化项目，但文化体本身依靠这些项目维持，这些项目也反映那个特定时代文化能量的强弱。我也考虑到各个时代意识形态的差别，以此来区别承受外来刺激时这个意识形态或迎或拒，也以此来衡量其自我调节的程度。

这些考虑，都是为了解答一个千古大问：为何到了近代两百年来，中国无法抗拒那些乘潮而来的欧洲人？在奔入世界大海洋这一关键性的时刻，为何中国文化的反应机制无法适当地感受变化，发展出应有的调节与更新？

这个大问题，才是我写作本书的主要动机：我要从世界看中国，再从中国看世界。没有这一番内外翻覆的呕心吐血，我们将无法顺利面对欧洲领导的近现代文明。没有这一番自省，我们将无法采人之长，舍人之短，在我们源远流长的基础上，发展一个对于未来全人类有益处的选择。全人类只有在东与西的冲突与疏离之后，熔铸一个未来真正的全球化文化的初阶，才可以在更远的未来继长增高。

拳拳此心，以告国人。我的岁月有限，就望未来一代又一代，都有人愿意参与这一个缔造世界文化的大业。

第一章

中国的地理和人种

一

约六千万年前开始，印度洋板块撞击古大陆，逐渐形成今日的喜马拉雅山，在山的东麓分隔出东亚部分，亚欧大陆中间也裂开，分出欧洲和中东地区。

中国所在的大陆地块，在今天看来是几个源远流长的古代文明区域之所在。中国的中原地区，在东亚这一边。我们接下来要讨论的，是中国所在的地理状态，它具有相当完整的内在条件。

从西往东看，帕米尔高原在亚欧板块与印度洋板块的交界处，位于地块拉扯产生的裂痕边缘。再继续往东是昆仑山脉北麓，也就是中国新疆这一块。这一带的自然环境，受高山流下来的雪水影响，形成了既有沙漠也有平原、山地和湖泊的复杂地形，但整体而言，天山南北路以至于今日整个新疆地区，是一片完整的内陆区域。

向东经过今天内蒙古西部及关陇地区，亦即甘肃、宁夏一带，进入关中的黄土高原；黄土高原在陕西的华山陡坡下行，继续往东一直到海边，这一大块则是由黄河水系冲击形成的黄土平原区。整体而言，黄土高原与高原以东的大片平原都应当认作黄河流域之内。因此，东方是张家口以南的海河流域，西方则是河套以南的陕甘高原，中间只有山西是个独立的坡地，其下则是黄河边上的运城盆地，和黄河以南的平原一河之隔。山西坡地东有太行、西有吕梁，西方隔着黄河与陕北相对，东方自太行往东则是海河流域，山坡上与山坡底下的河谷平原互相之间也有很大的关系。整体而言，这是中原地区很重要的区域。

中国北方，从天山南北麓开始向东，是一条适宜牧养的地带。高低起伏的北方山脉迄于兴安岭，再外面就是太平洋。西伯利亚南面的蒙古高原，也是一片完整的、适于游牧的地区：有大的草原，也有山地、谷地，尤其向阳的谷地是很好的牧场；向阳山坡也可以形成一个屏障，挡住北方来的寒流。

黄河流域再往南，就是长江流域。长江发源于青藏高原腹地，经四川盆地往下是其主流。其上游自云南往上是金沙江，因为纵谷山地走向而形成一个大转弯。很有趣的现象是：黄河在河套地区的大转弯向北，长江在金沙江的大转弯往南，从地图看像是两个对称的图案。

整体而言，长江流域应该从四川开始算起。四川虽然山高谷深，然而足够温暖，也有足够的水汽，尤其成都平原位于盆地比较平坦的地带，更是优良的种植地区。出了四川盆地，长江的南面是云梦泽和古代的内海，古称"大泽"，就是今天的湖南和江西地区；长江的北面，是汉水、淮河与长江间的丘陵地带。湖南和江西有大河、大湖和许多小溪流，在河口、湖滨及山谷谷底，沼泽地带随处可见——凡此，都是发展农业的好地方。这一地区也有高一点的坡地，由于南方水量充足、气候温暖，很多作物都适宜种植。由于太平洋季风带来温湿气流，整个长江流域的作物生长期愈靠南愈长。同时，土壤也很多样化：树林、矮树林的周围和中间有许多落叶形成的沃土，几乎无物不可生长；此外，那些肥腴的沼泽地转变为湿地也较为容易，适宜水稻农业。因此，长江流域的种植条件比黄河流域更好，成为中国最重要的农业基地。

世界上很难有如此大片的河谷平原，有如此众多可以种植的地方。加之长江流域的内海从古代开始一路收缩，直到缩小为今天的洞庭湖和鄱阳湖——水域小了，居住和耕种的面积也就相应增加。洞庭湖与鄱阳湖，这两块区域曾是中国最大的粮仓。可惜，今天的洞庭湖，已经收缩得没有大湖的气概了。

江西、湖南以下是南岭，过了南岭就是海滨的平原。广东、福建有许多的大小河流：广东的西江、东江构成珠江系统，形成海滨河流的流域；福建也有闽江、洛江、漳江等十二条河，形成格子状的水网。福建的谷地不大而零碎，然而由于地处南方、雨量充沛，河流流量也大，河谷与滨海河口比较平坦，适于农业，因此福建也是不错的种植地区。

广东、福建再往东北方向就是浙江。浙江邻近福建的地区，山地纵横、山谷割裂、河流短促，并非发展农业的理想区域。富春江、钱塘江流域的河口及湖泊地区，却是南方稻米生产的好地方。浙江上山遗址发现的稻米遗迹，乃是古代内海地区发展稻米的最早遗址，良渚的稻米无疑由此地传入。

福建厦门、泉州一带，过海就是台湾。台湾是欧亚大陆板块与菲律宾大洋板块挤压所形成的岛屿，远古时期本来与闽浙相连，七万年前，连接台湾岛与大陆的陆桥才被冲断，其碎片就是台湾海峡中的诸岛。陆桥还存在时，大陆上的动物可以走到台湾岛。因此，台湾的考古遗址有许多古代动物骨骸出现，与大陆同时期出土的差不多。台湾处于亚热带，气候温热，台风季节雨量大，但是台风造成的灾害也大。台湾适宜耕种的土地，有中央山脉西面大片的嘉南平原、台北湖沼地带形成的平地，以及散于各处的台地。总而言之，台湾在中国各地区中，其农地品质不能列入顶级。

这些条件，使我们能够理解中国农耕为本的观念。以农业面积而言，只有美国、加拿大、俄罗斯等少数几个国家可与中国相比。而且，中国有如此多样性的地质条件，又有如此大片的可用土地，这才使得中国成为古代世界几个主要的核心地带之一，也在此发展了定居为常态的古代文明，以及延续至今的中国文化。

二

由于政治禁忌，在美国不许讨论人种的异同，以免触发种族歧视。其实，族群纠纷不会因为不提此事，就自然解决了。现在美国人所倡导的种族平等，"各种族间没有差别"，这句话乃是在逃避问题：人类族群之间，明明皮肤有黄色、黑色和白色的不同，而且脸型、体形也不相同，甚至某些族群常有其独有的遗传病症——并非个别家族内部的遗传，而是在整个族群中遗传（例如非洲尼格罗人，其分支带有其他族群罕见的镰状细胞病基因）。所以若要说地球上所有人完全一样，其实并不符合事实。

中国从 1920 年开始，就发现了许多古人类遗迹。据国家文物局的综合报道：近代一百年来，中国境内先后发现数十种古人类骨骸。以年代来排，可以从腊玛古猿一直排到大荔人、许昌人和山顶洞人，前后年代落差，从距今八百万年一直到距今三万年。由此出现一个大难题："非洲现代人类出走论"这个命题是否太过简单了？

近几年来有讨论称，现代人类走出非洲的时间是在距今十万到二十万年间：因为非洲气候大变化，可能影响一些植物的生长，导致四足动物（斑马、牛、象）的逃离，于是以这些四足动物作为食物的非洲古人类，追逐这些动物，从非洲进入欧洲、亚洲。

这个论点似乎有几个难以解决的矛盾。若这一推论为真，为何中国土地上会有如此完整成系列的原始人类骨骸？同时，在中国土地上，腊玛古猿出现了，直立猿人（如1929年发现的北京人）也出现了，最后现代智人（如许昌人和山顶洞人）终于出现。

为何欧洲没有相同的分布呢？为什么欧洲出土的古人类骨骸比中国少？而且，欧洲的克罗马农人体形高大，头也大，脑容量不小；他们使用的工具相当复杂，几乎可以说颇为接近现代欧洲人。这一古人类似乎已与尼安德特人通婚，尼安德特人为何又被现代智人代替了？为何今天欧洲人基因中几乎都有尼安德特人的成分，且其所占比例与中国人基因中的相差不多？

令问题更复杂的是：发掘出的亚洲古人类中，有一种丹尼索瓦人的骨骸，我们可以从现代人类的基因中相当广泛地找到这一似乎属于亚洲古人类的基因，与尼安德特人基因的占比也相差不多。因此，亚洲与欧洲的古人类，两者是不大一样，还是相差不远？究竟中国的人种最早是从非洲开始分化，还是到中国才慢慢演化成现代人类？凡此，现在还无定论。

今天我们看见的东方人，在西方发展的人类学分类上被称为蒙古人种。这一名称，其实并不指称蒙古人是所有东方人的祖先。

只是因为，西方人对东方民族的印象最深者，是靠近近代、横扫中东和欧洲的蒙古西征。在他们的印象中，最强大的东方族群都是蒙古人。为什么在中国，基本上我们都是黄种人，带着古老的蒙古人种基因？这些都是有待解决的问题。如果说这批人在非洲已经开始演化，那么他们是如何适应新的环境的？中国地区地形的多样性，是否对人类的演化有所帮助？这也是可以讨论的问题。只是，这些疑问我们目前仅能放在心里。

三

第三个课题，是种植农业的问题。人类到了新石器时代，开始自己生产食物。此前的旧石器时代，人类取得食物的方式主要是采集和渔猎。世界上有两个地区的农业生产开始最早，一个在两河流域，一个在中国。距今一万一千年至八千年左右，华北地区的先民们已开始种植黍稷，也就是小米。所以那里有很多传说，例如炎帝是种植农业的始祖，他教会人们烧山种地。小米后来逐渐分化为更多品种——粟、稷、粱，如今泛称为小米。至于麦子，则是在两河流域养驯成功，于公元前3000年左右被引进甘肃，作为当地的栽培作物。

大约距今一万年至九千年前，长江流域，也就是前文所说的古代内海地区，不止一处出现了稻米的种植遗址。野种稻米被人类养驯了——其出现在湖边或河边的沼泽地，这正符合稻米存在的天然生态。到今天，我们种水稻，还是人工创造一个沼泽般的稻田令其生长。与旱田种植的非洲稻米远亲不同，中国的水稻和印度的稻米都是水田耕种。但印度人是直接将稻种漫撒于沼泽，

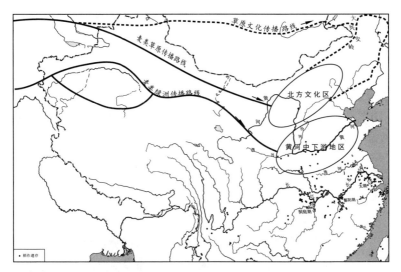

地图2　麦类传播推测路线与稻作遗存分布图

不另加田间管理工作，也不像中国人那样在水稻田中精耕细作。

　　因此，在古代中国两大农作物区，北方种植小米，长江流域种植稻米。稻米的种植区域能延伸到海边的平原、冲积地，以及河流河口等沼泽地带。最著名的一个古代稻米种植地，是浙江余杭的良渚，其遗址存在的时间是距今五千三百年至四千三百年前。其实最早距今一万年，位于钱塘江支流浦阳江上游的上山遗址，已经开始了原始稻作农业。至今，大米的种植地区仍大致以淮河为界，南边基本上是米食，北边基本上以麦类与小米为食。当然，在南北交界处，例如山东海岱，一部分是山东半岛的前半段，一部分是泗水、潍水、济水等小河区，其农作物完全可以做到稻米与小米并行。湖北汉水流域、安徽淮河流域，也是南北相交之处，在那一条"淮汉线"上，稻米、小米同样都是食用的谷类。

小米也被"南岛语族"（大洋洲和东南亚以南岛语系为语言的族群）从中国带到南太平洋和印度洋岛屿，他们还携带葫芦和芋头作为主要食物。特别是葫芦，对南岛语族而言，既是食物，又可以作为漂具、浮具。

有了农业生产以后，黄河流域与长江流域的新石器时代遗址很快就密集出现。每一个地区都学会了种植，聚落进而发展为村落。农村地带出现的遗址，使我们理解到：中国的农业是聚集的，农田与居住地结合在一起。等到居民人数发展得足够多，农田四周都是居民点。整个村落，按照地形而论，都在离水不太远的地方，且位于同一个族群种植地盘的中央。在黄河流域，村落大概位于二级台地❶，这里易于取水和灌溉，离河不远也淹不着，上面是黄土堆积层。这些黄土有蓄水作用，黄土细沙构成了微管或毛细管，可以自动将底层的水引上来，供给农作物水分。小米需要的水量比麦子少，更比大米少——各地区供水条件不同，也就决定了农作物选择的不同。

在长江流域以及东南沿海的大米耕种，最开始是在沼泽地带。后来在湖滨圈出一块田土，等土壤稍微干燥即可种植。有些区域，农人直接在水多的地方拦出一块比较干燥的区域，就作为种植水稻的农田。长江流域的居住村落，基本也集中在一起，往往若干人家聚居，村落有土墙或木栅作为防御工事。这些村落常常还有制作生产工具的作坊，以及烧陶器的作坊等等；也有特定的地方畜养猪、鸡，甚至放羊。这些村落常态的景象是：邻近遗址之间，如果时代相近，村落内部的结构、用具以及物质文化和精神文化

---

❶ 两河交汇之处常常有小半岛，水位最高和最低处之间有个突出点就是二级台地。

的表现方式都会非常接近，即使有变化，也是渐变而非分离。

所以，农业村落通常也会按照河流的流向分布。如果河流的流域呈枝状，村落也会像树枝一样发展，到最后总是会变成一串本干分枝的聚合。天然村落中，同样种族的人做同样的工作，"方以类聚，物以群分"，他们就可能结合变成一个古代的族群。这种族群的形成，就是华夏民族整合的第一步。苏秉琦先生从"区、系、类型"逐步建立类别，就是为了从文化项目追寻文化圈的分合因由，以及由此逐步开展的过程。

黄河流域东面、西面的遗址群，进入关中口上❶崎岖的小丘陵，也有其不同农耕聚落的遗址群。例如，二里头文化遗址，就是在黄河流域北面的运城平原附近，更能很清楚地看到一串文化面貌相近的遗址群，这些群体就是后来"邦国"的根本。由零散的居民点，如此整合为一个族群，即不再是孤立的单位。

总之，我们所见的古代遗址，很少是孤立存在的聚落。一个遗址出现，不太远处通常会有另外的遗址。将黄河流域新石器时代的聚落群拉成一片，从华山开始直到海河边上的各处遗址，很容易看出其文化亲疏远近的关系。新石器时代农业出现后，黄河流域的聚落，也就一串一串地形成较大区域的文化群体。

长江流域的情况，与黄河流域又有不同。原因是这个区域靠近沼泽地带，合适的土壤未必沿河展开；聚落也就不再是成串排列，而常常可能是若干个考古遗址呈平面地集合为群。长江流域的居民点通常会在沼泽附近高地上建村，高地周围则作为种植区。以石家河遗址为例：十余处聚落，围绕一个中心结合为"群"，如

---

❶ 从汝南到南阳与商於道，是进入关中南边的重要路口。

此结构再进一步发展，就是邦国体制。由此可以瞻见，黄河、长江这两个大区域之间，早在新石器时代，几乎就可以看到其承受地理因素的影响，各自文化发展的趋向已显现出异同。

我们前面提到，考古遗址若是呈现在空间方面有相当聚合的一类遗址，在时间方面又看得出一些前后继承的关系，那么这些分布在同一地区的若干遗址，就应该属于某一族群。为何单个遗址看不出是属于哪个族类，要许多遗址一起看才能区分？"族"的原意，是"竖旗为标识"，以聚群体——并不必然是种族，而是族群，也包括亲属的群体。族群有其传承和历史，有其身份的自我认同。我们就可以从考古的遗址分布上开始做整合工作，将分布各处的考古遗址整合成若干族群。从族群上面才能看到更大群体的结合，到最后才会结合成大社会乃至国家。

四

渤海及海河地区，是中国最开始种植小米、开展农耕的区域。约八千年前，小米在中国普及种植，进而发展出粟、稷、粱；内海大湖区也在一万年前左右开始大米种植，然后扩散各地。我们从小米的出现往回追溯，这个阶段可以早到旧石器时代晚期。

当时古代神话传说里，存在三皇和五帝的对抗：三皇就是炎帝和黄帝结合起来的农耕集团，五帝所代表的是蚩尤领导的采集集团。最后的结果，是采集集团战败了。

炎帝和黄帝在中国两次的合作，分别出现于山西盆地的东缘和西缘。如此神话背后的真相，是将森林地带采集为生的居民，转变为农耕为生的农民的过程。从考古学上看，这一批人的后代虽已进入新石器时代，到了商代就已进入铜器时代，但他们的集体记忆长期保留着过往年代的信息。

太昊、少昊、颛顼这三个时代，都与天上的众神有关。阳光照射使处女怀孕；天上飞鸟衔着朱果，被一个游泳的仙子吞下去了，后来诞生英雄（"契生于卵"）……诸如此类与"天"有关的出生神话，与部落或群体联系在一起，在农业时代和狩猎时代都有——狩猎时代更多，因为人们需要用不同的神话传说来辨别没有疆界的地区，这也是加强人和自然关系的方式。

蚩尤所代表的五帝集团与炎帝和黄帝对抗，这段故事在传说中被描述为几次"大战"。其实，传说常将一两次小规模的关键性冲突，夸张成后世所谓大规模的战争。这些领袖的身份，也被夸大为酋长或皇帝。比如太昊、少昊其实并非皇帝，可能是神巫——这个"昊"字有"天"有"日"，新石器时代的山东出现过"日"在"山"上或"日"在"天"上的符号，似乎正是那些族群的信仰符号。在渤海地区及东北地区，如中国东北的通古斯族，还有殷商、女真等时代及古日本、古朝鲜，都有日神赐予女性始祖以生命的神话；而蒙古族群，则有天赐"大气力"的"可汗"。前述中国古代的帝号，似乎也透露了同类神话的讯息。

颛顼历是最早的季节历之一，可能因为颛顼是巫师，其专长使他成为部族的领袖。狩猎文明并不太需要注重气候的转变，猎到什么就是什么，从地里挖到什么就吃什么。但是，农耕文明就需要关注气候了。颛顼是五帝的最后一帝，在神话传说中他编制了第一个季节性的日历。

从狩猎转变成农耕的过渡期中，两种力量在对峙，牺牲者是蚩尤。蚩尤是战斗之神，传说拥有铜头铁骨，却终于只是一位失败者。然而，在山东他还是被纪念。到了汉朝，蚩尤仍是"山东八神将"之中的兵神。

这个部落里后来又出现另一个形式的蚩尤，那就是嫦娥的丈夫，后羿这个神射手。后羿是狩猎部落之中诞生的救世英雄，他要挑战、处理天上的秩序，改变过于炎热的天气，就将多余的太阳射落。狩猎的时候不管冷热，农耕却与天气关系极大；这位英雄射下九个太阳，使农耕民族的人们不受灾害，这似乎也是两个文化过渡期间的叙述。后羿的传说，后面讲述华夏文明整合的过程还会有所论述。

农业的出现并非朝夕之间，从狩猎和采集转变到定居下来的农耕生产，中间要经历很长的周折。五帝和蚩尤的神话，都代表旧日的传统，不能忘情于过去，正好说明了过渡时期的现象。那时没有文字、没有记载，我们只能在神话中寻找记忆的线索。

但是，同时我们可以观察：在农耕社会，是否还有过去采集渔猎的痕迹呢？比如，周代已经进入封建时代，诸侯或贵族之间的盟会中，盟主是第一位持刀割牛耳或握牛耳的人——只有领袖人物，力足以处理野牛，这就是对过去狩猎时代传统遗留的纪念。

新妇进门以及祭祀之中，每月或生辰、诞辰、祭祖时，要向公婆奉献的礼物是果实，包括核桃、栗子、榛子等等坚果，还有当时可以采集到的应季鲜果，包括桑葚、草莓等。坚果、水果、芹菜和植物根之类，是狩猎时代女性采集工作的体现，而男性的任务是去打猎。所以这两个礼仪——男子割牛耳、主持杀生，女子献上鲜果、坚果——也未尝不是过去渔猎、采集时代生活的遗迹。

从这些神话遗迹和祭典的遗迹上，我们可以重现那漫长而必然的过渡时期。

第二章

传说时代的地域融合

一

我们先回到海河和山东。为何由此展开叙述？因为此地是中原的开始，炎帝、黄帝的故事在此发生。如前所述，在这片区域内，炎黄合作与五帝斗争，乃是经由采集渔猎走到农耕，两个不同阶段之间的转移都发生于中原（大概从郑州到华山之间的区域）。但是，同一过程不仅在太行山的东坡发生（这一地区最早种植小米），也出现于河套与陕北。河套地区面对着黄河南转时的大峡谷，本身是肥沃的灌溉高原，北面和东面是开阔的土地，游牧者的马匹、车辆可以东西驰骋。山西盆地三面是山，向南开口，沿黄河北岸是平坦而易于灌溉的运城平原，从山西过河，陕西也有炎帝、黄帝并存而又各有事业的故事。

炎帝是种地的烈山氏的代表，黄帝是驾车的轩辕氏的代表。陕西中部还有黄陵县，传说黄帝在此乘龙登天；群臣攀着龙须，以为可以上天，却落下了。后人给他建了个纪念性的坟墓，称为

"黄陵"。

炎黄的故事在东西两方都有出现。我认为，东面的海河、坝上和西面的河套、陕北，都是草原牧人活动带，与黄土平原适合农耕的地带彼此邻接。显然是外来人的轩辕氏，驯养了马匹后驾马进入中国，马匹由此传入了东方。马被驯服替人类工作，大约在距今五千五百年前。但是，根据当前考古发掘，家马的驯养不早于四千年前。黄帝的故事，应该是发生在距今五千年左右。在此期间，如果马和车能传到东面的坝上，就可能同时传入西面的河套与陕北。

东面成为文化中心时，东面的故事也就在西面传播开。陕北的北面，也就是黄河大拐弯——像英文字母 n，也像希腊字母 π，处在弯顶上的区域就是河套，有一圈非常肥沃的灌溉盆地。黄河一转弯到陕西和山西交界，这一带流水很清，也是非常肥沃的地区。陕北神木的石峁遗址、河套的朱开沟遗址都出现过有意思的古代气候资料，说明了四千年前气候的大转变：那时气候突然变冷，使得北方的生态不再宜于农耕，人们被迫回到畜牧生活，或者南迁以耕地为生；等到气候回暖，自然生态再次适于农耕，原来的农耕族群才能回头往北移动。所以，农耕文明随着气候南北摆动，是这一转移带上最早的人类接触时会发生的现象。

在这两个重要的遗址之中，从朱开沟的考古及气象资料，王明珂对整个中国北方生态加以考察，从若干工具的特殊功能，推测当地族群生活方式。这一工作，几乎囊括了中国同一个纬度带重要遗址的所有资料。他的结论是非常可信的：朱开沟遗址所处的时代，北方有过一段气候寒冷期。

根据王明珂对当地新石器文化发展情形的考察，正是在公元前 2200 年至公元前 2000 年间，朱开沟一带的族群大量离开。林沄很同意王明珂的意见：生态和气候的变化，使得这一地方不宜于居住。地貌及遗址考察也显示：那一带的遗址，像神木石峁遗址、北边的朱开沟遗址，都因为气候寒冷导致族群迁移，迁移后的新址也不靠近水边。

至于神木石峁遗址，却有另外一个问题。这个遗址存在的时间，大约是在距今四千三百年至三千八百年间，包括一个极为巨大而复杂的聚落，从范围和结构而论，堪称古代中国北方最大的聚落中心。可惜的是，这个报告本身牵扯的范围很复杂；而且，为了容纳不同调查者的意见，报告内部存在很难彼此协调的表述，引起我作为一名史学工作者的迟疑。

由此我也感觉到：如此长远的跨度，如此庞大的遗址，以及如此复杂的结构，这一遗址的性质应当按照各个不同阶段来瞻见其功能。如果只是根据一些复杂的现象，断言其为酋邦、国家，甚至于努力设法与传说中的古史人物配套，似乎都不是适当的解决方法。我意以为：河套以外阴山下的广大牧地❶（在今日的古代史中往往称之为鄂尔多斯文化区域），是游牧与农耕交错之处——气候寒冷时，此地只能做牧地；气候温暖时，地下水充沛，则可当作农地。农牧之间的"钟摆式"变动，就是研究这一地区古史面临的关键因素。若以这一遗址现在呈现的结构而论，可能在距今四千年前后，这一带的气候正在暖化。

---

❶ 指蒙古大草原西端终了之处，阴山山脉前，著名的"天似穹庐，笼盖四野"之所在，即从河套北面，经河套向西南移动至甘肃、青海一带，其中有许多山谷割裂的高原，也有大到青海、小到居延海这种湿地或内陆湖泊。这个地区位于东西走廊狭窄处的稍微靠北部，其南方的通道，就是中国通西域的"河西走廊"。

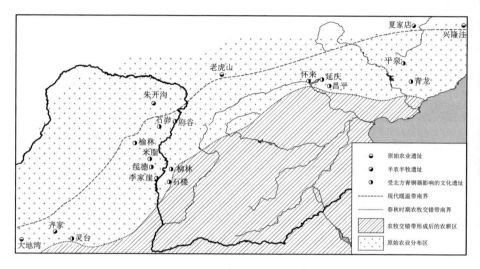

图例：
- 原始农业遗址
- 半农半牧遗址
- 受北方青铜器影响的文化遗址
- 现代暖温带南界
- 春秋时期农牧交错带南界
- 农牧交错带形成后的农耕区
- 原始农业分布区

地图3　华北地区农牧交错带示意图

　　如此"钟摆式"变动的现象，意指每个阶段的中心聚落，会因不同的居民进出于这一农牧交错带，而发展出不同的内部结构和内外关系。中心聚落的遗址，会有不同的轮廓和边界，甚至其总面积也就不能以今天所见的面积量度作为确定的范围了。

　　周开国之君古公亶父，承认他们在周原附近屡次"陷"于夷狄和"回"归农耕，正可说明上述现象。神木地区基本的地貌，乃是毛乌素沙地。这片沙地在秦汉时代，数次成为国家屯垦的基地。上郡、北地甚至于朔方各郡，都是官方屯垦之时设定的行政单位；汉代居延的屯垦区长期存在，那一兵屯、民屯混合的古代遗址今天还是我们考古的中心据点之一。毛乌素沙地，我认为基本上也是类似地区。

　　关陇一带的古居民，可以在河套发展农耕；可是，他们要面对套外阴山下牧民的干扰。神木石峁这一城址，呈现的基本上是要塞功能：平时是保护农民耕种的基地，必要时农民可以移入城内，凭借城堡抵抗北方牧民的侵犯。农耕为主时，这一城堡发挥着商道上贸易中心的功能。由此可以解释，为何在此地出现的遗物，有很多来自中原，又有许多来自阴山地区这一中国西部牧民的老根据地。

这一时期，不应当是寒冷、生活艰困的阶段。相反，那时的生活条件应该相当良好，才有余力建构类似石峁形式的大聚落。这一假设，就和朱开沟遗址代表的寒冷气候有严重的冲突。我们假设，黄河曾经泛滥，而神木周边本来是干寒的生态环境，居然因为黄河泛滥的洪水流经此处，才可解释这个地带有足够的生产能力，足以支撑如此的大聚落。

这些现象说明：合理的话，在公元前4000年气候比较温暖时，中国北方的东、西两边，应该都有成熟的农耕文明出现的迹象。距今一万年前，农耕文明就已出现。此时，东、西两边都已发展成熟，才有了农耕民族和采集狩猎民族对抗的局面。西边的族群不想这种对抗发生，于是姬姓黄帝就和姜姓炎帝在此合作。后来，周人的姬姓和姜太公所在的姜姓的合作，则是后人对古代记忆的投射。

神话本身所反映的身份认同的过程，往往是移动的、延续的，也是跨时代的。如此表现，在中国东西两边都在进行——在东边，神话传说可见海岱地区的狩猎文化；在西边，可见塬上牧人（包括羌人）的文化。凡此，一切都互见而又并存。

二

中国考古学上那些成群出现的遗址，呈现的墓葬方式和文物形态具有共同的特征——也就是说，它们属于同一小的文化圈，所继承的是同一传统。这种遗址在考古发掘后，都有一个名称，比如龙山文化、二里头文化。这些实际上也代表了一种族群的差别，或者某一族群可能发展的特色。

中国位于农业地带，在生产方面，农业扮演的角色相当丰富，而且新石器时代农业特征相当显著，也就意味着：某一个群体已在某个地区共同占有一块地盘，用同一种方式来组织自己，用相似的方式生产生活资料。

如何界定这些族群的属性？因为它是有组织的，有过去、也有延续的社群，这就是"部族"，我们可以称之为一个"部"。这个"部"，在古代常称作"某某氏"——"氏"就是部族成员共同具有的"姓"，例如黄帝所在的部族称"轩辕氏"，其共有的特征是使用车辆；"炎帝"的称呼则显示他们是以焚烧树林、开垦土地和种植为生的部族，所以"烈山氏"这一名称的特点是农业方面的。这种"氏"的存在，表示前述成串或成圈的遗址已团聚成一个地区。地区性的传统，随空间和时间的沉淀，就凝聚为一群可见的现象。

此时是农业社会，相较游牧社会更显著的特点是：农民要定居在一处，牧民则是逐水草而居，呈现高度的移动性。如前所述，与炎黄集团对抗的五帝集团，其特征在于：他们的生育神话，或是以太阳为号召，或是以鸟群为象征；他们部落的标志，有的用云，有的用鸟的名称——共同之处是具有"移动性"。

颛顼的时代在太昊、少昊以后，他们的生活节律按照天然的季节安排，相应的季节就有特定的植物、动物出现。太阳和鸟都是自然力的象征，对于一个在树林里靠渔猎获取动植物为生的部族来说，自然力很重要。如果转换到农业时代，这种对自然的观察和运用也很重要。可见，颛顼时代重历法，可以说明他们已经察觉季节性的变化在农业生产中的重要性。

以上所说，是距今五千年到四千年左右中国的情形。海河一带有许多支流，自南北两侧分别流入，构成一个网状的灌溉盆地。在黄河下游入海的三角洲，东边往往有一支流入海河附近，例如天津附近的利津口。

这一地区农业开始较早，自北方南下的驾车族群轩辕氏，从蒙古高原沿海河南徙，所谓炎帝和黄帝的合作，便在海河地区到渤海湾之间。而在渤海湾及其四周，包括渤海湾北面的辽河一带以及南面的海岱地区，都是以自然崇拜或太阳崇拜为主的渔猎群体，加上一些农业的影响。后来，这一群体被称为"东夷"或"夷人"，也就是商人卜辞中的"人方"。请注意，"人方"自称为"人"，居然从此以后变为人类的通称。

这两个并存而又对抗的集团第一次的聚合，我认为是在公元前2000年左右，也就是传说中尧、舜、禹"三代"出现的时候。尧、舜的聚落遗址，可能是在今天的山西和河南交界处，二里头文化和陶寺文化都与前述三代有历史上的渊源。我们需要特别注意的是，传说中的陶唐氏就是尧，可能指涉这个部族制陶工艺的特长，这是他能够成为领导者的条件。由此，我们可以猜想：海河地区北到张家口，南到山东，终于在黄河下游聚集交汇。这一地区，可能是部落联盟或部落之间彼此交换的商业中心，也可以演变为部落之间彼此协调、集会的场所。

将传说故事与考古遗址的分布结合来看，此地成为部落聚集地应有相当可能性。至于传说中陶唐和虞舜的事迹模糊不清，也许是因为短暂而非固定的部落间的集会，并未建立霸权或领导权，因此没有建立一个"朝代"，只能称为"三代"。

采集渔猎转变为种植农耕的关口，应该在公元前6000年左右，位于海河平原与太行山交界处。也许因为水源足够，山坡土壤的肥力也丰富，这一带乃是小米种植的发源之地。

山东的龙山文化，已从采集渔猎演化为种植农耕。山东平原上面有丘陵、平原，也有海边的滩头。尤其山东半岛与河南交接处有一块低地，就是当年山东还是岛屿时，黄土累积成的低地和湖泊。如此条件下，山东农业有很好的发展基础。这片区域又是盛产鱼盐之地，也有森林、草地，人们能从水中、森林里获取赖以为生的食物。凡此条件，使这一区域的农业快速发展，小米种植已经没有问题，其文明也曾辉煌一时。

山东城子崖等地出现的龙山文化遗址，很多规模相当大，最盛者有上百家人聚居的聚落。中研院史语所考古组在城子崖遗址发掘出的蛋壳陶，薄如蛋壳，其烧陶技术可见一斑，龙山文化那时也已进展到相当的高度。公元前2000年，这些村落忽然发生变化：聚落变小，甚至被废弃了。龙山文化的辉煌，忽然成为云烟。这些聚落的族群纷纷向南方发展，留在山东的不多，可能经历千百年，他们才逐渐转移于江苏北部甚至太湖流域，在那里与良渚文化汇合。

离开山东向南走的族群，还有被称为"祝融八姓"的八个部族，他们都信仰天空的太阳，以及太阳四周的事物，譬如飞鸟或云彩，最终迁徙到淮汉流域。从考古遗址可以测出那时的气候：寒冷气候往往是从北极侵入，而东边的季风又不够温暖，就可能造成北方草原的冷化，一直延伸入内地，直到今天的陕西，中国北部基本上都笼罩在寒冷气候之下。

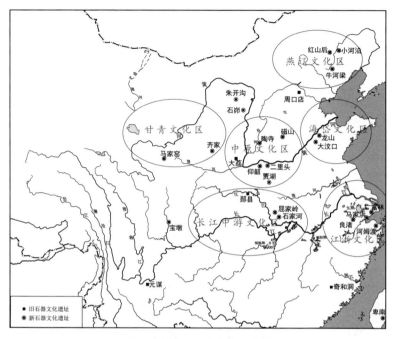

地图4　中国主要考古文化区示意图

　　中原地区未必不冷，"祝融八姓"到达的地方，也不完全是中原：他们分布在河南偏南、小河川多的地区，也就是"秦岭—汉水—淮河线"的所在，气候比较温暖，也可能比较不缺水。"祝融八姓"中最强大的一支"夷人"与云梦泽一带的"荆蛮"结合，成为后来楚国的基础。我以为，新石器时代晚期，石家河就是代表这一结合的成果。所以石家河这类遗址的出现，乃是"祝融八姓"将山东发展出的高度文明带到了湖北、安徽的河流地区，这对于当地的文化系列具有重大影响和刺激。在如此基础上，发展出强大的楚文化。楚文化在中国文化发展的过程中，于中原各代

47

而言，可以说始终是个挑战者。这些族群与汉地居民的互相融合相当顺畅。

三

公元前 2000 年左右，也就是尧、舜的时候，忽然在传说中出现了夏禹，其功劳是治理洪水。

夏人就居住在山西的运城平原，西边隔黄河与陕西相望，东边是太行山余脉。在那里，今天还有一个夏县。夏人的生存方式乃是采猎与农业混合，在山西的高山地区采猎，也在运城平原上发展农业。他们在流经运城平原的几条南北向河流，如汾水、涑水的谷地上种植庄稼。这个族群在距今一万年左右，已经发展了原生的农业。

"夏"的字形是一个人的形状，胸前有盔甲状的保护，头从上面露出来。这种部落也是以渔猎为主，耕种是后来的事情。但考古发掘显示：从太行山、海河流域开始，这一带很快出现了小米种植，武安磁山遗址就是典型。小米种植在河北、山西都相当普遍。无可怀疑，运城平原一定是受到这里的启发和影响。

这一地区的天然环境表里山河，安全度很高。山西三面高山，一面临河，有如此天险作为屏障，外来势力难以进入。而夏人所在的运城平原，东西行走畅通无阻，由东边穿过山间的陉道可进入海河、黄河并流区，即黄河下游、海河联合冲积而成的一块大平原。渡河往南走，进入豫西一带的黄河平原也很方便。运城平原往西，过黄河即是关陇黄土高原，中国古代核心地带（号为"中原"）的西端。从关中高地逾越华山，东望黄土平原，数千里犹如

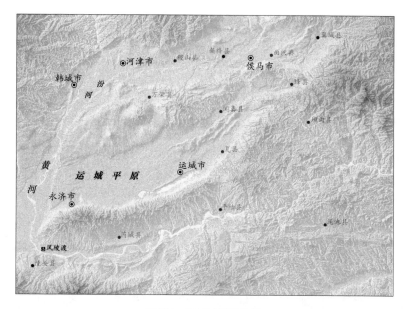

地图5　运城平原地势图

眼前。由此可见，夏人据有的运城平原，的确是形胜之地。

　　这一属于夏人所有的区域，确实非常富足，尤其地下水流非常丰富。山西高地蓄积的地下水水位都很高，在运城平原挖井就可取得水源。相较黄河下游炎帝、黄帝后人所占有的海河、黄河冲积地，这一带更安全，而且有发展的余地。运城平原背后的大森林，可以供他们猎取食物；前面有黄河和几条内部的河川，可资灌溉。所以，这是很好的一个基地。这里孕育出一个强大的群体叫"夏人"，也是可想而知。

　　此地优渥的自然环境，使得夏人可以凭借当地资源和地形的优势，比别处族群更为丰足。它的根据地很安全，面积也不小，有相当好的条件。与中原那些需要彼此竞争有限资源的聚落群相比，这个族群的基地确实进攻退守都方便。

这一地带山河环抱，易守难攻。今日山西山坡上大片的森林，郁郁葱葱，由南北望只见一片高树。但如果从山坡俯视，则是大片葱绿的树林。这片土地，山深林密、禽兽众多，正是狩猎的好地方。直到春秋时期，"陆浑之戎"等族群还盘踞在这片高树森林之中。而晋国的封地，是在运城平原与汾河交叉之处，那里是优良的农耕地区。晋国的发展有山地森林作为腹地，有前面的运城平原作为农耕基地，于是周人封唐叔的铭文上，吩咐晋侯要容纳当地的少数族群——所谓"戎索"（关于"戎"的名称，我始终感觉与夏有关。"戎"是"西戎""陆浑之戎"等等，是中原王朝以西的外族。在春秋战国的典籍中，"戎"的分布和迁移都显示：他们从关陇、河套一带发展，一批批地往东、往南移动，而山西则是他们迁居的主要地点），也就是晋侯必须要设法吸收的族群。这些本地文化与外来的周文化并存，形成了晋国的特色。

四

然而，有个问题一直没有解答：在气候较寒冷时，为何会暴发洪水？洪水通常是由于降雨量大，应该是气候温暖时才易出现。

2007年，南京师范大学地理科学学院研究员吴庆龙带领团队考察了黄河上游的积石峡。积石峡位于青海省循化县，两岸峭壁高耸，黄河从中间蜿蜒穿过。吴庆龙团队认为，这里曾有一个地震造成的巨大堰塞湖。由于此地是青藏高原的高山冰川带，巨大的冰块挟土石俱下冲入河道，构建了一座天然大坝，堵住了河道。大坝有两百多米高，在其后方形成了一个堰塞湖。湖水越积越多，湖面越来越高。一段时间之后，坝体终于不堪重负。在公元前1920年左右，一次大地震造成了这里的山体滑坡。坝体因此松动，积蓄的湖水冲垮大坝，河道就通了。大量的湖水携积蓄已久的滔天威势，奔腾而下席卷下游，形成了巨大的洪水。

那是一个地质活动非常混乱的时期，在公元前2000年之后的几十年间，因地震造成山体滑坡、河道堵塞、堰塞湖崩开的情形可能有好几次。黄河上游的来水不断，若顺利无阻地持续流淌，自然不会造成洪水。然而，因堰塞体堵死河道，大量河水积蓄一处，再猛然释放，洪水就会在下游漫延。❶

这个意见，如今并未被普遍接受。不过，假如我们顺此推论，则可能提出一个引人遐想的假设：在中国历史传说中，"夏禹治水"这个重要的故事也与前述大洪水相关。若此一冰川堰塞湖的溃堤果真发生，则时间是否在公元前1920年，倒并不是很重要的疑问。重要之处在于：因为有洪水，因为夏禹参与或者主导了处理洪水的大业，夏人才取得了中原地带的主导权，也就是取得了本书所述第一区的霸权。

令人惊奇的是，"积石"这个地名在古代关于夏禹治水的文献中已经出现。《尚书·禹贡》载："浮于积石，至于龙门、西河。"❷说的是雍州进贡的船只，从积石山附近的黄河顺流而下，一直行

❶ 参见吴庆龙等，《黄河上游积石峡古地震堰塞溃决事件与喇家遗址异常古洪水灾害》，《中国科学D辑：地球科学》2009年第8期（总第39卷），第1148—1159页。

❷ 2002年，古董市场上出现"遂公盨"，其铭文有很长一段叙述大禹治水之事。若铭文属实，这件铜器属西周中期，等于是将典籍上大禹治水的故事提早了数百年。只是，细审这篇铭文我们可以看到，长段的论述与《礼记》所载大禹治水事迹非常相似。这就引起严重的疑窦：究竟谁在抄谁？这件古物没有出土记录，凭空出现于文物市场，因此不能就此断言其真伪如何。记此一笔，以说明我的保留态度。

到龙门、西河。换言之，积石这个地方，可能正是当年造成洪水灾难的原因之所在。

黄河九曲，积石峡以下，泛滥的河水先奔涌向东，冲至今天的宁夏。再折而北上，到达今天的河套地区，又转弯东流。过了河套进入晋陕对峙的峡谷时，又是一个九十度的大转弯，向南涌入峡谷。奔流到壶口时，河道被两岸的峭壁收窄，洪水从陡崖上喷涌而下，"黄河之水天上来"，携余威继续南下，直冲到渭水汇入黄河的风陵渡。我曾在潼关外面的风陵渡，亦即渭河汇入黄河处北望壶口，滔滔黄水，铺天盖地汹涌而来，确实气势非凡，不愧诗人所叹！

洪水在风陵渡又转弯向东，流向今天的三门峡。而三门峡谷也只能将其稍稍收束，之后再往东，洪水一泻千里，在黄河中下游的黄土平原上肆意泛滥。过了郑州，黄河的河道由本来平直清晰的一条大河呈扇形展开，形成所谓下游三角洲。如此一来，从郑州附近的桃花峪到黄河入海处，泛滥的洪水就游荡在黄土平原上。

为何洪水只在河南泛滥，却到不了一河之隔的山西？原因在于山西是高地，东边太行横亘，西边吕梁雄踞，南边面对三门峡一段的河岸则是东西绵延的中条山脉。受北岸山脉的阻挡，黄河的洪水只能往南岸灌注，甚至从南岸涌入黄河的许多支流，如汴水等，也会发生倒流现象。许多的考古发掘都显示：在同一时期，有大量的遗址被水冲毁、淹没；在此之后的遗址，位置都离开了黄土平原的最底层，被移置更高的二级台地上。

如前所述，从积石峡可以看到大禹治水的痕迹。洪水从那里破口而出往下灌注，虽然进入不了运城平原，但随着水位升高，运城平原和黄河之间距离会被拉近，地势较低的水口都会出水。

泛滥的洪水搅乱了整个黄淮平原，其影响范围一直到黄河入海处。如前所述，黄土地是一个绵密的细沙结构，沙层内部的毛细管可以把深层地下水吸上来。因此，它渗透着水，也含蓄着水。黄土平原是绝佳的农耕地带，但经不起这种大规模洪水的淹没。

这时候，出现了夏氏族的领袖鲧、禹父子。在中国历史传说中的大洪水时期，父子两人都以治水闻名。大洪水忽然而来，才造就了文化英雄。鲧是用堵的方法治水，哪里洪水来了就堆黄土堵住去路，但是他并没有解决问题。接着由儿子禹来治理，他改堵为疏，广挖沟渠，疏通河道。事实证明，这种洪水是堵不住的，尤其是黄土具有蓄水的特殊地质结构，确实要疏通才行。经过十三年的努力，禹成功了。

禹的办法是在低的地方开口，洪水直接就从此流出。黄河中游一带的大平原，南岸低北岸高。过了中游以后许多小支流流动，地势较为低下，可以让多出来的水溢进去，再由它们带往别处；甚至还可以产生逆流——有些小支流本来是从南往北流到黄河，黄河水位涨高之后，从北往回逆流到这些小河川的上游存储，积水过多时又可再次溢流。

在此种种治水策略下，夏成为第一个父传子继的朝代，也就是说，这是中国历史上第一个稳定的霸权。从此开始，新石器时代的部落转型为国家。在中国，这是第一次出现正式的国家形态，组织了一个中央号令的指挥中心。

夏的霸主地位之所以能够奠定，除了夏禹治水的功劳，也因为夏人的基地在大洪水中承受的损害较小。因为大洪水带来上游的黄沙，累积为肥沃的土壤，洪水过后，当时的黄河中下游那一片广大平原比以前更为肥沃。凭借这一安全而又富庶的据点，夏禹遂能号令天下。

山西运城平原代表了"夏"，"华"指的是华山代表的关中，这两部分遂成为中国开启国家形态时凝聚力量的坚实核心。

夏禹治水以及运城平原的发展，促成了黄河中下游整体成为一个大的格局。这个格局，终于发展为商人前帝国时代的统一，然后是周代分封制度的文化与政治合一。这整个过程，反映了当年芮德菲尔德（Robert Redfield）从中美洲考古学中呈现的城乡关系，是其另一次的参考与证明。当年我在芝大读书时，芮德菲尔德的城乡关系论，使中东古代史的老师们得到了一个很好的理论系统，以解释苏美尔时代乌尔城这一类的城邦，如何逐渐将四周的农人结合为一个个单元。而从苏美尔时代进入巴比伦时代，这些个别的城邦终于结合为城邦群，等于一种前国家的集体；然后，在亚述时代，战车的出现带来的武力攻伐，令两河流域的前国家城邦群，终于建构为帝国体制的亚述。这个过程，在中国古代史上，相当于黄河中游出现的考古系列，构成了本章所说因为夏禹治水而出现的凝聚力量，将黄河中游以下到郑州之间建设成为夏的基地，终于在新石器时代完全过去、青铜文化开展的商代，以战车的力量，组合成一个商代体制的前帝国。

五

凡事厥成其功，难免有所牺牲。大禹治水这次的牺牲在何处？也许就是将夏代以前的两位领袖尧、舜列于信史的范围之外。他们是部落联盟或部落会议的领导，其族群组织不是国家，而是部落集团。在历史进程中，这些人不得不退出——中国传统历史中，"尧舜禅让"当作如此观。

夏人的霸权不是没有遇到挑战。历史记载中的后羿，是有穷氏的领袖，曾短暂地夺取了夏人政权。后羿是以箭术著称的英雄，应当也是属于山东及海河下游那一带渔猎部落的领袖。但经过一代人，夏人终于又夺回领导权，亦即传说的"少康中兴"。

二里头文化，一般被认为是夏文化的起始。这个遗址储存了大批的孔雀石。这种石头是铜的化合物，既可以用于铜器条纹镶嵌的装饰，也可以用于炼铜。山西盆地富产铜矿，中条山铜矿的位置离陶寺和二里头更为接近。这说明山西青铜文明有足够的资源支持其发展，也就意味着：在夏代，中国黄河流域开始进入了铜器时代。

夏代的中国，是从新石器时代转移到铜器时代的阶段。这个时候，中东地区的两河流域已经发展出了青铜器锻造技术，也许是经由东方与西方之间游牧族群的媒介，青铜器制作技术被传播到东方的中国。我认为，这一过程中，人们除了目睹车辆的实体，也可能在营火边上彼此谈话，提到所谓车辆之物，包括车辆的形态及其各部分的结构，如铜轴、铜配件，以及随身的铜刀、铜箭镞等。也许那时候的中国人，从欣赏进而询问：这一坚硬锋利的材料是何物？如何制作？然后，他们也就找到绿色石块，尝试烧制成液体，冷却后就成为铜。液态铜还可以铸成不同形状的模子，也可敲击出锋利的刀口——这一观念的传播，大概正好在夏代到达中国。中国青铜器的时代以大量礼器的铸造为特色，这种大型器物就不是小炉小灶的冶炼可以应付。而中国在龙山文化以来陶冶技术的发展，已经能够烧制黑色蛋壳硬陶。有此技术，其掌握火力的能力，才能够因应铸造大型礼器的需求。

不过，传说和考古发掘能够相互印证，还是必须归功于地质学家找出了黄河积石峡地区天然坝崩溃的痕迹。否则，我们还不容易精准断代：公元前 2000 年左右发生了大洪水这件事，年代恰好就和夏禹的时代接近。

后世还有许多传说讲述禹治水的过程，例如天象异征、乌龟带路等等，在山西、河南、四川、云南都有流传。见于四川北部的故事是：大禹的妻子涂山氏是四川姑娘，她送饭给丈夫，却看见其化身为拱土的熊。云南丽江纳西族土知府木家，其族群的传说是：他们的领袖，也就是木家祖先，乃是一个穿红衣的喇嘛，乘着逆流的河水到达丽江，开辟了这片纳西人的天地。

为何四川、云南也有治水神话？假如说冰川壅塞的现象能够把积石堆成的天然坝冲垮，从青藏高原上来的冰川应不止只发生过一次如此灾害。积石峡那次之外，何尝不可能发生另一次冲决堰塞湖，向南流入长江上游的川滇地区造成地区性大洪水？无论如何，积石峡的考古发现对于解释古史的确是重要的启示。

中国新石器时代核心区分区年表

年代 （Cal BC）	分期	北方旱作农业区		华北混作农业区		长江中下游稻作 农业区	
		黄土 高原	燕辽区	中原区	海岱区	长江 中游	长江 下游
8000-6000	早期	细石器	东胡林	李家沟； 贾湖一 期文化	扁扁洞； 张马屯	彭头山 文化	上山 文化； 小黄山 文化
-3500	中期（平 等氏族 - 部落社 会）	老官台 文化； 仰韶文 化早期	裕民文 化、兴 隆洼文 化、赵 宝沟文 化、红 山文化 早期	磁山 - 裴李岗 文化； 后岗一 期文化	后李文 化；北 辛文化	皂市下 层 - 城 背溪文 化；大 溪文化	跨湖桥 文化； 马家浜 文化
-2900	晚期（复 杂社会 第一波 兴衰期）	仰韶文 化中期	红山文 化晚期	大河村 文化早 期	大汶口 文化早 期	油子岭 文化	凌家滩 - 崧泽文 化
-2300	后期（复 杂社会 第二波 兴衰期）	马家窑 期、半 山期、 庙底沟 二期文 化	小河沿 文化	大河村 文化晚 期；中 原龙山 文化早 期	大汶口 文化中 晚期	屈家岭 - 石家河 文化	良渚 文化
-1500	末期（复 杂社会 第三波 兴衰期）	马厂期、 齐家文 化早期、 石峁文 化；齐 家文化 晚期、 东下冯 类型	小河沿 - 雪山二 期文化； 夏家店 下层文 化	中原龙 山文化 晚期； 二里头 文化	龙山文 化；岳 石文化	后石家 河文化； 二里头 文化	钱山漾 - 广富林 文化； 马桥文 化

第三章

中原第一核心区

豫西黄河平原，是中国新石器时代人口最为众多、种族最为复杂的地区。不同的人群、种族在这里互相交流，彼此激荡，可谓是集中国新石器文明之大成，在其晚期散发出瑰丽的色彩。

公元前 2000 年左右，已经有许多部落在这一地区共存，彼此之间应已逐渐发展出互相合作的制度。我们可以假想：部落共同议事时，有主事的带头人，并从强大的部落中拥戴众人钦服的首领。传说中，唐尧、虞舜与夏禹是三代贤君圣主，尧禅让于舜，舜禅让于禹。但实际上，未必是他们主动禅让，而是部族中更强大的后起者取代了前者的领导地位。

历史传说经常将尧、舜、禹当作三个具体的人物，而且其先后顺序也依次排列。实际上，我认为尧、舜、禹代表了三个族群。他们彼此之间错综复杂的关系，不是"禅让"二字就可说明的，乃是族群间争夺霸权引起的纠缠。

可以说，在夏禹担任部落领袖以前，唐尧、虞舜两代已经发展了相当重要的部落会盟制度。当时很重要的中心据点，在今山西襄汾陶寺和河南偃师二里头，再加上陕北的石峁。这三个遗址，都有大规模的公共建筑或祭祀设备。我认为，石峁所代表的，是西北角落上河套地区农牧更替，各取其适宜的时间，作为当地的中心聚落。考古发掘显示，因为农牧更替而出现聚落形态的转变，石峁这一中心并不完全持续存在。另一方面，山西襄汾的陶寺可能是陶唐氏的活动中心。如果传说唐尧、虞舜的领袖地位确实存在，陶寺就可能是这些部落联盟聚会的中心点，但是离真正国家中心的首都地位还差一步。离陶寺不太远的偃师二里头，则是很大的聚落，而且规格严整，有宫殿以及其他建筑的分工，范围也很开阔，足够作为领导王国的首都。二里头出现大量的绿松石，保留在铜绿石作坊之中。由于绿松石是当时铜器镶嵌的主要材料，大量的绿松石也就意味着这里是铸造大量铜器的中心点。二里头离山西中条山西吴壁冶坊遗址的产铜区不远，这个首都位置的选择，也可能反映他们要掌握附近的重要资源，以供储备禹域王朝的大量物资，作为各族群直接交换和贸易的资源。因此，通过上述三个据点的对比，这一区域三个中心的性质就说明了三个聚落形态的差异。

但是，突然到来的洪水打乱了格局。而生活在运城平原的夏人却没有受到洪水的侵袭，只有他们可以南下救灾、救人。如众所知，夏禹成功治理了洪水，夏人的领袖地位也毫无疑问由此确立。夏人权力集团的结构已经超越一般的部落。在尧、舜、禹三代之后，夏成为权力核心，并建立了一个延续四百多年的朝代。中间不是没有变化，但整体来说，这一期间是夏人领导中国的格局。

一

以我个人意见，河北藁城作为商人的北方据点，其作用是占据北方游牧民族向南扩张的交通点，乃是一个防卫中心。盘龙城位于江汉平原，这个地区是从黄河流域跨入长江流域的重要基地。商人在此地设立一个大兵站，正如后世靖康之乱后，岳飞的军队必须在这个地区建立他们的军事基地。至于新干大洋洲，乃是面对着江、湖地区，在长江的中下游控驭长江三角洲，联系淮河流域，作为向东南扩张的立足点。这些基地只是兵站而已，不能当作都市的大聚落，如同许宏"大都无城"的意见：兵站式的据点，至多是次一级的权力中心或者储藏财富的地点。

历史上的商代其实只是部落集团，还不够"国家"的充分条件。商人的王，每隔一段时期就会带着"多子族"——他所领导的"子姓"分族——巡走一方。凡所到处，都要当地的部落降服于商的霸权：他们贡献礼品，商王会赏赐回礼，双方客气融洽。这些部落还派人加入商的部队继续巡游，整个巡游部队就像滚雪球一样越滚越大。这就使得后来的部落只能向商低头臣服，除此别无他法。以上陈述，很像古印度的"白马巡游"，单一部落的威权还有待常态化，更不说制度化为国家了。

前面我曾经说过，商代的"人方"乃是生活在山东和渤海湾地区的"东夷"。这一大族群，往西发展会碰到夏人，没有太多便宜可占；往北跨过渤海湾，本来就是他们的地盘；于是，唯一可以发展的地区乃是向南。商代的王室不断巡游四处，而董作宾先生排列的征"人方"的"日谱"，正好反映那一次特别举动的范围其实已经到了山东、江苏一带的淮河流域。

同一时期，中亚、西亚草原上的牧民发展了青铜业。青铜技术一点点向东传输：首先传入新疆、内蒙古，再经几个关口或通道，向南传进黄河中下游流域以及四川北部岷江流域；西边是从今天

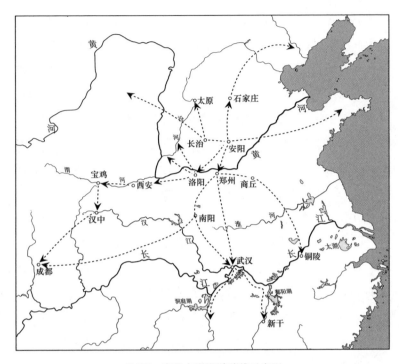

地图6　商代主要巡游路线示意图

的河西走廊、河套地区以及鄂尔多斯传入；东边则是从张家口，中间经由雁门关所在的隘口进入中原。接续夏人的商代，最终发展出一个辉煌的青铜器时代。

　　关于青铜文化的演变，过去一般争论之处，都集中在中国的青铜文化与中亚进入的青铜文化之间的关系，也因此牵扯到中国是否没有发展自己的青铜文明，而只是接受了西方的传统。拉长我们的视线，从五千年前中东开始发展青铜作为器物的原材料，其出现于人类文化确实是从西方开始。但是，如果我们从公元前5000年到公元前2000年之间这一长时段来看青铜文化东向发展的演变，其实就不是时间早晚的问题了，而是重大的质变：从中东到中国的甘青地带，那一地理上的空间，其青铜文化的表现，大致就是"斯基泰"或"鄂尔多斯模式"。青铜作为武器诸如箭锥、刀刃或者铜覆面及护心镜这一类的用途，此外都是一些零碎的、与牧羊有关的器用以及车马配件。而从四坝文化开始，就进入了中国的领域。很快，中国青铜的用途，除了武器、车马器等以外，大量用于制造礼器和饮用器皿。这一巨变，在四坝文化以东发展的重要性，都显示中国青铜器的特色，摆脱了与牧群移动有关的用途，而注重于国家组织、宗教信仰、世系传承，尤其表现于青铜器上的铭文，谆谆交代此处所说的特色。因此，中国的青铜时代意味着国家形成、天神崇拜、宗族绵延，如此特点，青铜铸器呈现的功能，就是完全在中国自己发展的文化框架内，摆脱了西方游牧族群用于装饰和武器的旧日传统。

行文至此，我必须声明：这一观点使我忆及当年与恩师李济之先生讨论青铜时代的问题，与青铜器皿之间的特色，他的意见我应当替师门发扬，提供给同仁参考。济之师已是古人，他对古代文化的发掘与解释，是我们必须纪念的一笔重要遗产。回想当年，济之师教导张光直和我，只言片语，无不涉及重要的课题。我们同学二人从老师那里学到的东西，此生铭感，不能忘怀。

商人统治阶级的架构，主要是"多子族"。出身"多子族"的贵族子弟，可能都是商人的军官，各自参加或领导一支部队。中国历史上第一个有文字记载的女将妇好，即是商代大将。据考证，她是商王武丁的王后，在出嫁前是商王国北部方国的公主。她屡次率军东征西讨，安阳殷墟妇好墓的出土实物可见，她用的武器是一柄8.5公斤重的龙纹青铜大钺，以及一柄9公斤重的虎纹青铜大钺。使用如此重的兵器，需要相当体力。

商人的时代，与夏人的时代完全不同。商人以武力征讨，压服各地原有的居民，掠夺农业产物，并掳取奴隶来从事各项劳动。他们自己则坐享掳掠的资源，大口吃肉，放怀痛饮。商的战斗队伍是混杂部队，在巡游时不断吸纳从属族群，队伍也越来越庞大。如前所述，商代可以说是个类似游牧军族用武力压服中原的时代。从考古遗址的出土物所见，商人酒具的种类与数量繁多，可见他们的酗酒风气。殷商遗址出土殉葬奴隶、仆役人数众多，也说明其草菅人命的恶劣行为——这是武力征伐部族的常态。

如前所述，类似的形式在古印度也能看到。公元前1000年左右的几个世纪，印欧语系雅利安人在占领印度西北部之后，向东南开发扩张的过程中，也采取了类似的方式：每隔一段时间，雅利安人部落的首领即率军巡游，由一匹白马带队，白马之所向即为军队之所至，压服当地的土著和部落。这些被降服的部落也派他们的部队，跟在雅利安人的部队后面继续巡游。雅利安人入侵印度后能成立新的大国家，就是经历如此过程。

商人行为中最可评议者，是他们以人为牺牲的习惯。由史语所发掘的殷商大墓可见：王者的陵寝在墓室之内，从亚字形斜坡走向中央墓室，每隔两三阶都会有一个半跪的侍卫，武装俱全，他们的骸骨三千多年来都是保持这种姿势，在死后保卫其主公的安全。墓室之内，四面分散的都是殉葬的朝臣和嫔妃的骸骨。大墓封顶，一层层的夯土埋葬了以千百计的骸髅，这些都是为了建造大墓而牺牲的奴工。围着大墓四边，又有许多卫队的埋葬坑：一个领队的骸髅在前面，领导着下面五到十个兵丁——这些卫队的总数也无法合计。最近，妇好墓的周边也发现了人殉的遗址。

妇好墓墓室中央是其棺椁所在，四周有十六位牺牲者的尸首，分别见于三到四间边室，其中可能有替她保管各种用品的宫女。妇好的墓葬外面也发掘出很多头骨，大概也是筑墓的工人。

除了墓葬，商人的各种祭典和礼仪也有以人为牺牲的行为。在甲骨卜辞中，"用羌十人"一类的词句，意指以羌人作为牺牲品。甲骨文中有个"宜"字，意指为晒干的肉干——将人作"宜"，究竟是牺牲，还是食用？我们很难判断。

商人对于俘虏或者兵士，都可以活人殉葬。若以各个大墓计算，其牺牲的活人为数不下万计。以如此众多的活人作为牺牲，这个朝代很难说是个"文明"的时代。周人评价这一现象，说"始作俑者，其无后乎？"——即使以木偶代替活人作牺牲，周人仍认为会缺德无后。

周武王伐商，以"仁者吊民伐罪"为号召。周人以《尚书》的《康诰》和《酒诰》等篇目教训自己的贵族子弟，警戒他们不许酗酒，不许懒惰，必须勤于公务和政事。相较商代，在周人遗址中出土的酒器确实为数甚少。孟子见齐宣王不忍心以牛为牺牲，相较商人数万人为殉的礼仪，周人的心态的确文明多了——也难怪周人创业之时，处处号召推行仁政。无论如何，商周交替，在文明史上确实前进了一大步。

古代中国在发展的过程，由夏代的治水，到商代青铜文明的武装帝国，及至周代，终于达成一个统治者的姬姓及其同盟姜姓的联盟，而且纠合关陇、巴蜀地区的西戎组成联军。周人从关中往东征讨，征服了整个黄河流域，建立了周代的帝国。这个帝国的统治机制不是靠征伐，而是靠王子公孙的分封，在紧要的地点，由王子公孙的部队驻防戍守。如果封地的原住民反抗，则分散在各地的周人姬姓封国和姜姓盟邦就可对其包围、镇压。当地人面对新来的姬姜集团，唯一的选择就是融合，融入周人领导的庞大封建系统——这是中原的根本，也是古代中国的核心。

二

下面我们将讨论都市化现象在中国考古学上的意义。

一些大规模聚落出土，引发考古学家讨论："都市化"（urbanization）是否为文明进度的重要指标。这一讨论，起源于考古学家芮德菲尔德对于两河流域都市的出现与两河文明同步发展的现象的考察。因为当时两河流域的"都市化"以城邦的形式出现，就将聚落的意义局限于城市，这是非常特殊的现象。芮德菲尔德原本的用词 urban，乃是指"结构比单纯村落要复杂的聚落"，准确的中文表达可能应当是"聚落的多样化、复杂化"，城邦只是复杂的现象之一。

我认为在东亚地区，村落是许多线状分布的聚落群之一部分，一串的村落构成一个有中心的聚落群，或者一长串的聚落带之中也有一个重要的中心。这种在空间布局上的复杂化，黄河平原和长江流域都可以实现。相对于黄河、长江流域的广大空间，中东地区、两河流域的空间就显得狭窄，其内部布局的复杂化最终浓缩在城墙以内的权力中心，控驭四周的卫星分布，而形成权力结构的上下、内外之别。

而且，两河的城市都有一个自己的城邦主神，例如空气之神恩利尔（Enlil）就是苏美尔城市的主神之一。于是，对于城市外面的附廓聚落，就有权力的上下之别。在众神的天庭，各个城邦自己的主神在神界既有一定的亲属和主从关系，也可以将城邦群的结构最后扩充为国家结构。

在人类史上，出现于两河冲积平原上的小城邦开启了"城市"的历史。在欧洲古代史上，希腊在地中海沿岸的城邦群，以及在黑海、地中海的角落，出现了后来特洛伊战争所牵涉的城邦。其实这三群城邦都是高加索种白人从北往南扩散时在各地建立的据点，是以族群战士为核心的聚落，不过城外却是当地土人的田地。

这一段历史，在欧洲人的心目之中，是固有的历史面貌。因此在近代，他们开始主宰世界时，也成为他们心目中文明化第一阶段的样本。后来，欧洲历史上蛮族入侵，各建邦国，以至于欧洲人扩张势力，经由海道处处殖民，掠夺当地资源，开启了所谓现代世界的经济。这一段过程，在芮德菲尔德心中是历史的开始。在讨论近代史的专家们心目当中，海路上的临海城市也确实是近代世界地图的起点。然而，这一模式未必适用于解释欧洲以外的历史。

以中国考古学上的都市现象而论，许宏曾经有过很精彩的讨论，他指出了古代都市的多样性。在这里，我想从他的论点出发，先讨论中国第一、二区考古出现的一些都市。

根据 2018 年 7 月 19 日《史密松博物馆杂志》（*Smithsonian Magazine*）的资料，据印度一钟乳石洞内的石笋（Stalagmite）的同位素分析，距今四千两百年前，全球普遍存在一段长期干冷气候，称为"梅加拉亚期"（Meghalayan Age）。这种气候对于中国古代都会的分布格局，起到了决定性的作用。由于干冷，山东渤海地区本来是发展最良好的地带，而在此考验之下，社区缩小、人口减少，我称之为海岱地区的文化扩散。山东龙山文化后期，原本相当发达的农耕社区数量减少，规模也缩小，他们只能带着自己的文化转移到他处。另一方面，海岱地区的"祝融八姓"也向南方的长江流域和北方的坝上移动。

往西的扩散，在山西盆地的左右，东侧成为后来殷商的一部分；西侧则是神木石峁一带，亦即河套边上的"太原"，殷周时代不断有草原族群与农耕族群之间的战争发生。向长江流域的扩散，造成了在徐、淮以南直到江苏、浙江边缘，出现大型社群和都会，最终和良渚文化的后裔相接触，交接于上海的广富林遗址。

龙山文化与良渚文化的后裔接触前，在良渚原本的圣山群附近，终于结合成一个庞大的古代聚落群，其内部分布的大型墓葬，埋葬着掌神权与军权的显贵人物，有男有女，也有等级的差别。而且，各种随葬品以精美玉器为主，做工精致，形制复杂。这种"圣山"模式，如张忠培先生所指示，意味着神权与军权共同构成一个复杂的文明社会。张先生因此认为，"神、王国家"的形态已经有了清楚的呈现。我认为，如此大型墓葬既然以"圣山"面貌建构，这种遗址应当有如明代十三陵以及清代东陵、西陵，乃是国家最高统治阶层的家族陵园。

此后不久，终于在这一地带出现真正的原始瓷，还出现了江苏无锡鸿山遗址的硬陶，以及铸造钢铁的技术。如果单以良渚自身玉石为主的文化继续发展，似乎并不能真正转向、提升到更高级的陶器与金属铸品。我认为，正是"祝融八姓"或龙山的扩散，把他们已经充分掌握的高温烧制黑陶的技术带往南方。这一技术的特点，在于以较短的"直窑"迅速地累积高温；黑陶的陶土基本上是黄河河底的淤泥，包含许多无可分析的成分，这才使得蛋壳陶既薄且亮。这一技术如果转化为炼铸金属（铜或铁），正可将良渚的基础从晚期的新石器提升到金属器的时代。后世江苏、浙江一带以吴钩越剑和青瓷著称，正是在如此条件下，才得以顺利发展。

从海岱地区往南出发的"祝融八姓"，终于进入长江流域的"吴头楚尾"。最重要的发展，是在湖北的江、湖之间，"祝融八姓"的芈姓与当地荆楚山林的土著结合，将屈家岭文化改变为石家河文化。那一连串十几个聚落群围绕中央城市的结构，其壮观可想而知。

回到北方海河和渤海湾之间，旧日"五帝"的地区即是以"祝融八姓"为主；再加上龙山与尧王城有关的人群大量内移，终于在山西汾水与黄河相交之处，组织为陶寺文化。陶寺东边，也就是黄河下游扇形开展的尖端，延伸到后日的安阳以及当时略微靠北方的藁城，则是未来商人文化的基地，那里也有距离相近的几个大城市。陶寺遗址的西边，紧接着就是二里头遗址。这两个遗址，分别代表了后日的圣王尧和禹的基地。这一串黄河边上的都市，成为后来"三代圣王"传统的根据地。

在这些遗址上，我们确切地看见了青铜礼器作为青铜文化时代出现的标志。我们也必须注意：青铜在中东的出现，确实比中国早一千余年，但是，在秦陇以东出现的青铜文化乃是以礼器为主体，与西方中东一带以武器、覆面、盔甲以及车马具为主体的用途完全不同。中原的青铜文化范围内，则有湖北铜绿山、山西中条山以及黄河泛滥区的铜陵、铜城几个矿区，这些矿区见证了中国青铜文化全面的本土化。

在神木石峁遗址，出现了农牧之间交替占有城市基地的现象。这种转换，也正好印证了王明珂所指出的：亚洲普遍有干冷气候，而造成了这种"摆动"。

秦陇一带，东边的延伸是石峁、神木，往西则是三星堆文化——这一文化具有浓重的内陆"斯基泰"色彩：那些铜面具，我认为就是中东地区金覆面、铜覆面的夸张表达。在秦陇地区一左一右这两个例子，其都市的性质确实与陶寺、二里头并不一致。可是我们也必须注意："治水圣王"夏禹的原型，也就是在黄河上游。而三星堆往南发展，就和前面所说的荆楚文化的基地相去不远。

这些大都市的出现，与中东、两河的大都市不同之处，乃是中东或古希腊的城市都与某一天神有关，而一连串城市的保护神，则组织为天上的"神庭"——这种城市的"商业性格"和"神圣性格"，是纠缠难分的。而在中国，陶寺、二里头以及商代出现的大城市，其规模类似国都，则是"人王"取得神佑而发展为"圣王"，人间的统治者，必须要以其行为、品德向上苍求取福祉。这种道德与政治纠缠的现象，此后终于在中国的古典时期，即商周易代时，将政权、秩序、道德与人间都整合为不可分割的系统，也成为世人评骘主政者行为的尺度。

陕西神木的石峁遗址，前面我们已经讨论过，地处农牧交错带，因着气候和湿度的改变，华夏的农夫要面对北方牧民的挑战。为了争夺这一带的土地，农夫们必须要有防卫的据点，保护他们耕作的田地。于是，城墙之内会有权力中心的大宅，也会有储藏物资的空间。但是这个城内和城外居民都是同一群人，只是分工不同——并不像希腊古代城邦，城内是征服者的领袖，城外是被征服的农夫，为供养城内贵族而劳作。

有三个大都市集中在黄河三角洲的西端，它们分别是陶寺、二里头和后来的殷墟（"大邑商"）。我认为，在夏代还未建立时，陶寺坐落于东方汾河流域以至于黄河三角洲的尖端，乃是中国东部文明发展的主要舞台之一。那里有不同的部落，有不同的生活形态：草原上的轩辕氏所代表的牧人们，河流谷地中开始种植小米的炎帝所代表的农夫们，以及海岱与渤海湾两岸发展的红山文化与龙山文化，以采集渔猎和种植农耕等多种生活形态为生的大群落。这些族群的对抗与合作，免不了经由彼此的交换互享资源。中国历史上的尧、舜、禹三代，以及此前的颛顼等所代表的族群，正是在这个东方大平原上，发展了酋长聚会共同解决问题的方式，甚至产生一时的盟主，即所谓"三代圣王"。尤其值得注意者，舜的个人历史颇与族群之间的贸易脱不了关系。因此，这个地区几个大的都会，乃是东方各族群的联络中心。这个意义，也不是中东、近东考古学上那些城邦可以同日而语的。

至于二里头作为夏人的政治中心，确实有此可能。夏这一族群的所在地，我认为是以山西谷地尤其运城平原为主体。在泾水流域、河套东部，他们可以在气候良好时期发展农耕，将自己西北方的领土整合于夏域。二里头在夏人领土的东边，石峁在其领土的西端，这一整片"夏域"足够当作华夏的起点。

至于中国历史上，可以配合芮德菲尔德从中美洲考古学上建构的所谓的城乡关系理论，以理解城邦制度本身可能发生的转变形态，我以为是西周封建制度下，受封的封君所建立的都邑：城内是领主的治理中心和经济中心，城外则是乡遂制度与都邑分工。乡遂的居民中，有封君带去的农民，也有当地原有的居民。诚如芮德菲尔德主张，城邦乃是文化开始的起点，我们稍作修正：西周的封建制度确实建立了一个基础，将周人的天下观念建设为华夏大地的文化基础。

诸如东南沿海良渚古城这种大规模的城市，也可见于第二区。今天的湖北江汉平原一带，在屈家岭文化（距今约五千三百年至四千六百年）向石家河文化（距今约四千六百年至四千年）转换的时期，已经出现众多结构复杂的古城。其中最大的是石家河古城，以其为中心，周围还环绕着十余卫星聚落，共同构成大的都会区，在历史时空中与长江下游的良渚古城交相辉映。

　　但两者之间也有差别：石家河古城是一个中心城市，环绕十余卫星聚落的格局，显然是逐步发展形成的；而良渚古城却是先有规划，再有序兴建的。良渚古城所处的地理环境是水乡泽国，古城由内而外是宫殿区、内城、城墙、外城，外围还有一套庞大的水利系统；城内水网交错，要人工堆筑大量土台，再在上面营建房屋。这样一座古城，需要统一规划、统筹组织才能建设完成。

　　长江沿岸的南京、镇江一带，在距今三千多年前的铜石并用年代主要存在的是湖熟文化。湖熟文化的村落也经过相当的规划，比较常见的形式是以当地的河流、湖泊作为防卫，遗址则分布在沿岸的土墩或台地上。这种台形遗址需要事先择址规划，堆筑起突出地面的土墩，再营建聚落。良渚古城出现前后，长江中下游地区的古文化，呈现多姿多彩的并存或前后相错。我们必须理解，古代文化区之间讯息的交换并不如同今日一般便利；同时，在空间上看似紧邻的文化区，在时间次序上可能有相当的差异。因此，在同一个地区之内，不同文化同时并存，似乎并无显著的彼此影响，乃是不足为奇、可以理解的现象。

　　良渚的大城有建筑群体，也穿插着许多圣山，各有其仪式性的象征结构。如此复杂而堂皇的建筑群，有极大可能是仪式性或宗教性的中心。以我们所知为例：五台山有许多宫庙建筑，地区广大、内容复杂；峨眉山从上山到山顶，各种大型建筑沿着登山的道路，构成极为复杂的功能分区；武当山在高山绝顶，跨过巅峰建筑了一个大型的宫庙社区；恒山在绝壁上铺设栈道形的基础，建构复杂的宫庙社区。

在古代，如果若干族群有共同的信仰，他们很可能共同建立一个仪式中心，既不具有政治中心的功能，又不具有商业中心的功能。后面我们将讨论的三星堆这一"三星伴月"的中心地带，可以假设为宗教信仰的仪礼中心，而在原有的政治力量离开以后，被后继者以厌胜之术上掩下烧，以消除其原有的信仰力量。

除了宗教仪式中心以外，族群之间经常共同选择一个枢纽地带举办市集，以此为商业和交换的市场中心。这种枢纽地带在抗战前的中国处处可见；也会有若干永久性的大型建筑，再加上一个广阔的广场供群众交换其商品。我认为，陶寺或者二里头未尝不可能是这种聚会的中心，不必特别肯定其政治功能。甘肃居延的汉代遗址，便是边防的屯垦区，既非都城，也不是商业中心或祭祀中心。

从以上讨论，我想提醒各位：考古所见的大型聚落常常被解释为"国家"的都城。其实以现代人的经验，我们就可以理解：大聚落甚至于有宫殿形态的建筑群并不必然是政治中心，更不能以此说明这是国家体制的复杂群体。

第四章

南方第二核心区

中国历史上不乏江河各自发展的事例，但更多的是互补辅翼，在统一的格局中共同创造或维系一个富足的东亚大国。过去我们认为，后世整体中国的文化发展是基于中原的核心，但实际上近年来的考古发掘还发现了新的因素。在第一核心区以南，从四川盆地向东延伸，到遍布湖泊的长江中游地区，再到江浙的海滨平原，这一个由大江、湖泊、溪流、滨海串联的广大地区，有山有水，山环水绕，而以水为主，终于发展成为中国古代的第二个文化中心。

地理学家张相文先生曾指出，在黄河流域的东南方，从秦岭到淮河，可以画一条假想的直线：其西北是晋陕甘高原，由秦陇高原、华山山麓东向，北面是山西表里山河，平行于山西的是黄河中游的黄土平原，其南是汉水与淮水，作为黄河流域和长江流域的分界线。后来胡焕庸先生在此基础上，画出一条更简捷的界限：从黑龙江的黑河市拉出一条斜线，终点在云南腾冲。这条线以东以南，人口众多；相对而言，以西以北则人口密度较小。

"秦岭—汉水—淮河线"以南地区的气候受东南季风影响，潮湿温和、地形多变。西南的四川盆地山环水绕，从川北到三峡，内部分为巴、蜀二区，被高山峻岭围绕成若干大小谷地；长江贯穿巴蜀，穿过三峡。这一洪流一路灌注到古代的云梦、彭蠡大泽，及其周边的许多湖沼。更往南面则有南岭，众山连绵围绕，许多河流泻入湖沼，几乎就是一个广大的内海。这一地区气候温和潮湿，植被饱满，物产丰富，尤其河口湖滨处处沼泽，乃是稻米的原产地，水产众多，人不知饥。

一

首先从四川盆地开始，陈述第二核心区的发展，亦即从新发现较多的三星堆文化说起。

三星堆在成都东北约 40 公里处的广汉市，因为遗址区内有三个隆起的小土堆，其排列像三颗星星，所以叫三星堆。三星堆考古不是新热点，1931 年，在四川广汉传教的英国传教士董宜笃（V. H. Donnithorne），就曾从当地农民手中收购他们偶然挖掘出的三星堆文物，并捐赠给了当时的华西协合大学博物馆收藏。

1986 年，考古人员发现三星堆的两个祭祀坑，对其进行正式发掘，从中出土了大量器物。新世纪初的 2001 年，又在成都市内发掘出金沙遗址，这是三星堆文化的后续和传承。

我对三星堆遗址的重视，不仅因为这个遗址内容特别丰富，更重要的考虑，则是经由褒斜道从陕甘地区进入长江流域，三星堆是后来第二区北部一个最重要的据点。这个据点还可以向西南、云贵扩张，由此构成了第二区西部的重要节点——将北方陕甘与整个南方的山岳和江湖，经由川北和成都平原而联系黄河地区的中原，形成整片天下。

2020年，三星堆重启发掘。现场搭建了钢结构的考古大棚，不怕风，不怕雨；发掘坑上方加盖玻璃仓，保证恒温、恒湿。除各种传统发掘工具，还应用了众多新技术设备助力。大棚的角落搭建了有机实验室、无机实验室、文保工作室等，多学科集体合作，考古发掘与文物保护现场密切配合，取得了非凡的成果。据考古工作队在2022年6月的说明，三星堆的时代应在商代晚期。

三星堆出土的铜器种类，与中国其他地区相比有很大差别。中原地区出土的殷商时代铜器中数量最大的是礼器和用器，如铜制的鼎、簋、爵等，其次是武器，很少见到其他种类。奇怪的是，三星堆出土铜器中，人物类的青铜面具、青铜头像和青铜人像所占数量最多，其尺寸大小不一，从几厘米到一百多厘米，形式也多种多样。其中一件青铜纵目面具，通高66厘米，宽138厘米，重约70千克。面具有两只大眼睛，中间的两个大眼球呈圆筒状，向前鼓出约16厘米，还有两个大兽耳向两侧展开。

除了青铜面具，尚有大量的青铜人头像，有些头像上还蒙贴一层金面罩（曾发掘出金叶打造的大型金面罩）；头像的底部，往往有可以插木柄的中空管槽。此外还有身着不同服饰的青铜全身人像，有站立的，也有单膝下跪或双膝跪坐的。大多数人像双手在前呈环握状，双拳中空，似乎手握某种物体。最大的一件立人像，通高260.8厘米，人像高180厘米，站立在一个底座上。还有一些人物手持铜杖，杖身缠绕绳索状的枝条，可能就是牧羊人牧杖的写形。

这些人像或者人面，大致都是高鼻深目，俨然是影射亚洲白种人的体质特征；有的更夸张为巨大的面具，眼睛突出。在三星堆之外，至少从目前可见的资料，甘肃灵台白草坡遗址出土的玉人和宁夏彭阳姚河塬西周遗址出土的象牙梳上的雕刻，都与三星堆的人像有十分相像之处。

三星堆的人像与白草坡的人像，都有尖顶帽。而蛇身缠绕的铜器，与三星堆神阁上面的缠绕图像，也都是相似的手法。三星堆出现了许多南方地区的物件，例如象牙；白草坡则有海贝，海贝更不可能是西北土生的——这就意味着，从西北到西南之间，有个物资流转的通道。我们也必须注意：在西南部云南出土的贮贝器，可见鲜明的斯基泰风格的图形，盐源出土的青铜器也有枝状物。这就说明，从西北、西南经过三星堆所在的成都平原，有经常来往的贸易路线——南方丝绸之路的存在远比我们想象的要早，三星堆毋宁担任了这一路线上很重要的转运节点。我们必须要理解：从甘青到西南和南海，这条通道数千年来始终未断。三星堆的存在，只是一个阶段性的现象，却曾经是西北、西南物资交流路线上的重要据点。

姚河塬象牙梳的象牙来源不可能在西北，而三星堆有很多象牙。彭阳不在三星堆文化的疆域之内，却是宁夏与四川交通路线上的一个重点。这一现象似乎也指明：四川的土产，可以传播到西北部。如果高鼻深目是实况的象征，甚至于夸张，那么这些线索似乎指出：三星堆人像的来源，就是中国西北部的各种戎人。假如以陕西宝鸡的鱼国铜器的时代判断，三星堆许多铜器的时代都指向西周早期甚至更早。如此，则三星堆的大概年代应当也是在商代或商周之际。

三星堆的礼器，如尊和罍，其形制、图案都与商代器物相当一致。三星堆文化从中原吸收这一部分的影响，应无可疑。三星

1：白草坡西周墓出土铜戟，2：白草坡西周墓出土镂空蟠蛇纹青铜短剑，3：白草坡西周墓出土玉人，4：三星堆出土铜人头像（正、背），5：云南石寨山叠鼓形储贝器。

这些出土文物的细节，包括服装和人物神态，呈现出鲜明的斯基泰风格。从关陇到西南中国，都有类似的风味，而与中原特色迥然不同。

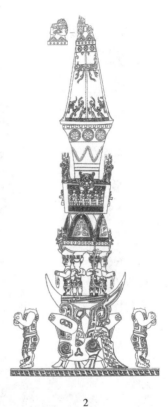

1　2

1：三星堆器物坑出土铜神坛，2：铜神坛完整复原图（孙华）。

三星堆出土的神坛与马王堆出土的帛画，都呈现出多层的宇宙：天上、人间与地下。《楚辞》中描述的神界与地界，也是基于同样的理念而建构。

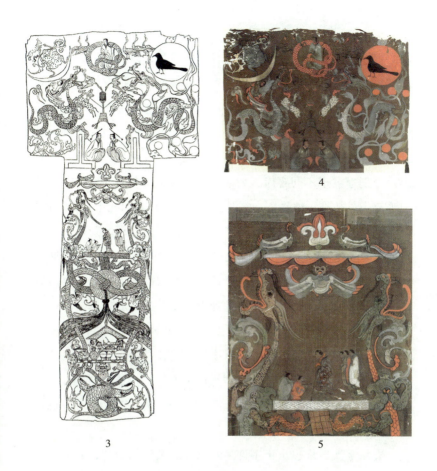

3：马王堆帛画（线图），4-5：马王堆帛画局部。

堆的青铜制件都是礼仪性甚至宗教性的用具，缺少青铜兵器，可以解释为三星堆本身是个礼仪器用的埋藏地，并没有日常使用的性质。

三星堆所有遗物上面层层覆盖厚土，下面有火烧的遗迹。而且，比较重要或者大型的器物都经过人工的折断或打碎，不同的碎片分别埋藏于不同窖库。为何八个大坑、两万多件器物，居然似乎都经过劫难，被焚烧、深埋？这就让我想起《礼记·郊特牲》中特别提到的一种仪式：对于"亡国之社"的处理，乃是上面有掩埋，下面有柴木焚烧。"亡国之社"经过如此处理，"绝地天通"，断绝人间与神明的交通，使得已经覆亡的族群和单位不能再向后继的掌权者挑战或者翻盘。这种处理乃是一种厌胜之术，以保证三星堆原来的宗庙和社稷完全失去作用。《公羊传》记载，哀公四年（公元前491年）恰巧发生"亳社"的火灾，其注疏也说这个"亳社"乃是商人的遗留，早该有"绝地天通"的处理。同样，在楚地的民俗咒术中，甚至于到汉代还可见有所谓"朱丝萦社"，也是同样的功能，只是简化了而已。

成都金沙遗址也出土了许多与三星堆类似的古物，基本上相当完整。从以上所述推论：三星堆遗物的处理，乃是经过有意的破坏，借此终止前朝的神力。因此，金沙的新窖藏，是否可以视为旧宗社被破坏以后在新的首都另立一个国运所寄的新宗社？至于谁在做如此破坏的事情，有可能指涉《华阳国志》中望帝禅位于鳖灵的记载。

三星堆文化有如此神秘的意义，我们或许可以认为：汉代以来，四川以及中国西南部都被认为是巫术世界。西南角落有很多崇山峻岭，那些居民在复杂的生态和环境中，难免对神圣的领域多了些特别的体会，于是，他们的遗物在圣俗之间偏向于"圣"的部分。更多一点推论：从《楚辞》以及楚国歌曲中的信仰与传说看来，春秋战国时期湖湘南部宗教气氛浓厚，浪漫却又透着神秘，不是中原可以比拟的。

二

我们在第二章提到，大禹以十余年的时间整治泛滥的黄河，黄河流域的灌溉土又可居住耕作。禹能治水成功，是依托他的基地——运城平原的夏和连接陕西高地的华山一带。"华夏"这两个字衬托了新中原的核心，至今还代表着中国的全貌。

那些在大洪水中流离失所的人群，就是炎黄与颛顼时代所谓"东夷"族群，他们所在的黄河下游三角洲正是泛滥的平原，已不堪居住。黄河大决口造成的灾害，对他们的影响毋宁说是难以挽回的。

如前所述，"夷"字是一个人背负弓的形象，"人方"就是这一负弓族群生活的地方。这些人正是傅斯年先生名篇《夷夏东西说》中提到的所谓"东"人，被称为"祝融八姓"——八个信仰相同的族群。"东夷"也曾经缔造了高水平的文化：他们制造了蛋壳陶那般高温烧制的陶器，组织了龙山如此之大的聚落，在黄淮地区建立了无数的小城寨。今日的山东地区曾经有非常发达的史前文化——龙山文化，1928年首次发现于山东章丘龙山镇的城子崖，以黑陶为典型特征。在距今约四千年左右，也就是传说中夏禹治水前后的时期，龙山文化发展到极盛点。城子崖发现的黑陶器薄如蛋壳，色泽黑亮，其硬度堪称原始瓷。以城子崖为中心有大型的龙山文化聚落群，聚居人口为数众多。

在距今四千年左右，山东地区气候突变。干冷气候迫使大批人迁移，大的聚落衰败为小聚落，生产水平下降，黑陶质量退步，龙山文化迅速衰落了。后来，他们不得不逃离故土，向四方移民。这并非全是意欲逃离夏禹这一朝新兴的统治力量，更因为自然灾害已经剥夺了他们的生存环境。其中一部分人固然可能从事农耕，同时也有人继续以采集渔猎为生，但如今都必须迁移。

这些人迁至何处了？古代传说记载，尧的儿子丹朱南放广西，这是一个象耕田、鸟播种的"异方"；尧的继承人舜在禹执掌政权后下落不明，然而尧的两个女儿都下嫁舜，这二位"公主"——湘夫人，却都远去洞庭湖的君山。舜自己是否也南下了洞庭？是否因为夏禹势力已大，尧、舜这两股原来的领导力量不得不率众南下，退避三舍，不与禹统治的夏众较量？这一段古老的历史，不见于官方记载。

我认为，夏代发展为中原一带主流的时候，并没有像后世朝代更换时如此的"一刀截"。可能出现的情况，毋宁说是夏文化的强大聚落，在广大中原地区各处出现。仰韶陶器的玫瑰花瓣图案，与红山文化的玉龙主题遥遥相对。苏秉琦先生以"华山玫瑰"象征中原华夏地区——既然"华山玫瑰"已经成了一个正统的核心，"红山龙"呢？我以为，前述族群从第一区的沿海地带向南开拓了新天地，就是我们前面说过的第二区和第三区。

一部分"东夷"沿着东海岸南下到了大汶口和良渚，在那里迸发出火花。其中一项转变是：沿海的稻米文化发展成为内陆湖泊、沼泽地区的水田农耕文化，这一现象和第二区出现的情况非常吻合——第二区的四川汶川就有稻米种植的遗迹。另一项则是蚕桑文化：旧日蜀锦，近时川绣，长期以来有其独特的传统；《华阳国志》记载的古国"蚕丛"，其名点明了蚕的存在；三星堆出土的文物也有丝绸包裹的痕迹。我们可以看见整个第二区和第三区开花结果，都是"东夷"与第二区核心的蛮族合作所成就的事业。

第二区和第三区的隙地，都足以容纳"祝融八姓"等从海岱扩散时分布四处的族群。夏文化与"祝融八姓"文化之间的互相融合，也不是短期可以完成的。值得注意的现象是，"祝融八姓"的子孙在长江中下游地区遍处可见，甚至于淮汉地区也可见其痕迹。如此扩散，并不是有计划的"长征"或成群的迁移。这一迁移，其规模之庞大、时间之漫长，几乎可以看作《圣经》中的"大流散"（Diaspora）。如前所述，"祝融八姓"南迁中，最大、最成功之举应该是建立了后来的楚国。这一同属龙山文化的族群进入汉水、淮水流域，终于与土著文化融合，使得与长江并行的淮汉地区拥有许多不同文化的分合。面对如此丰富的文化遗产，我以为：这是后世楚国的前身。楚国是南方的"巨无霸"，有其自身独特的发展路线，与中原的发展路线各自进行。后来，楚国成为春秋争霸的主角之一，与中原群雄不断抗争。楚国自己的历史也讲明了，来自华夏地区"祝融八姓"的芈姓和当地的"诸蛮"（荆湘地区的居民）合作，组织了一个新的国家。

这个新兴国家所建立的文化业绩，也相当惊人。屈家岭、石家河等遗址中的玉器，在渤海湾红山文化的基础上呈现出惊人的细致。楚国长期和华夏抗衡，五霸七雄之中楚国始终是要角；到了秦成功统一六国以后，"楚虽三户，亡秦必楚"，推翻秦王朝者还是楚国后裔。

《国语·郑语》记载了很多成周及周围诸国的地理位置。姬姓、姜姓之外，还有狄、鲜虞、潞、隗，都是蛮、荆、戎、狄之人，被认为是"非亲则顽"的外国。根据《史记集解》以及若干明器的记载：武王伐商时带去的八个国家都出自"西土"，后来封于"江汉之南"；同时，姜姓中的申、吕大邦都改封于"谢西九州"。"西土"是周原以西之地；"江汉之南"也就在今天湖北的襄樊、荆州之间；"谢"在汉水之滨，"谢西"是进入河南平原、西向荆楚的一块土地，在今日河南西南部。

灰蛇伏线，这一发展犹可见其痕迹："吴头楚尾"这一地区建立了三个重要国家——楚国、吴国和越国。

周穆王的传说故事中讲到，他在昆仑访问西王母时，听说山东的徐王迅速扩张地盘，已经有二十余国服从其领导，便赶紧驾着八骏赶回东方。由此故事可以看出，这群夷人的势力可能已颇有一段扩散过程。以"徐""舒"这一类字形来看（都有"人"字头），或者从发音来看（辅音极为接近），或许正是他们移动过程留下的痕迹。这一群人的后代终于和东南方相接，发展为春秋时代的吴、越，"南方之强"成为足以挑战中原的另一文化传统。

吴国传说也是姬姓之后，其实未必属实。"吴泰伯让国"的传说另有一说：那便是运城平原的"虞"姓——"虎字头"下面有一个"吴"——才是真正的吴泰伯之后。我认为，吴、越都是南方新起的国家。出土的吴王剑、越王剑上写的名字，和我们书上看见的吴王夫差、越王勾践二人名字的写法都不相同，用的是他们自己母语的多音节字。从传世文献看，多音节字确实在南方被普通民众使用，北方文献直接引用南方人名、地名时，也见诸记载。例如，刘向《说苑·善说》有《越人歌》的故事：

今夕何夕兮搴舟中流，

今日何日兮得与王子同舟，

蒙羞被好兮不訾诟耻，

心几顽而不绝兮得知王子，

山有木兮木有枝，

心说君兮君不知。

这是一首同性恋的情歌，本来越国船夫是用他们自己的语言来唱的："滥兮抃草滥予昌枑泽予昌州州鍖州焉乎秦胥胥缦予乎昭澶秦踰渗惿随河湖。"鄂君子皙听不懂，才招来翻译，译成上述楚语版本。换句话说：在秦统一文字以前，这么广大的地区分布着蛮和夷两个群体，构成了一个声势、能力均不弱于第一区的共同体，亦即国家。

三

回顾第一、二区的差异，第二区不仅容纳了三星堆所反映的西北戎人影响及南方栽培大米的技术，同时在屈家岭、石家河等处可以看到红山文化、龙山文化以下长期发展的玉石文化。经由"祝融八姓"的扩散，山东沿海的特色居然出现于长江湖泊区，尤其淮河线上。这就显示了第二区古代文化内容的丰富与复杂。

2021年6月，考古人员在成都的宝墩遗址发现了成都平原最早的水稻田遗迹，距今约四千五百年，这一发现在长江上游尚属首次。稻米的驯化在中国最早应是在长江中游的湖南和江西，年代都在距今一万年左右。在汉水流域的汉中也有早期稻谷遗存，

1：良渚文化，浙江杭州反山墓地出土玉钺，2：良渚文化，反山墓地出土玉琮，3：屈家岭文化，湖北保康穆林头遗址出土玉牙璧，4：屈家岭文化，宝林穆林头遗址出土石钺，5：三星堆出土玉戈，残断，火烧后变白。

这些玉器的器型，与中国东南及中部出土的玉器具有高度一致性；治玉手法的圆润，也极为类似。

年代在公元前6000年至公元前5000年。淮水流域的贾湖遗址出土的稻米种子，也与上述时段相近。将其发扬光大的，是长江下游的浙江良渚文化，时间在公元前3300年至公元前2300年左右。凡此地点，都在"秦岭—汉水—淮河线"两侧。

稻作农业最早出现在长江中游，之后就顺着长江及其支流传播展开，直至遍布西起四川盆地、东至东南海滨的一块大区域。这一区域的特点是江河纵横、湖泊密集、气候温暖、降水充沛，正适宜种水稻，之后发展成为我国南方重要的稻作农业区。

河南南部邻近淮河的舞阳县，发掘出距今九千至七千五百年的贾湖新石器文化遗址。这里出土的谷类食物是稻米，人类遗骸体形较为高大——是否正如今日的南北差异，北方人较高大？这一族群同样采取育成的稻米作为食物，与蜀地和淮河流域以稻米为食的特色恰好相同。贾湖遗址还出土了七音具备的骨笛，原材料是丹顶鹤足部的尺骨，这一特色颇可与具备完整音阶系列的曾侯乙编钟相比，共同说明这一淮河线上文化水平之高。至于贾湖遗址出现的龟甲刻辞，刻痕老练，由于这一遗址的年代跨度甚长，其与殷墟刻辞的时代关系不易判定，但至少可以反映：这一淮河线的文化水平不下第一核心区的殷墟。

三星堆的遗物中有丝绸织物的残痕，经仪器透视，确认是丝绸纤维。这一区域远离我们习惯上认为是丝绸故乡的江南，当地居民却已将丝绸织物用作包裹器物。《华阳国志》中所说的国主名为"蚕丛"，也正说明了他们有育蚕的产业。此外，三星堆也有稻米的遗迹。现在我们知道，稻米的原产地位于"秦岭—汉水—淮河线"以南的丘陵、江湖地区，具体而言即为长江中游的洞庭湖、鄱阳湖流域。由此沿江上溯可至四川，顺流而下可达江浙。若是从湖南经过三峡或沅水流域，将种植稻米的技术传入三星堆文化，又何尝不是第二区本身东西文化流通的佐证？

凡三星堆出土器物，在黄淮平原、江淮平原、海河流域、渤海湾的遗址中多数均未见过。因此，过去一直无法将其归类，常称其为中原的"旁支"。有些学者认为这一"旁支"是经过陕南和鄂西，也就是经过汉中的山路或长江水道，传入四川盆地的。

此前，我们已经讲过宁夏彭阳的姚河塬遗址。姚河塬遗址坐落在陕西周原的西北，也在进入四川路口宝鸡的偏北方。遗址中马骨和其他遗留甚多，遗址本身涵盖一片谷地牧场。武王伐纣时需要大量马匹，追随他的各种小国何尝不能有的派人、有的送马，或者人马俱全来支援？

羌的地望，其实也就在周原的西侧。宝鸡是陕西到四川的必经之路，宝鸡与成都之间，有一彭山，当地也称为彭县。彭阳的"彭"，陈槃庵先生考订是在湖北谷城。彭阳、彭山与谷城的"彭"，三处"彭地"的线索相当清楚：从这三处可能地址进入河南平原，沿路东向，终结于今日的徐淮一带，也就是姜姓最大封国齐国的旁边。

以上蛛丝马迹，让我们可以捉摸到：从周人开国一直到武王伐纣，他们在周原附近一直到四川的蜀地已经结合了不少当地的戎王、戎侯，配合着姜、姬二族伐纣的行动。甚至灵台白草坡遗址的地望正是"密须之鼓"之"密"——"密须之鼓"是随大军行动的重器。则武王伐纣时作为礼仪之用的大鼓，又何尝不可能是白草坡之"密"所贡献的？宝鸡青铜器博物院收集附近的周初铜器极多，那些器皿上所提示的地点其实都在这个角落，也就是陕西秦岭之下，沿着秦岭出关中，进入豫西南平原的一条道路上。这一猜想，应当有助于我们理解：姬姜出兵时，姜姓部队沿着秦岭、汉水东下；而姬姓部队则是从淮水过河，进入黄河南岸。所以，姬姓的亲藩卫国在黄河边上：晋、虢在黄河北面，而鲁国这个最大的亲藩则在齐国旁边。这一布局，正是姬、姜分工合作的心态。

西周建立后，其统治者不断分封姬姓和姜姓子弟为诸侯，建立封国。分封各国由华山以东一直到渤海沿岸，主要分两条线进行：一条沿着黄河，此为北线；一条沿着汉水、淮水，此为南线。其中的主要控制点是管、蔡、成周（今洛阳），以及东方的鲁、齐。这两地的统治群体分别是姬、姜两姓领袖（周公旦和姜太公）的子孙，其封地在淮水或汉水。这一平行线上的诸侯封国，其青铜器的铸造风格与出土于黄河一线者颇不相同。南线的技术较高明，分部铸造然后焊接为复杂的整体，例如：曾国、黄国等遗址出土的小格子装饰以及小巧铸件，焊接于器皿表面或角落。

约一百年前，在安徽寿县发掘了一座东周大墓。当时参与发掘的学者对出土器物的风格感觉诧异：在远离中国西北的安徽，一个周代遗址竟然带有所谓鄂尔多斯文化的风格！可以说，从安徽淮河流域到云南滇池，再到四川三星堆，这一大片区域居然同属于一个文化区。然而，这一文化区东南部却有一个缺口，也就是良渚文化。这涉及第二项推演，即如今浙江、福建、广东的族群，一般被称为百越族群的形成。这一点下文再具体陈述。

承上所述，古代由中原黄河流域外迁的族群，在第二区发展了另一文化系统。这一地区是由丘陵和江、河、湖、海构成的广大区域，与黄河中下游的黄土平原的地质风貌迥然不同，文化系统也各异其趣。两者之间的南北对立至今仍很清晰，其分界线就是"秦岭—汉水—淮河线"。

第三区的开发中，有两个地区值得注意：一个是西南山岭区，另一个是闽越海岸。每次中原板荡，衣冠南下，都是后浪逐前浪，第一区的人被推到第二区，第二区的人又被推到第三区及至沿海，然后从沿海被推向海外。"海外中华"隐而未见，现在却已有三千万至五千万人。等到有一天他们自己真正做主时，他们会注视中华这个"唐山"，"白云深处的唐山"。❶

抗战期间我们有首歌曲："天苍苍，海茫茫，白云生处烽烟急，血花流光，那正是你我的故乡。"抗战末期，通往缅甸的道路（也就是史迪威公路）打通了。这条公路，是在群山之中动员云南原住民数十万人——彝、白、傣、壮、苗、藏以及汉族人，各族男女老少手拿石锤、斧、铲，胼手胝足开辟出来的。三千多名华侨青年自备服装、经费到缅甸集合，陆续驾驶一万五千辆车从这条路回国交付军用。这一任务折损了三分之一的人，一千多位奔向祖国、共赴国难的大好青年丧生在山沟里，没人埋，没人知道！

中国的成长不是依靠帝国的征服，是一拨又一拨人通过持续的努力而慢慢形成的。所以中国没有边界，中国是一个天下国家，是一层层文化的自然发展。

---

❶ 华侨自称唐人，称中国为唐山。

第五章

沿海第三核心区

在中国历史上，自南北朝以后，南方的群山众水文化区就变成中国的另一主流。实际上越到近代，这一地区在中国经济文化中所占的比重也越大。因此我建议，"中原是中国古代文化主流或火车头"的观点应当修正为：长江、黄河平行的路线上，南北族群竞争又合作，构建了古代中华文明能久能远的深厚基础。这两个核心区的东面，又交缠发展为长江三角洲与东南沿海的第三区，我们将在以下讨论其发展过程与特色。

这三个核心区合成的庞大文化体系向西扩充，包括了今天的西藏和新疆；往北扩充，包括了西起阿尔泰山东至太平洋的广大北方——这是从中国的延伸。正因有前述两个非常强大的核心区，才构成了中国如此宏大、坚实的基础。

由四川盆地开始往东，一直到长江中下游丘陵、江湖地区，是中国的第二区。这一核心区又延伸出另外一个从东南到南部的沿海地区，包括西南的云贵，我们称其为第三区——它是前两个核心区的融合及延伸，两个末端在东南交汇构成的第三个重要文化区。

长江口以南沿海各岛屿的范围，虽然也已经有古人类进出，只是与大陆海岸线的大局关系不大。因此，本文所说的这一沿海地带，暂时以海岸线为限。除特殊情况，例如论及台湾与海南岛的早期移民之外，所有海岸线以外的岛屿，在古代的讨论中，还暂时不列。因为今日的主权界限，与古代实际发生的情形，并不相同：本书所附三区地图，不应将黄河、长江以及珠江口的沿海涨沙地包括在内，因为在那时，这些区域尚未形成；那时候海外诸岛并无多少大陆人口；即使有之，也不过是从福建移到台湾的早期南岛族群的源头。第三区实际上乃是以二区为主的延伸地带，因此包括的乃是长江口以南以至于珠江，连接到西南部的东侧以及南方诸岛。这一沿海地区跨越的纬度范围很大，但彼此间的气候相差不大：都受海洋影响，共同享有东南季风的福利，有充足的降水，气候相对温和，这是沿海地区形成同一文化区的环境因素。

一

　　这一地区最早出现的马家浜文化与河姆渡文化，前者主要分布在钱塘江北岸的太湖周围，后者则位于杭州湾南岸的宁绍平原。在距今约七千年前，这里已经发展出比较完善的聚落。最重要的是，当时的居民已经从事稻米生产，并以此作为主要食物来源。

　　东南沿海所发现的良渚古城，其规模之大，内部构造之复杂，在中国考古发掘中前所未见。由此引发一个问题：为何在第二区末梢，能发展出如此重要的文明？在我看来，原因就在除了其自身的渊源以外，还承受了第一、第二区文化交融的因素，才能取两边之所长而后来居上。

良渚文化及其前身所在的区域，就在长江下游、太湖与钱塘江所夹的三角平原地带，同时也是天目山等东南山脉由高往低的排水区，由此造就了水网密布的地理环境，可称水乡泽国，便于建立港口码头，发展航运。除了运输，打鱼也是很重要的水上劳作。就这样，良渚先民们在沿海地区的东南角打下了基础，并逐步往北扩展。

新石器时代晚期的龙山文化以黑陶为主要特征，曾发展至非常繁盛的程度：建造了大型聚落，容纳许多居民；制陶水平已很发达，出品的器型种类较多，最了不起的成就是烧制出蛋壳陶；骨器制作也很精细，并且已经出现青铜器的雏形。

距今约四千年时，北方的山东地区出现剧烈的气候变化。原本中国东海岸承受来自赤道的季节性降雨不再出现，于是降水量不够，农业发展失去原本的良好条件。山东的东南半边，沂蒙山区本来就土质不佳，先受其害；然后逐渐使得渤海湾地区本来湿润的气候，也失去其良好条件。因此，整个海岱地区的向外移民，是个扇形的展开：从徐淮到海河地区，向各方面分别移动。

"后羿射日"的故事就发生在这一时期，干燥的气候迫使当地居民迁徙。如前所述，他们一部分迁移至淮河流域，即历史上称作"祝融八姓"的部族；一部分沿着海滨南移，就可能经由"吴头楚尾"进入江南的水乡泽国。

值得注意的是，台湾的泰雅人也有类似后羿射日的传说：古时两个太阳同出，天气干旱，民不聊生。泰雅人的三位勇士决定远征，在太阳升起处将其中一个射落。考虑到路途遥远，他们必须两代人接力才能够到达目的地。果然，勇士们途中衰老去世，随行的孩子们已经长大，他们合力射下那个多余的太阳，人间恢复了正常生活。

泰雅人的故事与后羿射日的传说如此类似，可能是泰雅人还未离开中国大陆时获得了故事的基本模式。随着这一族群渡海入台，修改后的版本遂流传于族群内。至于他们从大陆迁移到台湾的路径，我认为经由浙江的可能性较大。即使海峡终于将两地隔绝，陆桥破碎的痕迹也形成了舟山定海外海的岛屿群——有了这一串小岛群作为中途站，到达台湾西北角就并非难事。我的同学张光直指出，台湾新石器时代考古遗址颇多出土物与浙、闽考古遗址、遗物相类。由此推论，距今四千年前，那些逃避干旱的族众从第一区东端南下，与江南新石器时代的人群携手开发长江三角洲与太湖周边，形成古代中国的第二区。

到了商、周两代，第一区的东半边——山东地区——先后被商人、周人占据，龙山文化的中心区也在其中。随着周人在东方的扩张，例如周穆王时代大举压迫东方的"徐夷"，族群也由鲁西南和苏北地区不断向南扩散。史料中关于龙山文化族群迁移的记载，和考古发现的证据是一致的。

上海市松江区的广富林遗址，所反映的正好就是良渚文化向北扩张与龙山文化向南开拓、迁移，二者在广富林接触、融合的现象。具有龙山文化印记的黑陶和具有良渚文化特色的当地玉器，在广富林遗址都有出土。因此，广富林遗址兼具良渚文化和龙山文化两种文化的若干特色，是两者结合的一个据点。

这一现象从距今四千年左右开始演化，嗣后发展为周代吴越文化的基础。吴文化以今江苏南部为中心，越文化以今浙江为中心；另有一部分区域，则继承了江南湖熟文化的基础。由此构成东南海滨一带范围广大的一个文化圈，其区域北至江淮，南可扩张至福建，西向内陆甚至可延伸至安徽南部和江西的部分地区。后世文献将生活在这一地区的众多部族统称为"百越"，所谓瓯越、闽越、南越等都为其分支或后代。

若论越人，瓯越与闽越应是一家，他们在浙江、福建交界处活动，向西可扩展到江西、安徽一带。经由这条线路，第二区的影响力也延伸至东南沿海。湖沼地区一些水上活动的族群迁徙至此，所以在瓯越、闽越之中还有许多水上民族。而迁移过来的陆上族群，则被汉民族吸收了。

二

第三区的发展有一不同于前述两个核心区之处，是其经济层面的特色，亦即开拓特殊的地方工艺产品：瓷器和铁器。

瓷器是中国发明的器物，是中国文化的代表。瓷器与陶器的区别何在？首先，瓷器使用筛选精细的高岭土，胎体烧结致密；其次，其表面有一层玻璃质的釉。实现由陶到瓷的跨越，需要几个条件：第一，烧窑的温度要足够高；第二，要用高岭土，并进行精细选料；第三，是发现釉的秘密。

黄河流域有些商周遗址已有硬度较高、瓷面较为光亮的陶器出土，例如商代遗址出土的尊、罍、罐等。这些陶器的硬度和光润度，毋宁说已到了瓷器的前阶。原始瓷片最早可见于二里头早期的夏代遗址——由此可断定，我国很早就已有到了瓷器水平的器物。

原始瓷器的演变也要经历一段过程。若将以较高温度烧制的硬陶视为瓷器前阶，则在距今四千多年前，闽北浦城猫耳山遗址出土的黑衣陶，应可看作原始瓷器的前身。而且，猫耳山遗址也出现长斜坡型的"火道"，这种窑型被考古界称作"龙窑"，能够不断提高窑室温度，是后世烧制瓷器的必要条件。

出土器物可以归类为原始硬瓷的西周遗址不少：河南浚县辛村、洛阳庞家沟、安徽屯溪、江苏句容浮山果园等处。其中，南方地区遗址分布于第二区者为多。考古学家解释：南方出产堪作硬陶的黏土较多，竹、木燃料也比较丰富。嗣后的春秋战国时代，单浙江德清一县就出土四十余处原始瓷器的窑址。还有值得注意处：在战国时代，原始瓷器的功能似乎是青铜礼器的代用品——这些原始瓷的形制、花纹往往模仿青铜礼器。

2003 年至 2005 年，在我的家乡无锡鸿山发掘出七座战国时期的越国贵族墓葬。其中出土了一批陶瓷器，其胎质烧结较为致密，表面有一层青绿色的薄釉，特性介于陶器、瓷器之间，偏向于瓷器。鸿山越墓原始瓷得以成功烧制，是因为吸收了北面来的龙山文化烧制蛋壳陶的经验：陶壁薄如蛋壳，需要精细选料；质地致密，需要很高的窑温烧制。此外，陕西宝鸡周原遗址的先周文化层出土过一片青瓷残片，质薄而亮，不像是当地的产品，或是从南方输入的原始青瓷。

也就是说，吴越一带最先迈出了由陶跨越到瓷的第一步。而在后世，东南地区的瓷窑也兴盛不衰：北宋以前的越窑，南宋以后的龙泉窑，都是中国历史上兴旺千百年的窑口，南方各地的瓷窑无不受其影响。我认为在南方，尤其浙江、江西，有了烧制原始瓷的经验，才可以继续进步。在这些地方找到高岭土后，当地人就使用长形龙窑的技术烧制真瓷。于是，此后中国名窑几乎都以南方窑口为主。数千年来，"瓷器"（china）与"中国"（China）

或"支那"（Cīna），从印度开始逐渐在世界成为同义词。

春秋战国时期，吴越地区的武器非常有名，有铜制的，也有铁制的。所谓吴钩、越剑，在后世更成为利器、宝剑的代名词。干将、莫邪的故事，大家都知道：干将作剑三月不成，于是其妻莫邪"断发剪爪，投于炉中"，才得以成剑；在某些故事文本中，为了铸成宝剑，莫邪甚至牺牲自己"自投于炉"。故事很有传奇性和戏剧性，其背后的道理是：在铁里掺入碳，可以形成合金，提高生铁的硬度。掺碳的方式，可以是将牛羊等祭祀用的牺牲投入其中，也可以用竹棍、木棍来搅拌铁液。汉代冶铁并未广泛使用煤，多以木杆搅铁汁，或者在锻铁时将木炭卷入软铁反复捶打，可以使动植物所含的碳熔入其中与金属结合，令其硬度增加。不过碳的硬度有限，为了使其锋口锐利，必须改用其他材料。

沙漠和海边的沙粒中，有一种天然"金刚砂"，这种在海滩淘洗获得的黑沙，质量最重，硬度很高，后世玉工称之为"解玉砂"。在良渚时期，"金刚砂"被用来作为切割、雕刻玉器的工具。良渚文化地区邻近海滩，淘沙取得硅砂不难。若将如此经验转化为冶制精钢利器，还必须淘洗山岭溪流中"金刚砂"一类的砂料，将其一部分掺入铁汁溶液，一部分在锻冶时卷入锻铁，千锤百炼，俾得炼成锐利锋口。以上知识，乃是我十五岁时借住重庆无锡铁匠帮会馆，从铁匠老师傅处学到的。此时已是隔世，谨以此纪念王、吴二位老师傅。

三

沿海地区的族群还有一项能力：发展航行活动，设计各种船只。不过在中国，船只形态的设计是在第二区的湖泊，云梦与彭蠡堪称内海，此处竹木器材遍地可得，加之风平浪静，发展航行工具其实比在海洋更为方便。

自古以来，中国沿海或内陆普遍使用过筏，也就是将若干树干或竹竿并拢在一起，编缚而成的一个平面浮具；再使用一根长篙撑着岸边或水底，推动筏子进退、转向，古代称之为"橹"。从这种的结构改进，就是简单的木船，由木板拼接而成的圆弧状船底颇与西方维京人长船的尖底不同。为了增加装载量和稳定性，中国船只也常见双船并行、联二为一的形式，也有的在船舷外架设披水板以保持平衡。一直到宋明时期，这种船只还在沿海地区被使用；在内地的湖沼地带也很常见，只是将披水板移至船舷下的水线处。

这种船还发展出一种首尾翘起的战船：在船头竖旗，在船尾架鼓，通过挥旗击鼓来指挥船只前进。古人还用大型的"平衡架"来保持船只平衡；"平衡架"上可搭设平台，划桨的人站立其上，或用来载运货物。春秋战国之际，吴国的"王舟"便曾经从江南直航，深入楚国的大别山区。

在西方是没有筏的，也不见船舷外的平衡架，但在太平洋区域却很普遍，甚至美洲的太平洋沿岸也可见到如此设施。这种文化，先师凌纯声先生称之为"环太平洋文化"，它分布的范围南到大洋洲的密克罗尼西亚，中间覆盖太平洋中的夏威夷群岛，最北可至美国西北岸到加拿大西岸。环太平洋文化圈的航行船只，其实是肇始于上述的湖泊区。

环太平洋文化圈中有很多参与者，冲突与互动在各处普遍存在。比如，常见的一种建筑由一对粗大的柱子和柱上的横梁组成，有大有小，有木制的也有石制的，中国称为"牌坊"，日本称为"鸟居"。再如，两根石柱架起一片石顶的神祠，就是土地庙。有一种大型石轮（可能是古代"璧"的代用品），被视为家传宝物。又如，设置祖宗堂，将祖先遗骸或名讳牌位，按照辈分亲疏摆放架上，以纪念、祭祀。还有以常见的动物，尤其是大鸟作为图腾的现象。上述种种表现，在吴越文化里也屡见不鲜。

沿海地区的族群和文化从渤海湾一波波往下迁移、传播，经过台湾，再继续扩散。相对而言，今天台湾的原住民也是新到的过客，最远可以追溯到两千年前的卑南人先民。台湾的卑南遗址与闽浙一带同时期的遗址很相像，张光直认为，两者基本上属于同一类型。因此，我们可以如此理解：南岛语族只是百越众多族群里分化出的一支，它的起源不在台湾；台湾地区的重要性，在于其是沿海族群向太平洋扩散的第一步踏脚石，第二步踏到菲律宾，之后才到文莱、马来西亚等地。

台湾岛上也有来自印度洋东部安达曼岛"小黑人"相关的遗存。据台湾赛夏人的传说，他们曾与一群小黑人隔着山谷比邻而居。小黑人性情凶悍，双方大致和平相处，但也有一些摩擦。在一次两族共同欢宴庆祝丰收的时候，小黑人污辱了赛夏人的女孩子。于是在欢宴结束后，小黑人跨过山谷的藤索桥回家时，赛夏人将桥砍断，小黑人尽数跌死。一直到今天，赛夏人还举行祭祀小黑人的"矮灵祭"，避免其阴灵报复。

换言之，台湾既是中国沿海地区先民渡海南下的踏脚石，也是印度洋区域族群进入太平洋的踏脚石——但显然没有多少族群过来。台湾离中国大陆不远，可台湾海峡靠近大陆的一侧是由北往南的"黑水洋"：黑潮所经之处，洋流速度快、流量大；一般古代船只航行此地，常常被带往南向，难以横渡，当地水手称之为"落漈"。所幸浙江外海的定海列岛，即古代陆桥断裂后的残余，可以有助于逐岛渐进，最终渡过海峡。台湾岛上考古遗存分散各处，不见长时期延续的地方文化系列，原因也在于古代台湾与大陆的交通并不顺畅，以致缺乏足够人数延续长久的地方文化系列。

以日常经验而论，台湾居民固然有不少是"唐山公"❶和当地女性的后代，但总人数并不多。台湾历史上，嘉庆以后大批从福建、广东、闽南移民过来的客家人数以百万计，无论如何也算不出有如此多当地姑娘和"唐山公"婚嫁。

颇多研究南岛语族的学者认为，台湾原住民的语言是南岛语系的源头。就南岛语族本身的分布而言，密克罗尼西亚、美拉尼西亚、波利尼西亚当地族群的语言都相当接近，但是人种差别显然可见：有头发卷曲、肤色较深、身材较为矮小的一类人，还有和中国人相当类似的，黑发、身材较高、肤色较淡的一类人。这显然属于两种不同的来源，不可能都从台湾出发蔓延各处。2011年至2012年，"中研院"史语所的考古学家陈仲玉先生在马祖列岛中的亮岛发现两具古人骨遗骸，经过德国研究机构的检验，与南岛语族中一部分人有相同的基因。

近年大陆考古学界将福建省各处古人类的基因做了大规模检验，发现漳平奇和洞遗址的古人类基因确实具有和亮岛古人类基因高度接近的南岛语族基因。该地原住民是畲族。漳平位于福建省西南部，九龙江支流北溪上游。这一遗址不在沿海，而在闽西山地，即从前述第二区进入第三区的通道上。

---

❶ 中国南方沿海第一代南下男性移民的别名。

若以上述情况结合台湾居民的基因来源考察，台湾原住民的祖先乃是若干大陆南方居民，尤其在上述第三区存在显著的迹象：原住民的基因清清楚楚显示其为南岛语系族群。我认为，南岛语族更早的祖先可能不是在福建的山谷之中，而是在第二区的湖泊地区。如前所述，大湖大泊犹如内海，这些居民在此拓展了他们水上生活的技能，也制造出后来在南岛语族常见的船只，一边或两边放"平衡架"的小船。

这些人以台湾为跳板，陆续进入南太平洋，扩散发展为南岛语系的岛上居民。至于语言学上的课题，南岛语系和南亚语系之间相邻相接的界限，应是中南半岛上的泰国和缅甸、马来西亚北部，以及安达曼群岛和印度南部地区出现的区隔，大概并未触及中国南部。语言学上对这个课题的研究，目前还有待深入。

回忆当年张光直和我多次讨论，我们都认为：台湾各地和福建平行的新石器时代考古遗址，各个阶段的特色几乎都可以从中看出密切的关系。因此，台湾古代居民的文化，应当是由福建渡海而来。

前面也说过，还有语言学方面的问题。李壬癸先生对南岛语系的研究指出，台湾古代居民的语言乃是台湾以南大洋上各地南岛语系的最早者，甚至于可以说是起源。但是，李先生从未说过南岛语系是在台湾才开始发展的。台湾古代居民语言中的南岛特色早于海洋之中的后进者，乃是因为台湾是从福建跨入海洋的第一站。台湾是个海岛，在明代因为海上活动频繁，人们才得知此处有许多居民。在此之前，诚如众所周知，无论动物、植物或者人类，都是从大陆一批批渡海而来到台湾。他们带来的语言也并不只有一种——踏入海洋的渡海者，并非同一时间从一个地方渡海而来。

最近，中国历史研究院的《历史评论》（2022年第1期）刊载了董建辉和徐森艺发表的有关南岛语系与台湾关系的文章，文中列出的一些讨论正如本文已经提出的各点。在语言学方面，美国语言学家本尼迪克特（Ruth Benedict）在1942年，以及法国语言学家沙加尔（Laurent Sagart）在20世纪90年代都讨论过这一问题。沙加尔提出汉藏语系与南岛语系同源的观点，而且不断修正扩充其理论，改易其名称为"汉—南同源论""汉—藏缅—南岛语系假说""东亚超级语系假说"等。上述研究也值得我们注意和参考。

行文至此，我们不能不对凌纯声先生所指出环太平洋文化的共同处，其观察之敏锐、查证之细密钦佩不已。这也使我对这位老师产生诚挚的思念。

我们可以理解，如果这些族群进入沿海地带，最容易进入的山口谷道应当是浙南瓯江上游、闽北闽江和闽西南九龙江的上游，或是湖南、江西最南部资水、湘江上游，甚至于广东东江的上游。在亚洲东部古老的地质变化时代，菲律宾板块与亚洲大陆东岸挤压碰撞，撞出了台湾岛；而在大陆东南角，就是那些内海南岸山陵沼泽最复杂的地区。

回到第三区本身的问题。假如我们理解第三区实际上是第一、第二区的延伸——第一区从沿海向南延伸，第二区从山陵谷道延伸，终于构成了中国沿海地区从浙江直到两广，甚至于海南岛南方族群的活动地区。这些地区的居民，在中国历史上曾经被称为"百越"或者"百粤"（其实是同一音用了两个字来代表）。然而我认为，迁入南方沿海的不只是被称为"越"的族群——"越"的界限应该不会超过福建中部，从此更往南走，应当是"蛮"为主体。"夷""越"同声，"苗""蛮"同声，其中并非无缘无故。以今天苗族的分布地区而言，除去汉人占领的最好的平原地带外，洞庭以西还是称为"苗"；而到了三国时期，这一带的土著却被称为"山越"。

在环太平洋大区域里，南岛语族的食物有几个共同特征。首先，他们都以芋头为重要食物，从夏威夷到密克罗尼西亚都有芋头制作的食品。芋头是生长在山林地带、靠近水边松散土壤里的一种根茎植物，原产地在广西到四川一带、种类繁多，这些地方至今还有野生的品种。芋头、马铃薯、番薯是三种不同作物，番薯是美洲人养驯的，马铃薯也是在美洲被养驯，一路传到了欧洲被大量栽植，成为欧洲很重要的食物来源。西班牙人占领美洲以后，殖民者把番薯带到菲律宾，从菲律宾又进入中国，成为重要的农作物。在太平洋西岸靠近中国大陆，一些族群如台湾的山地同胞、菲律宾的一些居民也吃小米。小米是中国北方养驯的作物，由山东的"东夷"带到沿海的第三区，之后又传至东南亚的海岛上。鸡、猪、狗等家禽、家畜，也随渡海的人们被带往各地。鸡的传播路线短一些，猪、狗都传至很远的地方。至于环太平洋诸岛都没有种植稻米，则可能是由于这些岛屿几乎都没有足够的淡水发展水稻田。

这些海上族群都用葫芦作为随身浮具，无论成人或孩童，都借助此物而不惧落水。在 20 世纪 60 年代，香港还有在水上生活的"蜑户"，葫芦是他们的食物。此外，这一族群的儿童人人有一个奶粉罐拴在身上，这些奶粉罐就是葫芦的代用品，作为防溺浮具。在《庄子》等古籍里，以葫芦作为浮具或容器的记载几乎随处可见。

上面所述都指向一个观点，正如凌纯声先生的论断：中国湖沼区的水上居民，是环太平洋文化圈的祖先。第二区本身的蛮族居民，其"蛮"的含义应该从四川西南部的"南蛮"，以至于到洞庭湖、鄱阳湖的"溪峒蛮苗"，这些人应当是第二区尤其是湖泊沼泽区真正的故主。若以前述船只的设计而论，这种船只在沿海地区很难出现，只有在风平浪静的内海，又有无处不长的竹木取材，才可能发展出这种船只。

以上所说，我们可以归纳东南和南方的沿海地区——也许可以称其为第四区——是自古至今逐渐形成的移民群。他们各有当地的土著，更多的是一波一波从各地移入，直接或间接混合于生活在海岸的族群。而他们也是延伸中国文化的居民，与更向太平洋深处开拓的来源。

四

顺着第三区的话题，我们继续叙述东南部及南部向外开拓形成所谓华侨群。我个人感觉，秦汉开拓东南海岸与华南之时，还没有向海外开拓。那时候，中原政权主要的努力还是在扩充海疆，将中原地带的人群移至海边居住，也将海边的族群迁往中原地带。

举例言之，瓯越的故乡在当时所谓会稽郡的边缘。汉代开发会稽郡，至少将四五十万瓯越百姓移到淮河地区——这一故事说来很凄惨，堪称"死亡行军"：数十万人，能有多少到达终点站？更多的移民则是向南开发时的军人，这些人大多数也留在当地，不再回故乡了。

汉代称为南越王的赵佗，故乡是今河北正定。他和子孙留在广东，居然在秦汉之际建立了南越国。今天若是检查广东同胞的家谱，有一些能追溯到正定。

在东汉晚期尤其三国时期，中原开始多事。天灾人祸，使得许多居民逃离河南、山东一带。其中有一部分移入江汉，另一部分则跨越南岭，进入东南部海岸地带，还有些华人进入越南，即当时所谓"交趾"。

汉末、三国以至于晋，北方和西北方的少数民族大规模、持续移入中国。中原的汉人大部分留在自己的家乡，建立坞堡自卫，与这些外族周旋。四百年间，终于与其融合了。从那时开始，北方居民的血统成分就渗入了东北、北方和西北方的外族血统。另一方面，永嘉南渡时，有大族举族同行往南开发，也有小户共同组织南向开发的队伍，推举有领导才干的人物作为"流民帅"。这些以北方大族为主体的南下移民，就在南方建立侨州郡县，比如南豫州。至于那些由"流民帅"带领的小户散众的部队，则是散居在山崖水脚，与当地的居民混合——他们的分布通常由两条道路的分叉口分别深入内陆，相当程度上与当地土著混合。

三国时代，吴国在山区和水边大量搜索"山越"作为兵源，也借此设县治理、收取税赋。因此，当时"山越"这个名称未必指涉少数民族，更可能是当地居民和流民的混合体。

从何时开始，进入广东、福建地区的移民被称为"客家"，其实难有确解。比较可靠者是，永嘉南渡以前没有"客家"，永嘉南渡以后不断有"新客家"。例如残唐五代，中原地区的百姓困于战乱，也是大批向南移动。我们这一宗的许姓，就是从河南固始，跟随同乡部队逐步南进，终于在福建立足，最后分别居住在福州到漳州之间三个不同的地点。这三处的许姓，都有向外开拓的成员：有的到泰国，有的到越南，有的到马来西亚，有的到菲律宾。这些人，也可称为"新客家"。客家人的居住点都在山坡较高的地方，或者河流上游，深入内地河谷处。至于"本地"与"客家"的区别，由语言可见一斑：客家方言与中原口音确实相当接近；早期移民则与当地居民混合，融合入南方，其方言属于南方系统。

李方桂先生以及其他语言学家，不断研究这些本地非客家居民的语言。他们注意到，有相当不同的来源混杂在汉藏语系的汉语之内，例如"侗""獠"之属。从浙江西部迄于海南岛，各处方言的差异其实存在渐变的延续过程。语言学家发现：所谓"本地"，万变不离其宗，没有离开汉藏语系，离古汉语并不遥远；因此，将"本地"与"客家"对比，两者也都是不同程度的古汉语而已。

至于往海外迁移的华侨，大批移动的主要时间大概也不会晚于唐末。笼统言之，自古迄今，浙江、福建的移民大致经由台湾，或者跨过台湾，南渡进入菲律宾及其他南方岛屿。因此，今天在菲律宾的华侨，其源头在闽南漳、泉二州者最为众多。另一个迁移的方向，则是顺着洋流南下穿过巴士海峡，沿中南半岛的东海岸逐步南移，分别进入婆罗洲（即加里曼丹岛）、马来半岛，以至于印度尼西亚各处。这些移民人口主要来自广东，也有一些来自闽南以及海南。菲律宾华侨的华语，大致由福建的闽南语系统演化而来；马来西亚、印度尼西亚各处的华侨，则是以广东话为主；至于通都大邑的华侨，例如马六甲或新加坡等地，福建、广东二省的方言都通用。

还有一条移民人数不多的路线，则是前往今天的冲绳岛（原名琉球、中山），明朝时出现了著名的"闽人三十六姓"。但何以那一次大批移民之后，再无后续？我的解释是：如前所述，台湾海峡南向洋流被称为"黑水洋",水流湍急,宽度也不小。从大陆往东移动,要跨越"黑水洋",一不小心就被洋流带往南移,通过巴士海峡进入南方水域。因此,虽然台湾和琉球都离亚欧大陆东岸很近,但因为"黑水洋"的特性,难得有人能够跨越迅速流动的洋流。能够夺流跨过台湾海峡、到达琉球的人数并不多,他们很以来自福建为傲。

同样地,在台湾的古代居民也是来自大陆。能够穿越"黑水洋"渡过海峡、登陆台湾,也相当艰难。而且,台湾丘陵沼泽众多,在登岸以后,离开沙滩,从南到北都很少有足以发展大型聚落点的大块平坦地形,这使他们难以累积足够的资源,与海峡彼岸的大陆发展长期延续的交流与彼此来往。台湾至少有十四个原住民族群,他们之间虽有一些交易或联谊,其实也未必称得上密切,至多只能说:就文化和语言而论,他们都属于南岛语族系统,却很难真正从他们的特性之中,排列出一个台湾本岛发展的文化谱系。福建、广东地区沿海居民以台湾作为跨入太平洋的踏脚石,只有若干族群留了下来,以此作为长居的家乡。

上述内容由新石器时代到春秋战国时期,时间跨度很大。但其源头都在古代中国的第二区和第三区,从良渚古城形成的时代即已开始演变了。第三区在远古的发展是如此令人惊讶,其重要性延伸到后代,更令人感叹。宋代以后,中国的经济命脉转到江南一带,其范围以长江三角洲为中心,往南可扩至福建,往北可至江淮一带,一直延伸到东南沿海的弧形。可以说,今日沪宁杭"金三角"的重要性,其根源在良渚时代就已经埋下了。

以上陈述,乃是总结前面数章的讨论,也就显示出三大区域之间的互相影响。在这种错综复杂的关系下,古代的分区演化,终于转变为中国从考古以来不断进行的互动，最后整合为一个庞大的文化疆域——华夏中国。

第六章

对抗中交汇的华夷关系

一

讨论到我者与他者的区别，必须提出：西周开国时，是顺应天命而得天下。"天命"二字中的"天"，是垂穹四野的苍天，既是宇宙全体，也是宇宙的主人。这种气概的大神，不再是图腾转换而来的一般神明，也不再是山川、河海代表的大神可以比拟的。这个大神观念超越常人，其神圣的普遍意义，不是信仰任何神明的宗教可以对比的。

有关西周开国过程的文献记载，例如所谓"西伯善养老者"，充满了道德意味。正是从那时开始，"天下格局"的观念必须建立在善恶是非的普世观念上。所以，《尚书·洪范》记载：商人的王子箕子告诫新政权领袖，为政的基础是"洪范"，即为了道德而界定的秩序。

在周人的意识中，周要建立一个王者受天命的天下，君统与宗统叠合，是封建诸侯的双重秩序。祖先在天庭代表人间，向上天祈福，必须要陈述子孙善良的行为。文献与商代卜辞中出现的先王、先公为子孙求祷福祉，并不表彰子孙的善行，而是呈献"牺牲"。因此，西周的"天下"，从此成为中国君主制度的范例：君王能够统治人间，是因为他受命为天下百姓谋求福祉，而君主们的祖先代表政权在天庭陈言，也必须根据子孙的实际行为，才能盼望天降福祉。即使这些都是建构的理念，人类有如此建构，也就说明人类有了是非和对错的意识。

依西周以后"奉天承运"的观念，"天子"不是一个统治者，应当是善行的代表。以中国这套观念，与埃及、两河古代神祇和统治者的关系相比，后者都充满了偏袒：天神、上帝不应当为了自己的私心挑选王者。至于那些传说中的神祇，例如希腊大神宙斯，他们得位却要经由弑父，其行为又何等的荒唐！人君能够获得天神的保佑，通常也要献上自己的独子或新生儿作为"牺牲"。古埃及的阿肯那顿法老，第一次提出了太阳神为独一真神的观念；太阳神对人间的护持，不分狮子或小羊、人君或小草，都普遍蒙恩。如此高尚的独神观念，终于演化为犹太教、基督教和伊斯兰教的信仰。然而，这些后世西方主要信仰的神，其原型却还是沙漠中的风暴之神或太阳神的修正版。这些大神的特点是独一无二，必须信仰他、皈依他，才能蒙受他的护持和恩惠。如此独神观念，与西周提出的"天"，有显著差别。

中国古代社会变动，与国家的结构观念平行发展。为国家服务的公职人员因能授官，在特定的专业部门执行任务。而他们的作为和成绩，又必须根据法家的标准来审核。在这种儒家、法家思想平行的演化中，国家并非王者和贵族的私产，而是与公众福祉有关的社群单位。这一特色，在欧洲的发展历史上，要到近世

17 世纪以后才逐渐呈现。

汉代的税收制度配合国家需要，从实物税向货币税拓展。围绕货币和资源的流通，国家内存在的市场和道路也从有形的网络演变为国家有机体的机制，由各个单元部分结合为一个互相依附的社会和经济网络。在此网络上，人才的流通、政治权力的行使，又发展为另外一些网络。于是，"天下格局"本身不只是一个权力结构，而是不同维度的网络彼此叠合、相互联系，建构为极其庞大的"人间宇宙"。

以上陈述，乃是大致囊括拙著《西周史》《中国古代社会史论》《汉代农业》的看法，庶几让我们理解：从西周到秦汉，中国的社会、经济、政治和信仰，在各个层次和领域叠合，成为一个建构在道德价值与秩序上、巨大而复杂的多维空间。只有从如此角度理解，我们才能懂得：自从西周以后，中国内、外之间的区别，乃是一个多重结构的共同体的内和外，不是单纯的华夏和夷狄，而是"网内"与"网外"多层次的我者与他者。

二

春秋战国时代，中国典籍中关于边患的记载比以前详细多了。《左传》《战国策》《史记》都提供了很多资料，使我们可以理解、思考：这个时代所谓的外患究竟是不是外患？

先从周代本身转移到东方而言之。自从幽王"烽火戏诸侯"，周代的"天下"就不再是统一的局面。平王东迁后，每个诸侯国都以自己的方式扩张，彼此兼并，战火不断。要论战争的频率，诸侯国彼此的冲突比与四夷的冲突更为频繁。不过，我们还是要以各个地区发生的情况，来讨论华夏与外族的关系。

《左传》反映的北疆和西疆的冲突，远比与东方的冲突多。前面我们谈到的古代第一区、第二区的问题（也就是东方的问题），实际上已完全变为内部问题。"人方"的南移、"祝融八姓"的迁徙，都从对外的问题转变为对内的重新安排。但在北疆和西疆方面，就不是同样的情况了。

周康王时代，猃狁在中国的历史记载中经常出现。根据《小盂鼎》记载，他们的活动地点从河套东面南移到泾水流域。在后世有个族群叫作"允姓"，有时候叫作"阴戎""獯鬻""允姓之戎""陆浑之戎"，其名称暗示着他们就是猃狁之后。

"鬼方"在商代卜辞经常出现，带"鬼"的字眼是一"大头人"的形象，并非"魔鬼"的意思；其出没之地，应该是在陕西北部至内蒙古境内的"山后地带"——越过北方的黄河边，临近陕北的平坦原地。他们从山西大盆地的北方界山，左右两侧向南移动。春秋时期，晋国境内的山陵之中常见赤狄、白狄，势力渗透整个山西盆地，晋国不断要与他们交往。而这些赤狄、白狄的姓氏为"隗""媿"，都是带"鬼"的字眼，与鬼方必有关系。

周康王二十五年，周人大将盂在"太原"击败了北面的"鬼方"部队。我个人认为，这里的"太原"乃是"大的平原"的意思，与今天山西省内的太原并非同一地点。河套地区向东有一片广袤的草地，这个开阔平地在周原西北，离周人的活动中心岐山不远，应该就是华夏民族与草原民族的战场。《国语·周语》载，周宣王在千亩（今山西介休南）"败绩于姜氏之戎"之后，即在"太原"检阅部众，训练更好的军队。

"山后地带"与"太原"都在陕北至内蒙古境内，"五胡乱华"

第一波，匈奴余众建立的各处政权也大致包括了这一范围。汉朝有所谓"六郡❶良家子"，李广、李陵等名将，甚至于汉末的董卓都是"六郡良家子"出身。我特别提出这一地点，是为了说明自古以来华夏民族与草原民族的拉锯战，就在这一类交界地反复发生；而这些地区的居民，既以农耕为生，也习于骑射。

我们需要回顾历史上这些地区居民生产方式的变化，才能理解晋陕边区的北方，如何经历了生态环境的数度摆动。20 世纪 70 年代，经当地居民报告，在陕西神木发现了玉器和石峁古城遗址，但遗址石墙一直被认为是战国秦长城。直到 2011 年开始的区域系统考古调查，才确认石峁遗址为新石器时代城址。这个大聚落的遗址，有内外城墙以及各种防御设施，而且墙体颇厚，内部构造的功能分区复杂。考古学家认为其存在的时间距今约四千三百年至三千八百年间，可能是古代农牧交错地带出现的一个中心聚落，其内城面积约 235 万平方米，外城面积广达 425 万平方米，甚至称之为"国都"也不为过。如此巨大的聚落，不是游牧族群可以维持的；而且从遗址的植物孢粉分析，这一群人的生活已经由以畜牧为主转为农耕——同样的资料，反映了当地的气候温暖而潮湿，相当稳定。

根据《诗经》中周人叙述自己族群的历史，古公亶父以后，周原才从游牧地带回到农耕地带。由此可想，从石峁遗址的时代到周人建国之初，其间有一段反而可能是游牧的生态：气候不够温暖也不够潮湿，不足以发展农耕。如此，我们可以推论：周初之时，其实陕西北部又一次处于从游牧转为农耕的时代。

---

❶ 六郡指天水、陇西、安定、北地、上郡、西河。

三

　　齐桓公建立霸权，主要是因为地处海河河谷的邢国受到了北方外族侵略。齐桓公以"尊王攘夷"的口号，树立领导各诸侯国的地位。从他的口号——称外敌为"夷"——我们可以想象，在他的心中，"东夷"的"夷"字能代表与华夏敌对的族群。

　　实际上，"尊王攘夷"的口号落实的时候，北方来的外族不能称之为"夷"，而是前述的"戎"和"狄"。尤为显著的是最晚封的晋国（在今天的山西一带），被封为诸侯时，周室在嘱咐其要注意的事项中，特别强调晋国内部戎族很多："命以《唐诰》，而封于夏虚，启以夏政，疆以戎索。"意指须对戎人的风俗习惯加以注意，并且提醒周、夏、戎三种文化必须适当融合。

　　从《左传》记载可见，晋国的戎狄活动确实经常出现。以他们的地区而论，在晋国盆地的北方草原——相当于后日长城线外一带活动的，最主要的正是"允姓之戎"与"隗姓之戎"。若干次大战役大概都发生于今日西部河套的外方，以及东部张家口一带的坝上。晋国涵盖的今日山西地区，尤其中间的一大片坡地，林木甚盛。有些族群生活在山陵地区，有些是在河谷，有些是在山坡上，有些是在平原上。这些人，显然不是草原游牧民族。

　　以"戎"字字形判断，"陆浑之戎"应是一手执戈、一手执干的战士，并未牵扯到车战、骑战，甚至还没有"夷人"的"夷"这种弓箭的象征；"狄"字单从字形而言，有"火"有"犬"，大概是山陵地区带着猎犬狩猎的族群。至于所谓赤狄、白狄，两者之间究竟何处是界限，我们并不清楚。从晋国境内这些戎、狄的活动范围言之，大致是从运城平原，尤其从东半边，向北、向西扩充，几乎都和山西盆地主要河流的方向有相应关系。因此，戎、狄两种人群，似乎都是山西境内森林覆盖的山地中以狩猎为主的族群。

允姓的"陆浑之戎"和隗姓的赤狄、白狄都不断南移，允姓"阴戎"还向西扩散到西北绿洲。及至晋献公、文公两代，晋国经历了重大变化：在两代政变之中，晋国的君主及其重要的助手赵氏、韩氏，常娶允姓、隗姓女子为妻妾。这些事迹即隐含着，周室头等的贵族、重要的属国，与戎族几乎已经融合为一体的历史事实。随着晋国的扩张和充实，这些族群的记载逐渐减少。与此同时，晋国诸卿大夫能各自迅速地组织精锐的战斗部队，我以为主要的兵源可能就是将这些戎、狄收编为各自的武力。

从齐桓公以后直到战国，变化最多的是沿草原南线的诸侯，尤其是晋国——地理上的"华夏"中心。晋国的主体在山西，三家分晋以后，今日大半个山西省是赵国领土。赵国的扩张是逐步向北，跨过今天的太原直达后来的长城线。在这一地区，赵国还建立了自己的属国——代国。赵国的东边是燕国，燕国拥有华北平原与坝上交接地带最东端的大片土地。在春秋时期，燕国并没有扮演很重要的角色。从战国开始，燕国却是很重要的北方的参与者：历史记载，燕将秦开曾向东拓地千里，如果这个距离可信，则燕国的统治地区应可到达大凌河一带。燕、赵之间，还有一个中山国。中山国不在周人封建体制之中，而是山戎为主建立的国家。

赵国的西边，韩国占了陕西高原东部偏南。他们面对的前线并不宽广，但韩国的军备不弱，在三晋之中算是相当强悍的单位。韩国的旁边则是秦国。秦国的祖先，只是赵地养马的戍边单位。后来他们迁移到关陇地区，逐渐吸收了西周大部的领土，也就继承了西周需要面对的问题。及至秦国成为战国七雄之一，其扩张之道也是将西北"义渠诸戎"吸收为自己的战斗兵源。

这一南北对峙的形势，只是论述北方的前线。其实偏在南边的齐国，何尝不是要面对整个北方所必须面对的问题。齐景公离齐桓公的时代并不很远，他自己爱马。据历史记载，他曾经在苑囿中蓄养了众多马匹，臣子讥讽他虽养了"千驷"，却"人无称焉"。

20世纪六七十年代，在临淄发现了齐景公的殉马坑，其中埋葬了六百余匹战马，都是五到七岁左右，姿势整齐、昂首侧卧、四足蜷曲，后马的腿搭在前马身上，俨然是战前等待冲锋的姿态。这个巨大的殉马坑，没有车只有马，与其他车马坑的内容完全不同。此外，在临淄出土的瓦当上，也出现了乘马的图像。这些事实指明：齐国已有大量骑兵部队，不仅是车战，而且能骑马作战。赵武灵王实行"胡服骑射"是在公元前307年，齐景公的时代比他早了近两个世纪。

华夏与戎狄的互动，以车战开始，而最后转变为骑战。这一转变有重要的意义。整个战国时期列国之间的战争中，"千乘""万骑"是经常出现的数目。七个国家，每家都有数万乃至十万的骑兵部队，代替了以前笨拙而迟缓的战车部队。这种转变扩大了作战规模，也使得国与国之间为了彼此斗争，以惨烈的战争作为手段，而终于实现了秦汉大统一的局面。

从另一角度言之，晋国卿大夫的部队，似乎以步战和车战为主。骑战的出现，要等到战国时才显著。所谓"千乘万骑"，兵车和骑兵队都成为特定军种。

晋国分为三家，占了当时强国总数约一半。韩、赵、魏三国之中，以赵国兵力最强，魏国最富，韩国的武器最为锐利。赵国地处如今山西省的东半边，而且扩张到海河流域的北部及西部迤南。到战国时代，赵武灵王"胡服骑射"，正反映在赵国的疆域之内有许多在草原上生活、善于骑射的百姓，也反映了赵国的北边界外，也就是今日张家口一带的坝上，还有许多北方的游牧民族。

若以《左传》作为主要依据，那么在东北方面，燕国的情形很少见于记载，在春秋时代并不活跃。燕国为召公之后，也是一个重要的封国。当年分封时，周公、召公是周王室的左右手，以召公的地位和实力被封在燕国，担起防卫东北的责任，其意义正如封太公之后于齐，承担防卫东方的任务。燕国的扩张，在春秋时代没有太多的成就。然而，战国时代的燕将秦开拓地千里，其方向基本上是向东与东北，从今天的北京，开拓到渤海湾北面的辽东等处。燕国的北面正如赵国一样，是在今日称为坝上的张家口附近。那里的草原并不大，可是有高草的牧地，也有潴水遍地，著名的"五花原"浅浅一层水，遍地青草。这里不适于养马，但确实是很好的牧羊之地。以此地形地貌言之，燕国的北面确实有可供游牧民族生存的自然条件。燕地出土的考古文物——帐篷以及车马配件，反映了似乎燕国邻近地区还是有游牧的族群。

再往西方看，秦国在今天的关中继承了西周留下的空地，成为西方强国。秦国的西面、北面甚至于南面，都有外族。秦国西南面是蜀地，有"五丁力士"开通山路的传说，这一方向的居民，竟可能是三星堆族群的后裔。在秦国强盛时，西方自宝鸡以下的褒斜道上，本来就有一些西周铭文记载的小国，这些国家逐渐就因为秦国的扩张，而被其吸收。在西方，秦国没有什么需要担心的外患，反而是蜀地殷富，秦国很早就可以在此开发水利，保证食粮供给。李冰父子开拓都江堰的故事，就说明了这一点。

在秦国的北面和西面，却有较为复杂的局面。前文曾提到过，西周的基地，甚至于他们的宗教圣地"灵台"，都是西戎原本据有的地盘。周人吸收西戎以后，也可能要防御从更西面来的敌人。秦国也一样向西扩充，一方面强化其武装力量；另一方面，"义渠诸戎"这种西方族群大概是匈奴的前身，也被其吸收。秦国的北面是河套，"黄河百害，唯富一套"，这个地方农牧皆宜。不仅河套本身，今天的陕北神木、延安等处，原本也是不错的草原地带，演变成为毛乌素沙地是后世才发生的。在秦代，那里是农牧之间的过渡地区。甚至于居延山谷、祁连山和贺兰山一带，以高山为屏障，以谷地为牧场，都是游牧民族活动的好地方。也因此，秦国的武装部队多了马匹和边疆民族的成分，实力跃居列国最强。后来的匈奴最初发展的基地，就在秦国的西面和北面。这里的居民必须要时刻戒备，准备抵抗鄂尔多斯草原上出现的游牧民族。

下面一个问题就是：猃狁和鬼方曾经在北面的边界上长期与华夏对抗，他们南移后，谁接替其位置？这个答案就是：匈奴。因此，我们的课题是：为何演变到秦汉时，匈奴族群能发展为游牧帝国，与春秋以降从华夏逐渐演变而成的农耕大帝国对抗？

这两个对立的大帝国以秦汉的长城线，在东边以今日的坝上为界，在西边以鄂尔多斯作为摆动的空间。这一特殊的现象，值得我们注意：东、西对立的两大族群，他们各自统一是否有互相对应之处？否则，很难让我们理解，从阴山的山后到东边的坝上，为何居然出现了匈奴这一大族群，代替了猃狁等旧日牧人，跃升为强大的战争部落，统一了整个北方草原，形成对中原农耕帝国的极大威胁。

这两大帝国同时出现，在我看来，和整个世界公元前1000年到公元500年那一千五百年间的变化有密切的关系。

第七章

"游牧—农耕"模式两千年

一

匈奴并非一日出现，也不是在短期之内可以形成的。这群牧人，我们可称之为"黄种草原牧人"。几乎同时在亚欧大陆边界奔走的西方白种牧人与匈奴并非同族，他们与居住地较南的农民之间，隔着阴山、阿尔泰山到高加索的群山。再往南面是甘肃、青海的湿地和湖沼，加上天山南北麓的绿洲，是白种和黄种牧人彼此交错的广大牧地。

我认为，匈奴可能来自坝上东北的呼伦贝尔大草原，那里水草丰美而且满地高草——对于羊群而言，牧草又高又硬；对于马匹和牛群而言，则是非常好的食物。如果匈奴在此起家，等到猃狁和鬼方往南迁移时，他们就能直接与华夏接触了。

亚洲大陆的东北部，呼伦贝尔一带，可能是世界上为数不多的优良牧地之一。从那里成长起来的牧人群体，一波又一波，凭借东方良马，不断向西南进入中原。蒙古大旱地，包括布满石块的戈壁、黄沙遍野的沙漠，可是也有贝加尔湖和大兴安岭——前者是湖泊，后者的南坡在夏天也是好牧地。从贝加尔湖更往东方，则是四周的高草平原和呼伦贝尔大草原。这里虽然气候寒冷，但水草丰美，是东亚地区最大、最好的草原。此地出产的马匹是亚洲系良马，比高加索系的"天马"略微矮小，然而耐得长跑，且能迅疾加速，正是战马的好品种。这片广大天地，是历史上号为东胡、丁零和肃慎等族群活动的区域——这些游牧民族，才是中原政权两千年来最主要的外患所在。

不过，在春秋战国时期，这里还是遥远的地方。那些族群居住在黑龙江、松花江中下游，中间又隔了兴安山地的寒带树林。他们与西方的匈奴也有关系，不过中间隔了一个蒙古高原中部的戈壁。那时候，这些东方的骑士还没跃登历史舞台。

战国晚期开始，东胡牧群的霸权逐渐由匈奴接替，占据了云中以东。云中位于蒙古高原南部环境较差的戈壁，多石少沙，更谈不上是草原。于是，匈奴和中原的交接和进退最初经常是在东方。随着匈奴的成长，丁零和东胡逐渐融入匈奴，成为北方草原的主人，他们与中原的冲突规模一次次扩大。匈奴人众增多，内部的组织也相对复杂化：单于之下出现了左右贤王、左右谷蠡王、左右大将、左右大都尉、左右大当户以及左右骨都侯六个等级。

匈奴逐渐壮大，沿边诸侯也就必须注意来自北方的侵扰，迹象早在春秋时期就逐渐呈现：在北方的海河流域、沽水上游，终于出现了外族侵犯邢国的事件。在此情况下，齐桓公跃登舞台，以"尊王攘夷"的口号在"天王体制"下称霸诸侯。春秋五霸始终以"尊王攘夷"作为口号，隐含着中国的封建制度在这个口号之下进行重组，最后演变成秦汉大帝国的阶段。

若将中欧历史作比较，罗马帝国在极盛时代占有的地盘和汉代几乎相当。罗马兵团兵锋四出，据爱德华·吉本（Edward Gibbon）等人引用的记录，当时整个罗马帝国的人口达到一亿两千万左右。去除亚洲和非洲的殖民地，以罗马在欧洲的主体而言，其人口应该在四千万人左右。罗马帝国的人口结构也在不断变化，因为一批批罗马军团出征取得新的领土，这些战士们不再回来，就必须有新的兵员接替罗马本国人口。

罗马兵团每次出征，最大的单位大概是两个兵团组成的集团军，每个兵团下面有十个联队。当时的罗马军队每个兵团有五六千人，其中有六百名骑兵，两个兵团合起来的集团军就有一千二百名骑兵，总军力达一万至一万两千人。由此计算，和齐景公、赵武灵王的千乘、万骑相比，罗马军队中马匹的数量少多了。罗马人作战的主力，主要是轻、重装的步兵。

以秦汉时期的中国与罗马对比，汉代人口大约也是五千万。然而这五千万人口绝大部分是在中原地区，那时还没开发到今天的西边和南边。七国之间互相厮杀，再加上秦汉之际楚、汉的对立，中国用在战争上的马匹数字实在相当庞大。这些马匹有少数来自西北方，今日陕甘宁和青海一带，最大部分的马匹还必须自北方牧人手上取得。

《史记》中的《货殖列传》及《匈奴列传》都提到过边界上的马市，还未到秦长城以前，处处可以做双边交易。"戎王"养马以山谷为计量，可以因此致富。由此可见，这两大帝国的成长都和马有关系：华夏的农耕大帝国以米粮换取北方的马匹和皮毛，北方匈奴的游牧大帝国换得米粮，则吸引东部大草原上更多游牧民族加入。

匈奴大帝国以单于为共主，统治着大草原上的各种民族。如上文叙述，匈奴大单于之下的封建体制构成了多层级的统治结构，有各等级的王以及王以下的当户、侯等单位。如此复杂的统治制度，实际上松散又容易引起内部冲突。因此，从一开始匈奴帝国内部就并不稳定——"五单于争立"，就是为了争夺共主宝座。汉朝趁其内乱不断大举征讨，再加以怀柔的互易与和亲维持和平。在对汉朝的"和""战"之间，匈奴实际上分裂为南北两部。北匈奴在华北到西北的草原上活动，南匈奴的领地则是从河套一直延伸到青海、甘肃的草地。后者存在的时间比前者还长久，但实际上已经沦落为汉帝国的附庸。

匈奴大帝国的形成，应当是东亚地区游牧民族的第一次大整合：以匈奴为核心，东边吸收了东胡、丁零、肃慎；在西边的扩张终于进入了贺兰山、阴山地区的山谷牧场，将更西部的游牧民族纳入大帝国控制之下。这个系统，应当包括"五胡乱华"时的羯和氐，甚至包括在甘肃居住的大月氏这一白种游牧民族，我们称之为"戎狄"或者"鄂尔多斯文化"的主人。

中国历史上最显著的事件之一，乃是北匈奴西迁。起先匈奴深入今日的新疆地区，驱离占据新疆东部的月氏人，使其迁往乌孙。这一事件，又引发了一连串的反应。匈奴分裂后，南匈奴逃离蒙古高原，居住在"黑水道"❶一带。北匈奴受汉王朝攻伐，开始向西亚"四海"（黑海、里海、地中海、波斯湾）地带进发，进入欧洲。一波又一波的移动，迫使原本居住在高加索地区的欧洲白种牧人更往西行，占据中欧至北欧地区，这就是欧洲历史上所谓"蛮族大迁

---

❶ 也就是在今天的河套西面，沿着阴山脚下向西延展到天山北路和阿尔泰山。

移"，其时代是从东汉中期开始。在欧洲，蛮族的势力终于颠覆了罗马帝国。莱茵河和多瑙河北面的欧洲人，实质上就是欧洲蛮族的后代，包括东、西哥特人等，便是此后欧洲民族国家的源头。

由此，匈奴创造了一个草原帝国的模式。中国北方大草原此后经常变换主人，这一基本模式却依然存续。东汉这一强大的农耕帝国，也不能不习惯于与北方游牧帝国的对峙。这种游牧与农耕并存的形态，成为东亚农耕国家与游牧群体之间对立而并存的常态。

二

东汉、三国时期，中原王朝面临内部分裂。从三国时代开始，中原政权分裂的单位都各自从外面引进四周的其他族群，作为作战和生产的兵源。举例言之，董卓军队的主要成分实际上是以羌人为主体的西部族群。蜀汉的武装部队除汉人以外，也有以河西、陇右作为基地的羌人部队，甚至于羌人种植的"羌麦"还是诸葛亮六出祁山的军粮来源。蜀汉的部队人数不多，等到诸葛亮写《后出师表》，原来的老兵已经凋零，其中所列举损失的将领，包括賨叟、青羌这些人，就是中国西南部和蜀汉西北的少数民族。

曹操成为中国北方的主人以后，其军队最主要的来源，是从北方和东北引入丁零、乌桓的丁壮。这些外族军队与曹操降服的黄巾部众总数不下百万，集中在河北南部的正定一带，以当地许多小河流域作为垦拓基地及征兵的来源。如此的武力作为基础，魏晋才能够终于取得胜利，再度统一中国。

东吴第一代的水、陆军队，以东南长江、汉水流域的汉人作为主体。而到诸葛恪时，东吴从洞庭湖、鄱阳湖的四周搜索山林，

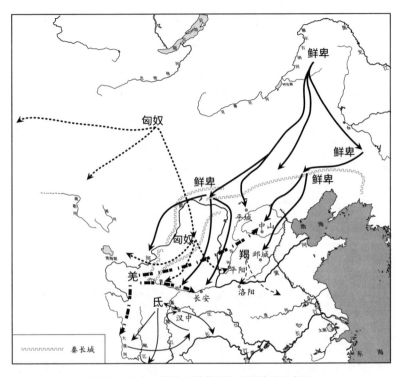

地图7　中古时期北方游牧民族内迁路线示意图

大举征发"山越"为兵。

晋代的统治非常短暂且不稳定,"八王之乱"后,晋朝实际上从内部先崩溃,在中原北面边界上的胡人才纷纷进入中国。"五胡乱华"这一段混乱的时代历时漫长,"五胡"包括东边的匈奴、羯、鲜卑以及西边的氐与羌,这些进入中原建立短暂而分裂的政权的族群,终于与留在北方的汉人混合为一体。这一如此长期、大规模的族群涵化,史所罕见。

从南北朝以后,华北一带、黄淮以北不再有纯种汉族人口。

坞堡里面的汉人村落，形式上是由大族在管理，也保护村中的农民，实际上无法避免与四周逐渐汉化的胡人互相影响。胡人进入中原后，逐渐与汉人交融——胡语、汉语混合，构成了新的中古汉语。

匈奴以后，草原的主人是鲜卑，其中一支建立了北魏；接着到了南北朝晚期，分布于阿尔泰山、阴山地区的突厥笼罩了整个中亚，东端一直扩张到中国北方。后来统一中国的隋唐君主都曾一度忌惮突厥可汗的势力，受其封号。

再以下则是唐代中国的崛起，唐朝成为华夏民族建立的大帝国。然而这一帝国内部，实际上已经包含了此前匈奴、突厥的各族成分。更可注意者，唐代的周边，经过中国的文化影响，出现了许多模仿中国的邻国，例如渤海、高丽、朝鲜，甚至于日本，都是模仿中华文化重组的新国家。经过安史之乱后，从大兴安岭以东至亚洲边缘，诸种族群的混合乃是残唐五代重整的基础，然后才进入宋代中国。

唐朝是历史上与西方、北方胡人交流最多的时期，进入中国的胡商和寻求生活机会的各种胡人为数众多，也带来了多姿多彩的胡人文化。盛唐长安，堪称世界上最繁华的都市。诗仙李白、"浪子将军"高仙芝，以及那些如花胡姬和健壮的昆仑奴，都是来自各方的胡人。在音乐方面，西方传来拨弄的弦乐器如琵琶、箜篌、胡琴等，以及笙簧、胡笳等吹奏乐器，结合为隋唐乃至后世所谓"国乐"的主要部分。西方的丝绸之路，驼铃不绝，带来了宝货，也运去了丝绸。吟唱的诗词，改造了《诗经》与乐府的形式和内容。开元一代的盛况，好景不长。胡人雇佣兵由许多"杂胡"组成，他们掌握了整个东方前线的财富和资源。于是，安禄山及其部众自觉可以挑战长安的中央政权。"渔阳鼙鼓动地来，惊破霓裳羽衣曲"，后代戏剧《长生殿》中"小宴"一段，演的便是中国中古时代的转捩点：盛极一时的大唐，最终转为衰败的残唐。

此处，对大唐盛世的中途夭折，我们必须有所论述：开元、天宝盛况的界划之外，担任安西四镇节度使的高仙芝在751年兵败怛逻斯，唐帝国失去对中亚的控制也是一个时代分隔点。此役之后，尤其再经过安史之乱，唐帝国不再能够插手葱岭以西——亚欧交界地带，从此由以西域为地盘的突厥系族群与阿拉伯主导的穆斯林集团争夺控制权。我认为，最须注意的是：关陇以西、玉门关外，从此慢慢变为伊斯兰信仰长期占据的领域，甚至藏传佛教的力量也只能收缩于青藏高原及其山下的中国西南部。

大唐衰微，国家分裂。各处军阀纷纷割据，这些军人很大部分是胡兵蕃将，所谓残唐五代的系统，主要由被唐政府收编的沙陀军队构成。这些部队的驻扎地，是在山西省南部。他们的将领陆续在中原称帝，"五代"中有四代即如此情况。其中也有汉人在沙陀军中服务，包括柴荣、赵匡胤。后者就是以沙陀军团为资本，建立了汉人政权的宋朝。

残唐五代，因为军阀混战，北部战乱不断。尤其黄巢、王仙芝、秦宗权等大规模暴乱，使中原一带战火燎原。那时期人口损失惨重，甚至竟以人为粮。这种大乱，引发了大规模向南逃亡的潮流。尤其在河南，淮河一带整村的农民随同地方豪强南迁。我们许家，就是从淮河边上的固始南迁福建。这种移民潮的南下路线，通常经今日江西、安徽两省南部，然后进入福建、广东两省北部，再循着地方河流向海岸迁移。这些人口，有相当一部分是今日所谓"客家"的族群。这些南下人口也组织了地方政权，例如福建、广东就有闽、吴越等国。我们许家经闽北迁入福建，逐渐从闽江流域迁移到漳州。这一波南下移民的艰难困苦以及对南方发展产生的影响，不下于"永嘉南渡"。

五代归结为宋，其疆域只有隋唐帝国的一半。实际上宋朝已不再是天下国家，乃是列国之一，四周有若干国家并存。宋朝北方是契丹人建立的辽国，辽往西南则是拓跋氏和唐古特人混合建立的西夏，继续往西南是喜马拉雅高地藏语族群建立的吐蕃国，更往南下则是藏文化和汉文化混合的南诏（后称大理国）；而在东边，高丽、日本也崛起成为东北亚的独立国家；同时，在东北的山林和草地中逐渐成长的女真，后来逐渐取代契丹人与宋朝对抗。这个列国体制的时代，维持到蒙古大帝国出现——又一次，游牧大帝国横跨亚欧。

宋、辽"南北朝"的新型格局以后，接着是女真人进入中原，以至于蒙古的狂飙。成吉思汗的铁骑横扫亚欧大陆，兵锋所指者破，无不屈服，蒙古帝国成为世界历史上最大的征服集团之一。可是这一集团的体制，其实并不坚实。成吉思汗及其儿子们三度西征，两度南下，在亚欧大陆建立了四个汗国，涵盖了中东、中亚的大部分地区和中国的西部；还有许多次级的汗国，分布在今日中国的西北各省。大汗的都城中，上都是蒙古大汗君临北方、西方各种胡人的汗帐，大都（今天的北京）则是大汗以中原皇帝的身份统治汉地的都城。大汗的军队不仅由蒙古本族构成，亚洲草原上几乎所有的族群，都可能是蒙古大汗分发到各地戍守的"签军"，以镇压被征服的各地。

直到新兴的明朝建立，蒙古人才退回大漠北方。实际上，蒙古并没有消失，元朝以后的蒙古在中国北方存在两个几乎独立的单位：一个是在原蒙古帝国的东北角上，史称"北元"；一个是在河套地区建立的达延汗政权，相当于蒙古高原南边另外一个单位。在嘉峪关以外，还有若干统治疆域比较小的蒙古诸汗，被统治的其实都不是蒙古人了，只有统治者是蒙古的王子。再往西走，就是成吉思汗四个儿子建立的四大汗国及其衍生的小单位。

明朝建国初年，太祖特别吩咐将来的皇帝：大明的四周有十五个国家属于"不征之国"，如果他们进贡并接受中国的宗主国地位，当善待之。这些国家包括朝鲜、安南、暹罗、琉球等，以及东南亚一带航路上的小国。

三

满洲崛起于东方，取代明朝并统一全国。清朝君主既是中原王朝的皇帝，也是满洲大汗。东边的辽东是满洲人的老家，坝上以北的广大地区则是蒙古余部所占据的区域，清廷将其作为兄弟之邦纳入统治。所以，清代的体制是"满汉双轨制度"。康雍乾三代，清廷花了极大力气，三征蒙古，以满洲与蒙古部属的力量统一了广大的蒙古，并平定了南疆的回部，还有满人早就视作自己宗教故乡的藏地——那个由藏传佛教统治的高山地区。

从辽东本部直到藏地，这个大的弧形地带三面包围了汉人华夏的部分。于是，清帝国的双轨制即：大弧形上的游牧群，在宗教方面接受了藏传佛教和汉传佛教，经济上以汉地的钱粮维持满蒙的武力；汉地由大清帝国的六部管理，北方诸汗和藏地则属于满洲大汗统领，由大汗委派的都统、将军、大臣、佐领等等监督各处的旗、盟等单位。

满人以东北的少数民族入主中原。这个不大的部落，居然在努尔哈赤手上整合附近其他部落，成为强大的部落群。终于，他们尽其全力，收服了蒙古各部，成为明朝的主要挑战者。趁着明朝式微，统治者无力兼顾，北京陷落后，山海关守将吴三桂开门迎敌，满人得以入主中原。历来北方少数民族夺取中原的事件，以这次最为容易。清军入关以后，利用毛文龙在皮岛的旧部孔有德、耿精忠、尚可喜带领的火炮部队（被称为"乌金超哈"）作为前锋，得以横扫中原。这是中国历史上最早的大规模炮兵部队，却是用明朝的降将征服明朝。

清代最大规模的征伐，是康雍乾三代连续征讨北方草原上的蒙古部落、西北的回部、藏地的固始汗以及大小金川羌人的碉楼群落。如此功业，在清人的心目之中，甚至比入主中原有更为重大的意义。

清帝国一揽北方草原和西部高原上的藏传佛教政权后，如此定义这一成就：满洲大汗乃是整个亚洲大草原的主人。他们认为，除成吉思汗以外，其他族群没有做到过如此规模的征服。实际上，康雍乾三代乃是以汉地的钱粮、火器及满洲的健儿，穷举国之力方成就如此结果。为了这个"汉地—草原"的二元帝国，清朝几乎用尽了手上掌握的全部火器。蒙古人以驼城布阵，可能以万计的骆驼都在炮火之下化为灰烬，亚洲骆驼从那时候开始数目大减、一蹶不振。而满人的耗损，在康雍乾三代以后就可以看出：八旗已无健儿，火器营的火枪也用旧了。

这次成就的二元帝国，以热河承德作为蒙古诸汗以及藏地僧侣朝见满洲大汗的地点。那里有喇嘛教的"八大庙"作为游牧帝国的信仰寄托，还有大片的草地，象征着北方草原上的牧场。来朝的蒙古大小诸汗及王爷，可以支撑帐篷，围绕着满洲大汗出席种种典礼，其中最重要的是"木兰秋狝"的围猎，以此确认满洲大汗在草原上的共主地位。汉地的钱粮用于供养北方游牧大帝国，蒙藏回部的大小头领从此生活舒适优越，不再需要投身于无穷的掠夺和战斗，也使得北方草原上的马上男儿不再剽悍勇健。

在草原称霸的部落同时称帝，清王朝这种二元帝国的结构在中国历史上并非首次。汉朝与匈奴纠缠了四百年，或战或和，后来是以和亲为手段笼络了匈奴的一部分，至少南匈奴与汉人的关系几乎就等于藩属。然而，南单于仍旧号称是北方草原的主人——这个结构也就意味着：汉朝的皇帝，同时也是南单于之上的领主。

"五胡乱华"时代，至少在羯人建立的赵国、氐人建立的前秦，其领袖都使用双重名称：大皇帝和大单于，或者天王和大单于。在他们的心目之中，隐隐然也有个双重结构。突厥盛时，势力凌驾于后来的隋唐之上，杨、李二家虽然后来不承认，但实际上都曾经认突厥单于为主。等到大唐国力强盛，尤其是太宗朝盛极一时，太宗自己是中原王朝的皇帝、大唐天子，而草原上的族群则称他为"天可汗"。这一结构，明明白白也是个二元帝国的结构。

因此，在中国历史上，名义上也罢，实质上也罢，草原与汉地的关系其实相当复杂：可以对立，也可以并存，而更可能是名义上的两个部分——一个南边的汉地政权、一个北面的草原政权并行的双重结构。至于宋代，辽宋互称"南北朝"，以条约和互相之间的赠送维系平衡，实质上是中原王朝借岁币和互市与草原保持平行的关系。然而，宋与西夏之间就并非"南北朝"的关系，而是很勉强安排的上下之间的关系，也是用岁币和互市维持长期的和平。这种方式就不再是二元制度，而是一种列国体制的形态。

从这些角度考虑，北方草原与汉地之间的共存，并非草原是一片、汉地是一片这种单纯的分区。"新清史"的观点，提出了一个角度的看法；整体而言，我们更应该注意，这汉地与草原之间，煞费心思安排出了一种互相依赖的"暧昧结合"。

四

从匈奴开始，迄于满人，几乎所有由边疆进入中原的游牧民族，都是从东北角落开始发展自己的势力，然后沿着长城线进入。至少有四次，这些外族建立了自己的帝国，进而中原王朝的西北方才陆续有强大的游牧民族出现，例如突厥、吐蕃、回纥，甚至党项。

在中原王朝的西面，上述几个外族都有相当的发展空间。凡是中原王朝强大的时候，其西邻必定会承受压力，外族被这股力量压迫，必须向西延伸、逃避。这就造成了一拨又一拨的民族移动延续不断，在中国历史上不止一次。长达近乎两千年的向西扩充，使得西边的牧地不断更换主人。西域部落的成分不断更改，最先被推离王朝的族群往西去，就形成欧洲历史上不断出现的"蛮族入侵"的一部分。

在上文，我们已经谈过"蛮族入侵"导致罗马帝国的覆亡，也就是西方以民族体制为常态，而东方则以帝国秩序作为稳定的基础。新到的蛮族，也就是高加索、黑海、里海地区不断孕育的欧洲白色人种。这些骑马民族不断进入中东地区，建立一连串的基地，威胁两河流域与埃及的农业国家。同样，他们也横向进入欧洲，其中在北面的一部分乃是维京人以及后世的北欧民族，他们驶船如驰马；还有一部分则沿着黑海和地中海之间的隙地进入爱琴海，这就是希腊城邦以及后来延伸的罗马帝国的民族来源。

欧洲虽然名义上曾有统一的天主教会凌驾于这些"部落国家"之上，也有所谓法兰克王国（即后世法国的前身）与神圣罗马帝国，但如此形势，决定了欧洲不可能统一为一个大局面。中国依托黄河、长江流域，使三大核心区以农业村落、城郭、道路逐步联系成为一个庞大的统一帝国模式。二者对比之下，中国可以长久维持一个统一的帝国格局，而欧洲只能长期诸国林立，永远带有民族主义的色彩。

大致言之，欧洲白色人种，亦即所谓"雅利安人"或者"印欧—高加索人"，还有后世的突厥族群，其形成应当是相当于秦汉之际。突厥族群与亚洲东部出现的通古斯语族，例如鲜卑、女真、满人等等，有所不同。

阴山以南所谓"黑水道"与贺兰山、祁连山的一连串谷地和湿地，其实相当便利，可是少人行走，其缘故乃是这些谷地分别被不同的游牧部落占用居住；相对而言，河西走廊是一条畅通的直线，从陕甘地区一直进入新疆的连串绿洲。至于"黑水道"的北面，就是中国称为"戎人"、西方称为"斯基泰人"的亚洲白人活动区域。在中国历史典籍中，这条北线沿着阿尔泰山山麓向西进展时，阴山到阿尔泰山山脉之中的处处谷地，分布着小规模的游牧部落，且与蒙古高原上（尤其蒙古高原东部）不见边的辽阔草原景观颇为不同。这些山谷都有足够的水源，可在山谷之内牧养牲口，不必远行；往阿尔泰山内走，则有群山的保障。这些阿尔泰山山谷的牧人即强大的突厥族群，在中国历史上前半段并不显著，到后半段才忽然大放光彩。这一族群的子孙，蔓延于西亚"四海"地带的边缘。

突厥族群忽然成为强大的力量，正是在"五胡乱华"的后期。这一支新兴力量，很快就取得北方游牧地带的霸权。隋唐两朝将兴未兴时，杨、李两姓的发展都得到突厥的庇护。在唐代，突厥族群作为媒介之一，将西方族群的力量以贸易伸展到唐朝内部，从而带来了许多东西文化的交流。不过，唐代文化的国际性，主要拜粟特人所赐。

大批粟特人以胡商的身份带来了粟特文化的影响。最著名者，当然是生活上的一些项目，例如食物和歌舞。可最重要者，是粟特族群也成为波斯文化和印度文化的媒介，带来了祆教、景教与西亚草原、山地的救赎信仰❶；此外，印度佛教中许多宗派也是西来的重要部分。粟特语是当时欧亚贸易路线上，最为重要的通用语言。

这里特别提出突厥族群，是由于这群人在伊斯兰信仰出现以前不仅势力遍见于中亚，而且他们作为东西文化的媒介，使得西方的波斯系统和中原王朝之间能够互相影响。他们留在中国的后裔沙陀，从安史之乱时介入中原王朝内乱，抗衡东方胡族的崛起，直至残唐五代，沙陀军的力量在中国便成为主要武力。因此，突厥族群在中国扮演的角色，与东方征服者的牧人有根本性的不同。我以为，突厥族群能够发挥如此力量，相当程度上是由于他们的游牧类型与沙漠草原游牧有所不同。突厥族群的居住地基本上相当稳定，同时拥有铁矿和铸铁技术。中亚地区的"天马"不仅是他们的战马，而且是长程商道上与驼队并行的交通工具。突厥族

❶ 此类信仰认为一般人可以经过归向神的洗礼得到神佑，在未来可以不经审判就获得永生。

群不仅在亚洲东部的舞台有其表现，同时也是亚欧相交之际的媒介。他们上接波斯传统，下与伊斯兰教接轨。更重要者，在蒙古西征之后，蒙古的汗国都招募突厥族群作为禁卫军，补充蒙古兵员之不足，而这些突厥族群却以禁卫军的身份逐渐夺取了汗国的主权。亚洲大陆东西两群北方骑马民族的兴起与转变，居然有如此巨大的差别。

这种形态导致的长期、不断出现的民族移动，影响到整个亚欧大陆。值得注意的一个现象是：中原王朝以西的民族，在移动的途径上不断成立小型的国家。最可见者，是新疆绿洲的城邦，也就是《汉书·西域传》中所讲的"三十六国"等。跨过了昆仑山，这些向西推进的部族，也不断在阿富汗的瓦罕走廊和中东地区的绿洲上建立一处处小城邦，然后发展成为国家。

两河流域、希腊、罗马，在历史上都承受了这些忽起忽灭、路过就建立政权的外族的骚扰。中原政权力量越强大，这种往西推进的波浪也就越显著。因此，在世界历史上，游牧民族征服中原政权或者被中原政权往西边推，于是东方的变动形成一股压力往西方传导，建构了中东和西欧的历史。

不仅是欧洲历史受到这种"推背行"的影响，中亚、南亚与中东地区的国际形势，也同样承受这种压力。成吉思汗和他的儿子们率领蒙古骑士向西狂飙，所过者破。在中原以西，蒙古大军族灭了党项人的西夏，也攻灭了辽国王子耶律大石建立的西辽。这两个国家，其实都有相当的汉化。西辽承袭了辽国本身已发展的契丹"大字"——仿照汉字设计，有其独特的系统。西夏也有自己的文字，和辽国的"大字"相当接近，却是独立发展的。这两个国家的生产生活方式，不再是游牧民族聚居形态，而是相当程度上接受了农耕。汉代在居延一带建立的军屯、民屯基地，这种生产组织对于西夏和后来的西辽，都是值得模仿的榜样。这两个国家不仅有文字，也接受了佛教和中原王朝治理国家的一些经验。西夏有自己的文学、艺术和宗教系统，不再是游牧民族聚居一处而已，如此一个边区小国，竟能长期与宋朝抗衡而毫无逊色。

在中亚一带的记忆中，这两个被称为"黑汗"的国家，俨然是华夏的"别支"。例如，《长春真人西游记》记载，在丘处机游历处，当地的居民佩服这两个国家利用汉人的知识和技能发展水利，能在沙漠中生产粮食，并称叹"桃花石诸事皆巧"。他们口中的"桃花石"，原本即谓汉人。

"桃花石"这个名称的原意，至今还在辩论之中。日本学者的意见，基本上是指涉拓跋氏建立的北魏，将其当作中国的代称；张星烺先生则认为是"大汉"的转音。我个人认为，究竟指"拓跋氏"或者"大汉"都无所谓，值得注意者是这两个国家都在发展过程中沿袭了中原王朝的经验，而将其移植到中亚，于是才有三四个"桃花石"的说法：主要的"桃花石"是中国，另一个"桃花石"是辽国，其他两个就是西辽和西夏。在马可·波罗这一类访问蒙元大都的访客心目中，"中国"有三个：一个是辽国曾经占领的地区，一个是大汗所在的华北，一个是南方的"蛮子国"。在中东地区族群的印象中，当时的"中国"是个复杂的文化体，其中包涵了不止一个国家单元。他们的观点，在考古学上而论，确实有值得注意之处。

西辽和西夏都被蒙古大军灭族，而且毁坏了几乎所有的文化余存。西夏的记忆，至少还可以从宋史中得到一些印象，例如，韩琦、范仲淹维持了宋、西夏之间近百年的和平。西辽的部分，却少见于中原史籍的记载。从考古学看来，曾经雄踞今日新疆边陲近百年的西辽，是有相当文化程度的国家。1980年曾发现大批西辽钱币，上面的铭文有阿拉伯文"桃花石可汗"字样。这两个国家有其文化传统，甚至也有其书藏及阅读的资料。虽然并非被完全遗忘，却也是到最近才有考古资料呈现其文化发展的程度。

在今天的瓦罕走廊上，蒙古人族灭了花剌子模这一突厥系亚洲胡人建立的王国。一波又一波强大的游牧民族都曾在这条南北通道上建立政权。现代以前，最后一波进入者则是蒙古人的汗国——窝阔台与察合台。蒙古人会建国，但是不会治国，大汗的子孙们很难维持汗国长期稳定的存在。

印度次大陆上，蒙古部队中的一个军人"跛子帖木儿"（Timur the Lame）的后裔建立了莫卧儿帝国，其王室也如中亚的蒙古汗国一样，都接受了伊斯兰教信仰。同样地，在中东地区，伊利汗国的突厥军人逐渐篡夺了蒙古人的政权。他们将蒙古的汗国改变成为奥斯曼帝国，其后身"土耳其"这个名字，已经明白地自报来历。莫卧儿和奥斯曼这两大帝国盘踞印度次大陆和中东地区，是欧洲白种人向东开拓时必须处理的对象。结果是，在中东地区，英国的殖民势力瓦解了奥斯曼帝国，从此有许多部落国家或领土国家分散各处，分别被白种人（尤其英国和美国）操纵或侵犯。在印度次大陆，英国东印度公司的职员克莱武（Robert Clive）代替大汗们收税、训练警察，以此作为窃取权力的手段，终于将莫卧儿帝国窃据为大英皇室拥有的国家。此外，在东欧的蒙古汗国，经过莫斯科公国代收税和管理，权力也同样逐渐被篡，进而发展成为沙皇俄国。以上这些变化，广泛地涉及亚欧大陆中间那一块心脏地区的权力结构。而蒙古狂飙，却是第一步的诱因。

蒙古西征，当然给欧洲人带来极大的灾祸。可是，他们也觉得这一灾祸等于一场狂风，扫清了许多本应去掉的东西。第一要件，是欧洲被蛮族入侵，遗留的封建制度遭受冲击，大军所至，焚毁田园，摧毁堡垒；更甚者，是教廷的权威蒙受极大的打击。于是，欧洲必须要重新思考在此之后究竟该怎么办。接着，就是一连串出现的现象：欧洲人开始思考有没有其他更好的制度，也开始寻找在基督教以外有什么样的学术和知识——文艺复兴向东方去寻找当年希腊、罗马、波斯的智慧，其契机乃在于此。

　　蒙古狂飙使东西之间有过一个时期，蒙古的驿道穿越各个汗国，亚欧大陆有一条畅通的大道。著名的马可·波罗就是在这条路上访问中国，然后经由海道回到中东。《马可·波罗行纪》的报道，使得西方国家惊诧于东方有如此强大而富足的大国。可惜的是，在蒙古人的铁骑之下，这条大道上太多的国家和部族最终碎裂甚至于被族灭，以至于我们对东西之间广大土地上曾经发生的一些事情，直到最近才有点点滴滴的考古新发现，或者破解以前未知的语言，方能理解——多少被遗忘的历史，等待捡回。

第八章

思想体系的成型和演变

　　儒家的人间秩序，用今天的俗语可称为"关系圈"，是一个多重结构、多重层次、不同性质的巨大网络，儒家称之为伦理。费孝通先生所提出的"差序格局"，基本上就是陈述这种属于个人与群体之间的权利与义务。中国思想中的人，既是伦理之中最基本的粒子，也因为有思想，亦即有自觉性，乃能在如此庞大的系统中，与各种层次的变化彼此感应，建构自身与宇宙、社会网络的密切关系，最终堂堂正正，身负责任，也得到资源的互换。

一

　　从先秦儒家始，中国的读书人或士大夫（亦即文化精英）便结合道、法、阴阳及诸家思想，将宇宙、人生以及人与人各个层次的理念，综合为一个相当周全的思想系统。这一复杂系统中，"天"是宇宙之主体，举凡日月星辰、大地山河、鸟兽虫鱼、花草树木种种，人在其中仰食托生，也经营土地，在其上种植、牧育。因此，天与人彼此相依：人界定天，天容纳人。人间是一部分，地上的自然是一部分，天地星辰间的关系是更大的一部分，许多不同的网交织为一个庞大的宇宙。

人也不能脱离群体：从婚姻、家庭、亲戚以至邻里乡党、朋友故旧等种种人间组合——许多个人组合为群，个人在群体之内，同甘苦、共患难。个人有父母，也有子嗣，于是在时间而言，个人是承先继后的时间链上的一个环节：前有祖上，后有儿孙。

人间本身的网络，还可以分成交换关系的经济网，同声相应、同气求的社会网，相邻居住的乡里关系网等。这些层层叠叠的网，每个都有其力量，以此能力与其他网络共同存在，彼此影响。如此一个巨大多维的网络，涵盖自然、社会、时间等种种向量，任何环节的变动都会牵动网络的近处，而又波及网络的远处。

以上叙述的情形，以空间而论，有地理的空间，有人群与人群之间的平行和交叉；以时间而论，有祖宗到子孙的承前启后，也有族群自身和地区之间排列的前后序列。这一网络之中，有亲缘关系，有地缘关系，有经济交换的市场关系，也有统治者与被统治者间的管理系统。许多不同维度的叠合中，最基本的"粒子"，就是"个人"。

凡此各种各样的关系，又随时变动，以致引发不断的调节——这是一个配合各层次的变动，随时寻找系统的平衡。简而言之：这一庞大组织，乃是一个复杂的趋衡系统。在这一趋衡中，个人、群体、自然、宇宙都不能自外于这一庞大体系，每一部分都有主动或被动的参与。凡此趋衡作用产生巨大的能量，使得其中的个人均能分享其资源，也必须承担一部分责任。因为在这个多层网络中，个人既是界定网络的中心点，也是接纳网络动静的承受点，是实际存在的个体，自己有其存在的价值，具有的能力足以发挥。

每一个体的性格、行为，都会影响到上述任何一个网络本身的特性。于是，个人在网络中应具有如此定位：既有身为中心的自尊，也须认清享有群体福祉就必须感恩。

在汉代，由董仲舒与礼学家共同努力，将儒、道、法三家思想合一，建构了这样一个庞大的感应系统，涵盖宇宙、国家、族群、亲属、邻里乡党。各个方位与层次链接为绵密的网络，其中每一单元都与其他单元呼吸相通，祸福相连。如此一个彼此交感的巨网，跨越时间维度，在过去与未来之间，父祖、儿孙之间，以发展、传递、继承、延续和不断调整，不断变化、延绵与永在。

在精耕细作的农业乡里，以耕作联系天、人，以农舍手工业的产品，经由帝国道路系统及郡县体制，与天下各处互通有无。并以此建立了一个理性的"乡举里选"制度，拣选人才。这些经由风评、口碑脱颖而出的俊秀，在基层是"孝悌力田"，担任乡里领头人，以贤良方正、经明行修等名目，经由征辟入朝担任公职。这些俊秀即汉代的文官，负责沟通上下、联络官民，使得内外无障碍，以维持这一巨大网络的和谐，调节其运作，俾得流转不息。这些受过教育的知识人，不是信仰某个神明，而是志愿为万民谋福祉，为天下开太平。

如此繁密复杂的网络，个人在内，难免会感觉处处受拘束，没有自由。然而，这种网络也有一个共同的原则。借用明代心学的观点，每个人都有"心"（良知良能），这个"心"的原则犹如法律条文的根本法——在西方的法律中是权利，在儒家则是人自身的"良心"。一个人只要对得起良心，可以单独忍得千夫所指，而终于达到"富贵不能淫，贫贱不能移，威武不能屈"的境界。在这个境界，即使受欺压，即使被误会，秉持仁者本身的道德勇气，便可以堂堂做人。

儒家推崇现世的理想，主张以人间自己的努力，尤其个体自身参与创造新的世界——大同世界。在这个世界中，上述从宇宙到个人的大网络，都可以有所安顿。个人在大网络中既有归属，也有发展的空间。这个大网络，却并不承诺宗教性的解脱与提升，人从生到死，都是具体而实在的存在。

汉末以后瘟疫长期不断出现，生命无常，对于中国人当然也有很大的刺激。在儒家现实世界中，怎样安顿无常的生命？人们为何生活？在朝代衰亡以后出现的不安与恐惧如何安顿？儒家的天命，是承受者与负责者，从帝王到平民，每个人在现世之中的行为都必须自负责任，以决定世界的未来。在对于现世生命有极大怀疑的历史阶段，必须要有儒家之外的文化因素，才能处理这种大规模人口的长期不安。

相对儒家而言，佛教、道教开创了精神上的新天地。从思想史角度看，汉代以来的中国文化，因为受佛、道影响，经历了深刻演变，既扩大了视角，也开启了许多思考的新方向。在士大夫领导的儒家传统文化之外，汉代出现的以宗教信仰作为组织基础的武装团体，如太平道、天师道等，此时依旧潜伏于民间。这些团体和汉代以来占据社会优势的中上层知识人之间，有冲突亦有交流，在基层、中层，两种思想发生了高度的混合，而不是按照纯粹的儒、道、法的路线进行。

二

外来宗教思想因素最活跃的时期，是在南北朝。此时，北方草原上的民族，经由西边的阿尔泰山、甘青草地以及东边的蒙古高原、白山黑水纷纷进入中国。一批批的草原民族分散在中国大地，他们占据北方，同时也吸收了儒家文化。最典型的如北魏孝文帝改制，解散部落，全面接受汉化。

在草原民族占据北方的时期，儒家思想失去了依靠政府、文官发展的社会基础，但依然存留在民间的村落或坞堡。北方有一批以士大夫家族（也就是受教育程度为中等以上的知识人家族）为核心的村落，士大夫家族维系着村落的团结，维护百姓的安全，也延续着中国的文化。

换言之，南北朝是一个混合期：分裂的中国各部分中，本土及外来各种思想纠结缠绕，终于逐渐混合。最后的结果还是以中国传统的天人合一为主流，建立在天性、人性最基本的要求上，建立在伦理最基本的要求上。南北朝时期中国文化接受了许多外来思想的影响，尤其佛教思想的进入，在形而上学，也即天地之论、性命之论等方面，也从道家吸纳了相应于佛教的玄学系统。因此，南北朝的学者和僧侣其实开启了相当新的课题，而且佛、道的教义和学说都能并行发展。

道教是吸收传统巫术，并且巫师对于生命及世外有所措施的信仰系统。在传统的信仰中，无论是自然信仰或祖宗崇拜，都没有空间安顿这一对于无常的安抚和期待。道教至少留下一个人间以外的秩序：那个秩序可能就在人间，但是常人看不见；它也可能藏在"世外"，这个"世外"可能不太远，就在附近山顶或者山谷之中；甚至于，这个理想世界就是你附近的村落，其中的百姓所过的安定而宁静的日子，过了桃花源的山口才能看见。同时，这一桃花源，也可能就是你自己内心的境界。因此，我们可以解释为什么陶渊明"采菊东篱下，悠然见南山"。他的境界，就是菊花的淡、南山的远。

只是，道家的理想要转变为道教的宗教承诺，生与死、真实与虚幻、今天与未来，都可经由信仰让信众有一个可以安身立命之处。天师道组织了一个理想社区，其旁支就是水官信仰：天师道曾从华中向东南开展，在那场艰难的长征中，参与的母亲在孩子夭折时，对于将死的孩子做出承诺——我将你寄托给"水官"，将来有一天他会让我们重聚。当瘟疫不断、死亡常在眼前的不稳定中，如此的寄托也是非常需要的。

太平道的《太平清领书》，承诺的是一个公平合理的世界。但那个世界的来临，是要在宇宙的主流从"苍天"转化为"黄天"的时候："黄天"来临，代表新纪元一切从头开始，每个成员都将按照新秩序排定的奖惩得到新的生命。

上面所述三种思想，后来分别归属于道家的不同宗派。内丹、外丹、法术、祈禳、奇门等修炼门道，分别从不同的途径领悟道术的精粹。

佛教在中国的发展最为可观，时间也很长，从汉代开始就出现。佛家的承诺，也随着教派差异而有不同的批判。佛家不是一个消极的宗教，但是其承诺却不是未来的乐趣，而是未来的解脱——今生今世所有的灾难和不幸，从此不再困扰生者。当然，其中派别甚多：有的追随着一定的行为模式、严守律法；有的盼望自己深入思考，最终找到内心的觉悟，实现生命的解放；也有的则是盼望"转世"，一个未来的世界在河的另一边，或者在未来某一天的新世界中，一切都安顿，不再有烦恼，不再有困扰。还有一部分，则是主张造福人间，自己投入事业，帮助信众或应当被帮助的弱者得到些许安顿。至于最高的层次，还是超越成住坏空，得到心灵的完全解脱。

这些期盼和承诺，确有安定人心的作用。儒家则从未开拓方便的捷径，而是要求人人努力省察，努力从自身的体验、从自己出发，以期新世界的出现——那时可能你已经不在世，然而，你有责任帮助全体人类一步步走向这个新世界。

这一现实而具体的任务，和前述佛、道两家理想的期待有很大区别，主要在于：儒家入世的理想，其前提是每个人都可以做到圣贤；而佛、道的承诺和期盼，则是出现神力，回报信者的祈祷和修炼。魏晋南北朝以后逐渐发展的这两大宗教，终于在唐代开花结果。佛教不单从起源处寻求经典，也在内部不断开拓新宗派，希望经由不同途径，最终找到超越的解答。

这种精神境界在中国的出现，相当于景教在罗马帝国的出现。因此，欧洲人才在古希腊的智慧以外另有一番期盼，期盼那个独一真神带来心灵的安顿和未来的解脱。佛、道两门宗教，在隋唐扎根而且发扬光大，不断开展新的境界。我以为，只有中国经历了一段艰苦困难的时代，才会引起如此的反省。所谓艰难困苦，即我们可以在"五胡乱华"中失去了自己，也可以从盛唐忽然陷入大乱——这种令人震惊的经验，从乱中寻找自己的现象，可说是前所未有的超越：超越了自己，超越了当世。

南北朝之后，大唐盛世，无比光辉灿烂。但此时，强盛富足的中国从民族成分而言，已不是纯粹的汉人。不仅南北朝时期的外族几乎全部融入中国，唐帝国又接纳了不少以经商、从军、留学、访问等种种身份而来的人士。入唐者还有由于失去原居地而留在中国的整个族群：例如，充当雇佣兵的沙陀军团；又例如，波斯被大食占领，波斯帝国的王子、王孙以及原来的统治阶层，一批一批来华入籍居留。祆教、景教等救赎信仰也被来华居留的人众带入，可是因为教义比较排他，在中国并没有显著的存留。祆教乃当时西方宗教的一大宗，经贺兰山、祁连山的"黑水道"，穿越河西走廊进入中国，分布甚广，其总体发展却颇为受限，在唐代能见到的影响并不显著——可能埋下了一些救赎观念，但要在后世与佛教的各系统（如净土宗）合流，才能形成较大的群众力量。景教并未在中国取得适当发展的空间，可能是因为救赎信仰更易传播，也可能因为景教的传教士没有机会接触到众多汉人群体。

唐代的中国与四面八方都有接触，但罕见西方宗教以外的哲学与文化思想传入，更多可见的反而是音乐、饮食、医药、服装等方面的元素。以李白为例，他在进入中国后非常活跃，待诏金马门，诗名遍天下，但除了诗句中展现的思想境界以外，并未见他系统化地介绍中亚的思想。

唐代接纳了许多外来人士，但真正具有文化境界的并不多。最可观的还是佛教的活动，包括介绍学派、翻译经典以及发展寺庙的功能。许多重要的宗派都在唐代出现，其中最为重要的，则是玄奘介绍的经典以及创设的法相宗——他引入了当时印度佛教的主流。只是中唐以后，一方面有律宗、净土宗的流行，另外一方面也有禅宗的复兴，这对于佛教在中国的发展方向有重要意义。佛教寺庙分布各处，严耕望先生甚至可以从诗文所记载的信众走访寺庙路线，编写出一部唐代交通路线的专书。除了引导信徒以外，寺庙还有许多社会功能，例如医药、借贷、赈济等等。其气势之盛，远超儒家。

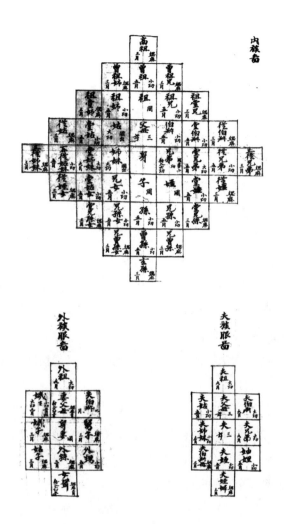

杜友晋《书仪镜》（法藏敦煌文书 P. 3637）

这幅盛唐时期的伦理关系图，体现了中国传统社会中，亲疏远近的社会结构。

佛教对唐代上层人士的影响相当普遍和深入。一部分专业的僧侣主持寺庙、说经讲道，聚集信众以千万计，佛教获得了太多的资源，以至影响其与朝廷的关系。"三武灭佛"里唐武宗强化对佛教的控制，就反映了唐代政权与佛教寺庙之间从信仰到经济资源争夺的许多冲突。

只是，在社会思想方面，佛教究竟是出世的。因此，佛教信徒在个人行为上没有抗议不公或主持正义的社会介入。当然，我们不能否认，佛教思想的普及，使许多人在世俗的生活之外有另外一个超越的境界。那个境界，足够使许多存在心理困扰的人不再坚持改革社会或者与不公平的制度抗争。因此，唐代佛教虽然人数众多而且经济力量深厚，却在社会运动方面没有看到波澜，这也许就是佛教出世思想原本的特色。

除了佛教，中国主流文化也有其挑战者，乃是民间宗教。其实，道教的民俗信仰系统与道家的老庄学说，彼此有相当的落差。道教相信自然之中有一股神力，若掌控了这种神力，人可以长生不老，天地可以永恒昌盛，天上秩序作用于人世，可使人间变成乐土。乱世中对人间乐土的追寻，与道教各种派别的成长几乎是同步的，其中最显著的是汉末的天师道。

天师道之后，发展出以天师为领袖的各种道派。民间原有的各种信仰，往往也属自然力的崇拜范围，因此也被各道派纳入其信仰体系。比如武当派，其自然力的崇拜为"四象"之中的"北方玄武"，是龟蛇同体的形象。这就使得民间有一种超越皇权、自然强大的力量，它支持民众否定皇权，在儒家建构的思想体系之外另加选项。儒、释、道三教合一的思想发源于宋，明代林兆恩在福建创立三一教，也倡导三教合一，这一教派传播范围有限，其理论流传民间，却未曾引发广泛而深切的反应。

上述道门信仰，相当普遍地弥漫于民间。最后一次大规模的爆发是义和团运动，这一盲目、迷信的宗教力量，被慈禧太后利用来抵抗外来侵略者，终于八国联军以此为由实施侵略，加速了清代的覆亡。

此类民间宗教组织后来也发生转化，其中很大一部分转化为今天的人间佛教、世俗道教。据我所知，它们从中国的台湾、香港到海外华人地区，都有很大一批力量，彼此间并不排斥。各家融合的趋向，终于见证了佛教、道家以"人间化"彼此趋同的过程。

在思想的路线上，民间发展的信仰系统，与近代外来的以自然科学理性、宇宙的规律性作为背景的西方思想，彼此难以融合。基督教的独一真神信仰与中国民间的多神信仰也无法协调，自明朝以来，中国民间一直都排斥这一西方的信仰传统。

三

安史之乱将大唐的辉煌拦腰斩断，从此开始，东亚的整个局面有极大改变。先说这一时期的地理情况：从魏晋南北朝直到盛唐，中国是东、西、北三个方向游牧民族的汇聚之所。拓跋氏建立的北魏政权稳定，足以开创各民族融合的条件。唐代是华夷之间又一次大融合。等到安史之乱，大唐称霸东亚的局面从此结束。

从唐至清，大概可将东亚分为四个弧形。最北面的弧形从大兴安岭、呼伦贝尔向西，沿西伯利亚寒带森林往西到达高加索山下，包括俄罗斯南部与黑海、里海。这个弧形的西方末端，实际上已经插入欧洲，包括今天的乌克兰、巴尔干半岛在内，当然也有相当部分属于今天俄罗斯南部顿河流域。在这个大弧形之中，蒙古高原中部有所谓克烈部，其首领王罕曾一度是成吉思汗的义父。有西方学者认为，克烈部大概是基督教在亚洲发展到最北部的一个据点，这位王罕即基督教传说中的"约翰长老"——东方一个失联基督教部落的首领。我特别提出这一点，也是因为基督教进入中国大概就是由西北进入。这一段基督教东传并非在丝绸之路上进行，而且不在中原范围之内。因此，"约翰长老"的传说，并不能说明基督教已经传入中国。

第二个弧形，是从山西盆地北面的高峰，也可以说是在雁门关以外向西延展，从阴山之下循着"黑水道"，在天山北路又向南弯折进入到今天的阿富汗，一直到今日伊朗和中东地区的核心，甚至可远达西欧。这第二个弧形，以伊斯兰教信仰代替波斯原有的信仰成为主流。在伊斯兰教势力没有扩张到成熟地步时，这一带乃是大唐安西都护府的管辖范围。跨过这一地区，乃是黑海和两河流域。伊斯兰教的发展，恰好与唐代的衰微同步进行。怛逻斯一役，高仙芝败离后，中国少有进入瓦罕走廊的机会。此前，中东波斯大帝国的信仰也被伊斯兰教取代。这条线上，突厥各族纷纷崭露头角。今日在这一带的各个民族国家，基本上都与突厥族有些关系。这一弧形的西半边，很早就涌现出波斯的祆教。粟特商人在大唐经营驼队贸易，经由东西通道上的西路交通带来粟特语和祆教信仰。粟特人来自这条线上的呼罗珊地区❶，他们在中国形成雇佣兵集团的"昭武九姓"。

---

❶ 今伊朗东北部、阿富汗部分地区与中亚南部地区。

第三个弧形，是从汉代的河西走廊进入南疆绿洲城邦，经今天的阿富汗，向南一直到印度河边上。这条路在唐以前，是最主要的东西交通干道。可唐代开始，突厥人开拓了阴山南面的"黑水道"，突厥人终于成为中亚一直到两河流域最主要的民族。这些人和阿拉伯人融合，以至于最后都接受了伊斯兰教信仰。

以上三个弧形通道，都是蒙古帝国西征的路线。按照次序从北往南，南道的活动最为频繁，也是蒙古人与阿拉伯人直接冲突的场所。到最后，蒙古帝国主要的汗国居然都被伊斯兰化了。

南面还有个较小的弧形，乃是关陇地区沿青藏高原向南转折，进入中国的西南部。这条是信仰藏传佛教的羌巴族群（也就是吐蕃的后代）的活动路线，其尾端则可从南海到今天的泰国和越南。这一条山路，以纵向的横断山脉与谷地作为通道，考古学上称之为"南方丝绸之路"，能直接连通长江流域和珠江流域；也就是说，经过纵向的山谷与西江，居然能从西北直接联系到珠江三角洲。

在崇山峻岭遍地的云贵，最引人注目者则是南诏国的出现。以藏传佛教为信仰主流的许多当地民族，也各自在山谷之中成立部落。在吐蕃兴盛时，甚至大唐都无法伸展其势力到这一地区。因此，唐以后的宋代，太祖玉斧划江，将大渡河以西都划在其势力范围之外。

在四个弧形之外，从珠江口到渤海湾的海岸线，则是向南海和太平洋扩张的路线。这条路线上的"海上丝绸之路"，也是欧洲和中东地区商人绕过马六甲进入中国的海上航行商道。可几乎都只是外商由此进入中国，中国的商船基本上没有驶向马六甲以外的经验。而向外迁移的华人移民，也是在这条路线上沿着马来半岛及其东西两岸的岛屿，尤其是西方的一串岛屿，如菲律宾、婆罗洲以至于今日的印度尼西亚群岛，这一带是华人移民的极限。

中国很早就发明了指南针，而且以"针路"联系天象、山影、水色，发明了一套导航方法。然而，中国商船却从未真正进入印度洋与东向的外商竞争，几乎只是被动地接受了无数的外商船只。印度人、信仰伊斯兰教的非洲人和中东人，驾驶着船只在印度洋往来贸易，但中国的航船很少跨越马六甲海峡，如此现象很难解释。

上述陆地几个大弧形中，经由最北路进入中国的宗教思想或商货都不太多——从"黑水道"进来的主要是伊斯兰教和祆教；最早经由河西走廊以及绿洲城邦进来的是佛教；经南方丝绸之路进来的是藏传佛教和南传佛教；经由海上丝绸之路传入的，也主要是伊斯兰教，广州、扬州以至于福建和山东的某些地区，都能见到伊斯兰教商人带来的外来信仰。最后一阶段，则是近代历史上欧美以基督教资本主义以及议会政治，再加上船坚炮利，以其排山倒海之势，全面登陆中国。

四

再回到中国本身的思想与信仰。唐代的儒家学者中，有很多人出身世家大族。他们之中即使有人皈依佛、道，追寻形而上学的理论，大多也不能忘情于儒家。从韩愈开始，即有一批文人投入古文运动，不仅提倡古文，也志在恢复古代的儒学道统。赵宋以来，理学人士致力于回归中国文化的基调，即使最终接纳了外来宗教如佛教，也努力将其融入中华体系。

当然，儒家在隋唐开始复兴，从唐初到中唐，其工作只是在编纂和整理经典，并未深入民间，也没有引发士大夫的强烈回应。在韩愈的领导下，儒家才恢复作为一种社会思想的本色。只是，唐代学者所做的学术研究并不呈现特色。作为一场社会文化运动，也只有韩愈等人主张要回到儒家思想的原典。只是，我们必须感谢唐代初步的复兴。若没有唐代的开启，儒家在宋代就不可能发展出如此壮大的力量。

宋儒的保守心态，也许正如刘子健先生指出：即是"内卷"（involution），甚至出现堪称返祖的现象。我认为，处于中原的赵宋强邻环伺，武力不如人，靖康南渡后更是局促于南方，只是列国体制中的一国而已。宋代中国唯一能够抓住的是：如何守住文化的命脉，从存续再尽力追寻，继长增高。宋代学者致力于纯化儒家，将外来的因素，尤其是神力因素，不管是佛教的神、祆教的神还是景教的神，都一概排除。最终者，是将人心存着的一个纯"理"，当作形而上伦理最重要的基点。

宋代理学的发展，无可否认是儒家的复兴。这场复兴运动之中，儒家承受了道家甚至于佛家的影响。北宋儒家复兴的主要贡献，是学者们对经典的阐释和建构理论，比如周敦颐、二程、张载、朱熹（即濂洛关闽等学派）的工作。他们的贡献在于规划儒学研究的方向和典范，更着重于对个人内修的关怀，至于其社会功能方面的作用反而在其次。北宋儒家将"道"字强调为儒家思想的核心，其中道家的影响不可抹杀，甚至宋儒在强调内省的层面也不能躲开佛、道两家的影响。只是到张载的《西铭》，有个完整而简要的说明。此时，倒是将儒家本身的社会性和伦理性，成功地交织于"道"的内修层次之内。

朱熹的理学，则将内心的整理又提升了一层。于是，儒家的内外两层圆满地整合为一个庞大系统。朱熹指示要将儒家思想纳入心中，必须从《大学》《中庸》开始，读到《论语》《孟子》。"学""庸"两部分的主张和路径是：人只有从内心得到根本的转换，才能够去面对外在世界；到了最后，"士不可不弘毅，任重而道远。仁以为己任，不亦重乎？死而后已，不亦远乎？"如此局面下，这一类格言，使得士大夫不是凭借自己士族或者学派的影响力，结合为社会力量与皇权抗争；而是以良心与良知为本，自己培养出一种抗争的勇气，为超越的真理，也为人间的公道而抗争。这就将人的修为与社会责任合二为一，成为士大夫终身的任务。信仰不只是学术而已，乃是自己人生的归属。孟子有言："富贵不能淫，贫贱不能移，威武不能屈，此之谓大丈夫。"这种境界不是钻书本所能做到的，而需深入、终身持守的修炼。

西方古代希腊有一个"犬儒学派"（Cynicism，这个名词其实与"犬儒"的现代含义相当不同，为了避免误导人，我称其为"修身学派"），我们可将其中积极的部分作为对比：他们也主张，人应该挺身面对所有的诱惑和迷茫，只有末流的修行者才会选择出世。儒家不应当是"自了汉"，不应当是出世，儒家应是积极的入世。

五

宋儒常常就"道"与"理"进行辩论。究竟"道"与"理"是一还是二，何者更重要？"道"在人心以内，"理"在人心以外？在这场辩论中，宋儒所要求的，是将人间的秩序、伦常当作安定的力量。"道"与"理"之外，其他则无关紧要，"神"只是个象征而已。宋儒此番争辩的最终结论为：人间的伦理是一切的根本。

儒家原本的流动性的社会观念、组织观念，改变为固定的伦常——君臣、父子、夫妻、兄弟、朋友，这"五伦"成为世界上最重要的原则。

张载的《西铭》，便是以此固定上、下关系，固定统、属关系，固定延伸、核心关系。固定的上与下之间，上有其优势，下有其服从。这种观念最终只是要求对皇权服从，《西铭》的解释因此有其时代性。在我看来：中国思想中，庞大复杂的宇宙系统，包括人间系统，其实时刻在变动、调适。因此，只有在变动之中，才能时时刻刻取得安定的恒态。这种变动的观念，就不是传统儒家固定的伦理观念可以处理的。

皇权的独尊与儒家的伦理观念有着直接联系，这一点无可否认。宋代道学、理学的争辩，使儒家改变其原本灵活的、尊重个人、尊重理性、尊重情感的思想系统，使得阶层之间的相对关系固定。本来君、臣关系是相对的：臣对君要忠，要忠于君上，忠于其职务；君对臣要仁，要仁爱、体贴臣下。转变之后，则成了僵化的上下关系，上来治下、下来反制的相互关系不复存在。

明代儒家所做的反抗，是重新检讨道学、理学的僵固。宋儒的道学、理学最甚之时，陈亮与叶适都已提出"心学"最初的构想，但到了明代才发扬为王阳明的心学。"心"是在"人心"，"上取于天命"，即宇宙秩序秉承的化育万物的大爱之心，亦即"仁心"。阳明心学认为，由心体会、认识天命，其权在于个人。人与天地宇宙同消息，庶几可以堂堂正正做人。心学在明代被广泛讨论、不断发展，承受来自道学的压力也非常大。

明末清初，有一些不同的解释各自出现，可惜清代以科举与考证之学束缚了儒者的心胸。清朝的康熙是外族统治者，面对中国如此庞大的天下，其考虑是：不能将最高的权力付诸天、付诸理性，而必须付诸君权的绝对性，必须维持君、臣之间上下尊卑的秩序；并且，外族得到"天命"，就取得了君主绝对的权威。所以康雍乾三朝，统治者花了很大工夫整理典籍，由此重建了道学的规范，亦即上、下秩序的规范，而不是人自立于天地之间的主权。清代强大的皇权强调道学的重要，却不在乎其拘泥。于是，不少读书人失落了人可以"为天地立心，为生民立命"的精神。

与此同时，17世纪的西方，正在向民族国家系统进行转变：教会本身的权威被大众质疑，而上帝的"恩宠"（providence）却成为新教伦理的中心。西方开展理性主义运动时，中国也正在开展心学这一本着自省、反省和自立的运动。遗憾的是，东西方之间并未彼此呼应，对西方、对中国，这都是很大的损失。其中原因，在于最早将西方思想带入中国的是耶稣会士，耶稣会士信奉天主教，这些天主教会的神父并未将新教批判教会和神学的理论带入中国。

王氏心学其实有更多诠释的空间，也有不断调适观念的空间。我们今天有很多可以从王学基础上发展的可能性，尤其从物理的量子力学或化学中各种不同大小的粒子等方面颇可印证：人间的网络，何尝不是宇宙网络的一部分；人间的伦理，其实只是人间网络之中的一些社会部分而已。

第九章

"修己安人"的理想与挫折

在中国文化体系中，人是宇宙的界定者。个人在宇宙和社会网络中，既有催动变化的机会，又有蒙受群体护持的福祉；其自我期许中既有自尊，也有相应不能逃避的责任。在这一章，我想特别申述这种责任的承担者。士大夫阶层个人的遭遇，自古有之，于今亦然。

一

在战国时代，国家层次的集体单位正在成型之中，还没有所谓士大夫的阶层出现。那些所谓游士、说客游走各国，纷纷提出他们的建议，以帮助封建社会的贵族和国家统治阶层实现国家转型。孔子以下，各家各派分别基于自己的角度以及所在国家的现实形态，提出种种建议或设想。这些建议基本上围绕在组织、管理国家的方向，然而所牵涉的范围，却是从形而上学的宇宙论，直到伦理学的人间关系。

这些游士，在国君和统治阶层面前，有时是低声下气，有时是趾高气扬。整体而言，他们居于客位，可以受到应有的尊敬；有时也属于可有可无，是大人先生们身边被圈养的说客。只是，他们都必须要对自己所提出的建议具有一定信念，也因此几乎都禀赋了知识的尊严，而不为权势所屈服。他们如此的姿态，在国君与统治阶层的心目之中，有时能赢得应有的尊敬，更多情况下却是被主人当作无关紧要的"他人"，呼之则来，斥之则去。

从齐桓公时代管仲帮助齐国改组了国家，到战国晚期李斯帮助秦始皇建立了中国历史上第一个专制君权，这些人物中，大多数人都尝试维持自己的尊严。理想的情况是：任何游士如果得到信任，他的主人接受其意见，就应对其有一定的尊敬。但在现实中，既然有了君臣之份，臣终究必须向君王低头，这是当时知识人的两难之局。秦始皇统一天下期间，诸多说客、学者帮助其建立制度，或实际参与国内政务和征服天下的大业。但面对这些人，秦始皇始终把君王的尊严放在最高位置。于是，韩非子下狱，李斯被后继者处死，"焚书坑儒"的悲剧在历史上留下一幕令人悲叹的结局。

只是，统治如此庞大的国家，不按照法令、规章是不行的。从考古所得，例如睡虎地和青川等秦代地方官吏坟墓出土的文书可见，秦代大小官吏都有一份手册，以备依照文官伦理、法条去治理地方行政单位。这些手册或指令明白地呈现，执行文官伦理与办事手续必须有一定的知识作为基础。这一事实显示了文官组织在实际运作上的价值，肯定了统治机构中的工作人员必须具备一定程度的知识与修养。这一特色指明了：由于工作的需求，他们要有一定的知识和修养；因为统治者需要他们的意见和服务，他们也应有一定的自尊。然而，他们只是得到一时敬重，及至统治者自身地位稳固时，这些士大夫就属于可有可无的附属品，终究没有真正的尊严。

汉代的情形与秦代不同。汉高祖提三尺剑，以庶人而定天下。他并无文化修养，但从自身经验非常清楚地体会到，萧何、曹参、张良、韩信这些知识人对他的成功有极大的帮助。没有这些人，单单凭周勃、樊哙等一众武将，他无法知道如何接收档案，怎样按照档案资料搜集资源、组织群众。天下既定，刘邦翦除功臣，终究还必须倚仗萧何、曹参帮他建立统治机器。文帝能够登上皇位，将吕氏专政的局面挽回，也还是倚仗满朝官吏，配合周勃等元老重臣，稳定了汉初的帝制格局。

后来的文景之治中，国家倚仗的是各个阶层的吏。使用的条文和执行原则，是各级吏士所能掌握的要件。这些吏士从实务中学习知识，也从知识中树立自尊。文景二朝的高级官员（包括宰辅）基本上都是由基层吏士逐步升迁，而终成朝廷柱石。这些人气度轩昂，遵照条文和规定，根据自身坚持的原则，可以与君王据理力争，也能重视处理事务的能力。在没有士大夫阶层的时候，他们已经具备了士大夫的特色。

武帝时代，已经普遍实行征辟制度。政府高级人员可以从民间选拔贤良方正、孝悌力田等人员。这些人员之所以被选拔，理论上是因为他们的品德足为一方表率；实际上，等于政府召集一批掌握地方话语权的领袖。他们并非全是学者，可是能代表相当程度的民意，参加政务的讨论，例如《盐铁论》就是政府官员（御史大夫桑弘羊）与这些地方贤良对话的记录。因此，他们往往以郎吏起家，通常以"执戟郎"（内廷侍卫）的身份进入中央政府。这些人的身份，毋宁说是地方代表，也可以说是后世士大夫的原型。

二

武帝以后独尊儒术，政府开始设立学校，在国学之中培养治理国家的专才，这就是逐渐走向专业性的治理人员。只是，这些人也必须要有一定的修养，以规范其行为。因此，汉代的太学注重培养的是专业和品行两方面都够格的人员。国学的课程基本上是研读儒家经典，主要进行思想方面的教育，然后是学习各种礼经与法典。如此训练培养出的太学生，乃是中国历史上第一批接受高等教育的士大夫候选人。在进入政府成为公务员时，他们有一定的自信和自尊。即使游离在政府外，他们自恃拥有知识，也培养了学者专业性的自尊。王莽出身虽然是皇亲国戚，但也不过是一介太学生；他篡夺皇位，并非完全倚仗皇室外戚的身份，更多的原因在于其身为知识人的自信，也倚仗着同样作为知识群体的那些太学生的拥护。

东汉时期的社会发展，与西汉建国时建构的方式相比已有相当变化。从考古实物可见，西汉时期遗留文件所反映的乡村社区（里、社、僤）有相当紧密的结构，地方上的一切事物几乎都由基层社区自己处理，社区领导者以"三老"为主体。经过近两百年的演变，东汉的社区就不一样了：地方政府第一级是县，更高一级是郡，再高一级是州，然后是中央，形成层层叠叠的权力金字塔；至于县以下的基层社区，则有相当的自主性，知识群体——也就是太学生或退休官员，对于基层的活动有相当的发言权。东汉所谓"乡举里选"，乃是从基层中互推一些能够替大家服务的人选，这些人也就是后续的征辟对象。上述制度下的人才流动，可以使基层与中央的信息得到相当程度的流通。

光武帝及其拥戴者虽然有些是诸侯后人，但更多却是太学生这一知识群体。为矫正新莽以后政治上经常借谶纬之学"造作符命"的风气，此时的儒生开始重视儒家的原典。在学习和研究阶段，他们致力于保持和阐释原典的经义，这就是纯粹的"学问之学"了。于是，一方面是学术的任务，另一方面是参与执行政府法律功令的能力，两者合并，就界定了学者"坐而言，起而行"的双重性格。

　　东汉太学生的大规模抗议运动，是中国历史上第一次知识人"起而行"的事例。东汉时期儒家经典被重新整理，经书的注疏在此时大量出现。郑玄等人的工作，是中国历史上第一次以考证作为学科的根本部分——如果没有准确的原典，就无法从原典引申"微言"，使读者对于儒家经典的"大义"得到清楚的了解。而这些大义，架设在"修己以安人"的要求之上。"修己以安人"是双面的："修己"是安顿自己的心性，知道人在宇宙秩序之中的地位；"安人"则是根据这种精神，假若社会有不平、不当之处，有义务加以纠正。因此，从西汉董仲舒架构了"天人感应"的大结构以后，以儒家为正宗的中国文化精神，就经由培育学者、教育学生的途径，培养了大批知识人。读书人将自己和宇宙之间的关系安顿到一起，担起发抒这种理想的责任。东汉的经学运动又发扬这一传统，用来矫正谶纬之学的扭曲。

　　这场运动，反映的是东汉太学生对于读书人责任的自觉。太学这个官家设立的最高学府，学生从几十人扩张到三千人。这么多的太学生，当然就是群体运动的基础。他们在校的时候是学生，毕业之后就是官员，其中尤其大部分是在中央任职，太学生运动因此大多数是针对中央权力结构的不当，如太监和外戚的干政，或者在任官员的滥用权力等。他们常常举幡召集群众参加抗议，这种形态的知识人的群体运动，就不能说是知识的虚幻或琐碎了。

现在以东汉的现象，与几乎同时代古罗马的情形加以对比。罗马承袭了希腊的修身学派，和中国的儒家相当类似。修身学派认为，宇宙是个趋于平衡的秩序，人类在大宇宙中的责任和使命就是使宇宙能够不断走向平衡。也就是说，人将做人的权利自己担起。所以，"当仁不让"，安定天下是他们的共同理想。只是在古罗马晚期，基督教兴起，将人的责任拱手让给了神。这一转折，就将人的自觉性和使命感都一举而丧失了。

从以上观念来看，我们能够理解，为何东汉的知识人群体运动成为中国历史上少见的高潮。后世宋、明、清三代，都有或大或小的群体运动，然而其规模与气势都不能与东汉相比。

东汉知识人的自觉性还表现于另一个层面，就是社群和社区对人的性格、修养有所评定。所谓"月旦评"，是汝南一地以许劭为代表的地方知识人定期评定每个人修为的程度，这就是群众帮助个人、督促个人尽量提升人生境界的活动。

不幸的是，东汉后期，中国遭逢前所未有的大规模瘟疫，种类甚多，至少包括疟疾、鼠疫、伤寒、血吸虫病等类别。一次瘟疫可能至少持续两三年，不久后又有另一波瘟疫出现。瘟疫蔓延的范围之广也是前所未有，几乎人人都感觉无所逃于天地间。当时，中国人口数目大减，许多地方死者遍地，农业脱产。这一危机感笼罩下的东汉末年，无法呼应前述太学生运动提出的道德诉求。很多人将天降的灾害对人间秩序的警醒作为关注重点，并不认为任何个人道德的提升或者理念的通达可以解决。这从而引起了民间广泛的群体运动，如大规模的黄巾起义；另一规模虽小、影响却大者，则是在四川一隅出现的天师道活动。这一民间教派最终与先秦道家结合，演变成中国的本土宗教信仰——道教。

这些教派活动对专制皇权的合法性，也提出了质疑。黄巾起义要求"太平"，这个"太平"不仅是指"和平"，也包含"平均"之意，其经典《太平清领书》中有些章节就是陈述"共财均富"的理想。天师道更将这一理想付诸施行：在教团掌握的小地区推行社区福利，有公共救济的粮仓和资源，也有社群本身收支共有的模式。若将这些素朴的社会主义理想与世界宗教发展比较，可见其实大多数宗教在初期开展时，都有类似救济贫寒、共享福利的主张。但是，教团僧侣逐渐变为特殊分子，于是各种教派似乎失去其原始社会主义构想。

以上叙述，我们可瞻见，从西汉到东汉的演变中，中国社会理想的面貌已有相当差异。然而，儒家代表的理念，以及知识本身从学术到经典，以至于从经典陈述的理想转变为社会组织和社会活动，这些过程相当具体，并未远离儒家原来的理想，只是加重了现实的应用。这种文化知识的演化，不能完全说是扩散，但至少不能说是"内卷"。只是，从三国到魏晋南北朝的下一阶段，情形就不一样了。

三

如前所述，东汉知识人意识高涨的盛况，在汉末遭遇了社会现实挑战。从公元 171 年开始，中国遭逢了数十次大大小小的瘟疫。当时全国总人口约五千万，瘟疫加上战争导致的死亡和迁移、出逃，使人口折损了大半。《伤寒杂病论》的作者张仲景，其家族原本有二百多口人，十年不到就失去了三分之二，这个比例和全国总人口的损失比例相符合。其实，在当时中东地区和欧洲也有瘟疫，同样面临大量的人口减少。如此巨大的灾害，将东汉中国内部的稳定秩序完全颠覆了。

从汉末建安年间一直到唐初，中国处于分裂时期。军阀混战，战争导致的人口耗损其实也不下于瘟疫造成的灾害。整个中国究竟折损了多少人口，很难有准确的统计数字。晋代的统一短暂且混乱，从南北朝开始北方大批胡人移入中国；"永嘉南渡"时汉人大规模南迁，不少黄淮地区的人口迁往淮河以南，又将本不在户籍之内的南方居民从山林之中强制纳入政权的管理范围。这场自北往南的人口大移动，将整个中国的人口版图重置——经过数百年纷扰，到唐初中国再度统一时，原本汉代的人口结构已面目全非。我估计，胡人进入中国的总数可能以千万计，而南方各族土著人口被纳入编户齐民的数字也不下千万。

魏晋以后，北方的汉人以宗族组织自保。胡人最初是作为雇佣兵或雇佣劳力被引入中国，后来主动进入中国的部分，却是以部落的组织迁移。无论宗族还是部落，这时候北方的人口结构和东汉故有的社、里地方组织已大不相同，原本社区和社群的结构转变成地方社区发挥自治功能的领袖群；胡人方面，是以他们的军事组织方式"部勒"成员。同样地，汉人的宗族或亲族则是以先设的成员身份约束其内部成员。

北魏孝文帝时代，鲜卑人解散了他们原本的胡人组织，将成员以汉人的方式纳入乡里和宗族结构。这是将部落归入国家组织之内的一个步骤，而这个过程本身却是强制性地由国家公权力主导，改变了本来胡人部落成员的身份，也改变了部落本身的结构。

于是，胡汉之间都遵循了同样的途径，也以同样的链接将其成员束缚在亲族、宗族的大结构之内。

北魏到北周时代，从尔朱荣开始，参加北方六镇戍边的军人们，无论胡汉，都被改组为军事化的大集团。只是，军人们的组织结构以及姓氏都经过几度翻覆。例如，后来成为隋唐皇室的杨氏和李氏，在北周府兵屡次改组的过程中也经历过改姓，某个阶段军士们全部改为胡姓，下个阶段又全部改为汉姓：杨忠就曾被赐姓普六茹氏，后复本姓；李渊被赐姓大野氏，后来也恢复了本姓。如此种种变化，无形中将北方胡汉人口都纳入同一模式，也使其遵从这一模式下个人的权利和义务。

汉代大帝国公权力下，人们的生活至少得到法律保障，官吏不能擅自杀人。及至"五胡乱华"的混乱时期，无论胡汉，单独的个人无法生存，必须依附为团体的一部分。

甚至在南方，不断迁移的新人口，其迁移过程也是集体行动。若非以宗族亲缘团体的方式成群移动，则也是以有相当组织的流民团体方式结队，往南寻找落脚处。因此相对过去而言，整个南北朝时期，中国地区的人口结构逐渐转变，个别人口不知不觉中转变为团体中当然的成员。

以北方村落中宗族结构下的汉人而言，这些宗族都由礼、律两种形式规范其成员：礼，是文化的惯例，即使不成文，也有相当的约束；律，是法令的条款，已经没有国家体制约束的村落，只是沿用国家制定的法律条款，规范个别成员的权利和义务。

胡人也面临类似情况。他们在南北朝时期进入中国，是以部落结构出现——不是以习惯的风俗，就是以部落本身长期建立的规范管理部众。部落首领控制成员的权力，几乎是绝对的。相对而言，汉代以儒家伦理组织社会，伦理结构下每个成员的权利和义务乃是具有相对性的：人，有基本的尊严；人，对其他人也有必须要遵守的规范。如前所述，身处这个混乱时期，个人如果不属于一个团体，就几乎没有生存的机会，生存的代价则是丧失其自主性。

由此我们也就能理解，在此动乱时期，为什么佛教的传入和道教的制度化能在中国形成两个极具规模、人数众多的信仰系统。这种信仰系统，乃是在"先设团体"之外，让其成员有一个可以安置身心的立足之处。

再以"先设团体"本身组织的严密程度而言：从《世说新语》中汉人宗族结构在南北两个地区的差异就可以看出，不同的大环境影响了这种亲族组织内部的构造。《世说新语》形容，北方农村中的亲族组织在当地原生原长，其成员也在这个小的村落群中，相互知道彼此间的关系，每个人之间相对的地位都很清楚。因此，在当地组织内，成员彼此尊卑长幼有非常清晰、明白的约束。北方村落的亲属很少迁移外处，于是大型团体可以进行相当细密的次级和更次级的制约。在南方，衣冠南渡带来了老家的亲属组织。但在新的地方，很难重新出现一个同样的村落容纳同样的人众，使得亲族的成员必须分散在不同的地方。《世说新语》记载：南迁族群往往必须要分批移向不同的地点；分手之时，他们在岔道口上依依拜别，含泪离开，亲人之间难舍难分，因为此后能否再见是未知之数。如果有机会再见，同姓、同郡望的关系已足够使族众彼此认同，不须再仔细讲求谁是大宗谁是小宗。这一时期谱牒之学大兴，也是因应了时代的需求。

以香港新界的客家而论，今日珠三角客家的生活就反映了约定俗成的传统。每年在除夕、冬至或扫墓那天，或一定的节日，客家全族亲人，即使居住在百里以外，也必须按时赶回来；他们将带来的食物纳入事先预备的大锅之中再行分配——这个"大盘菜"，代表的是所有人共同在聚会的日子，享用彼此费心费力准备的食物。"一年将尽夜，万里未归人。"无论风霜雨雪，踩着钉鞋，打着雨伞，冒着风雪，这些人都会回家。聚会地的亲人，也要熬着饥饿等待亲人到达，方才共享盛餐。节庆终了，离别的时候相送不舍，数里之遥还是一波一波陪送上路。

从这些例子可以看出，汉代那种一般人意气风发的昂扬气度，尤其是太学生与知识群体顶天立地，只以"做人"两个字为其良心依托的情况，随后的几百年间很难继续存在。此外，这种集团的归属，使得传统成为团体的象征和结合的要件，个别成员要创新、要改造，将是极为困难的事情。

四

在此环境下，佛教、道教有其特定的诉求空间。可是，等到这两种信仰成为教团，我们可以发现：中国的宗教教团都是按照亲族的模式组织其群众：师父等于"父"，弟子等于"子"；同样，师叔、师侄等关系和家族结构也是完全一致的，有辈分、亲疏、长幼、尊卑的区隔。

那个时代，儒家反而没有市场。在魏晋南北朝，汉代的太学式微，儒家本身的理念以及儒家普遍的教育，都因为战乱蒙受极大损害。隋唐时代确实对经典注疏有过一次很清楚的整理，例如孔颖达的《五经正义》；只是这些经典被放到一边当作教条，罕见有人从经典之中阐扬新意，开创更广阔的境界。

曾经辉煌的儒家，在隋唐时代竟被佛、道两家压过。这一现象之所以出现，一方面是因为儒家失去了活力；另一方面，佛、道也是新兴的思考方向，就整体文化而言，这应当可以归入"开展"而非"内卷"。儒家处于停顿的状态；佛、道还在继续不断发展，寻找新的解释、新的理想——这是"内卷"和"开展"居然同时并行的时代。

儒家的重新复活，要到唐代中期以后韩愈等人再度探索儒家理念之时。我个人认为，儒家的人际关系是"修己以安人"。人、己之间是相对的链接：因为相对，团体对个人的约束仍旧有一定的求与予；个人对团体有一定的义务和责任，才能够有一定的权利和保障。如此相对的人际关系，是中国理想秩序认定的目标。

隋唐时代大气磅礴，中国接受和消化了大量的西方因素，这在人类历史上也是罕见的波澜壮阔的景象。西方历史上要等到思想解放以后，以及对外扩张与资本主义出现的时代，才整个脱胎换骨，成为一个前所未有的巨大文化系统。

隋唐时代的"开展"，在日常生活方面有更多可见之处。如众所知，此时经由西域或更远的中东地区传来的面食、葡萄酒及各种香料等，逐渐成为中国人生活中的常见食物。中国人的衣着、起居、音乐、艺术都吸纳了外来因素，一部分是东部亚洲民族的风俗，另一部分则是经由西域传入的波斯、突厥、吐蕃等地的生活资源与文化因素。汉代是中国文化扎下基础的时代，唐代的中国文化则是开展发扬。

由此而言，隋唐也是个开展的时代，其速度和幅度前所未见。也只有在19世纪西潮冲击之下的中国，其变化方可与隋唐相比。

中国文化的蜕变从魏晋南北朝开始，隋唐成其大，到宋朝才逐渐转为"内卷"。这一七百年左右的巨大转变，与欧洲文化集团在近世的发展相比，也是长时段的巨变。

从人类历史而言，中东地区从基督教蜕变成伊斯兰教主宰，那一变化也几乎和隋唐中国的进程同步。怛逻斯之战后，唐帝国安西都护府属下千余劳工、数万兵士带给中东地区的礼物，使其在物质和技术方面开拓了一个新的境界。从那时开始，中东地区有了类似中国瓷器的"西番瓷"，只是当时他们并不知道使用高岭土，以至于其精美程度始终不能与中国瓷器相比。他们对纸张的使用，并不在印刷书本、普及知识，而是用于房屋的装饰和陈设。又比如，印刷的前身，碑拓也进入了中东地区，成为后来西方印刷术的先声。这里举例而言，是为了说明：中东地区只是在实际生活中吸收了中国的文化成分，对中国的礼教他们并没有感受，甚至中国饮食上的差别，对他们好像也没有形成大的影响。

但是，他们对中国文化的印象，却存留在一个意想不到的角度，"桃花石"这个称呼，代表他们对东方的憧憬，以至于中东地区会将西辽王子耶律大石在西疆建立的西辽，当作"桃花石"的一个模型。

到后世，在更远的西方，马可·波罗对蒙古大汗在上都的生活所做的记录，使得整个西方惊诧地期待与东方接触。20世纪初意大利歌剧作曲家普契尼改编的图兰朵公主的故事，讲述西方王子对东方公主的爱慕，也反映着当年西方宫廷对东方的向往。

等到元朝统治者统一南北中国，面对蒙古的"万户""千户"屯驻地，儒家完全无力反抗。在这个系统下，儒生若想发挥作用，几乎只剩参政一途。但在文官体制并不健全时，蒙元的统治阶层也不知如何治国。各地驻扎的签军，实质上是武力镇压，强行收夺资源。如此国家体制下，思想的空间也就有限了——有之，也不过是民间的宗教活动而已。

明朝恢复了汉人统治，朱元璋一方面承袭了宋代的专政以及帝王对文官制度的威势，另一方面也延续了蒙元无视制度的暴政。朱元璋删除了儒家经典中质疑君权的内容，如《孟子》中"君之视臣如土芥，则臣视君如寇雠""君有大过则谏；反覆之而不听，则易位""闻诛一夫纣矣，未闻弑君也"等几十条，甚至此前曾将孟子移出孔庙。朱元璋设立的特务组织锦衣卫以及之后的东厂、西厂（合称"厂卫"），取代了蒙元的千户来管束、监察全国，东厂、西厂由宫中的亲信太监担任首领，只对皇帝负责。

明末以无锡的东林书院为中心，以江南士大夫为主的东林党兴起。东林党人讨论自己在宇宙之间，在国家、民族、社会之间，应如何发挥人格的良心，如何保持自身的独立，如何对抗各方的威权，如何用民间的舆论抗衡统治者的暴政，其活动开展得非常艰难，遭受到宦官专权势力的不断打击，不少东林党人更被厂卫杀害。

本章涵盖的发展趋势，是由先秦到明代，中间一段是盛唐代表的古代中国的巅峰。这一漫长的过程，也可认作中国文化重要的转折：春秋战国后，经历了秦汉的成熟，南北朝因应外来侵略而走向衰微，大唐盛世乃是中间承先启后的大转变。大唐一代乃是中古时期的盛况，开元、天宝恰好分成盛衰两个时代。借用《长恨歌》的句子"渔阳鼙鼓动地来，惊破霓裳羽衣曲"，"惊破"二字所代表的，又岂仅是明皇、贵妃的一段爱情悲剧，也是中国文化成长的过程。

中古结束后，宋代的"内卷"只是长期衰退的一个阶段。明代虽然看上去是帝制的复活，实际上文化的活力已经不足以拉动另外一个新的时代。这也就是明清两代面对船坚炮利的西潮和资本主义市场经济时，中国文化必须要改变的原因。那一改变的过程，又岂止是清末至今的百年而已。言念及此，能不凄然！

第十章

中古之变（上）：财富中心的下移

一

大唐盛世，声威远播，堪称盛世，号为升平。尤其太宗到玄宗时期，从国家实力到文化动能，以至于一般人的生活，确是其他时代难得一见的安定与繁华。

众多外族以商贩、朝贡等名目纷纷进入中国寻找发展机会，以至外族人口迅速增多。尤其在最繁华的都会区，外来人口比比皆是，都市生活也因为有胡姬如花、葡萄酒红，显得多彩多姿。然而，祸根也由此伏下。大唐劲旅远征他处，在外折损也罢，回朝补充也罢，都使大唐的军队包含大量胡兵蕃将。这些职业兵有些还是外藩王子、王孙，例如波斯亡国，波斯贵胄子弟进入大唐皇宫担任侍卫。安史之乱爆发的原因之一，就是范阳、平卢等四镇，基本上都是来自北方和东北方的杂胡雇佣兵。唐代藩镇有极大的自主权，有若干镇守重要地区的藩镇，甚至还可以奉旨铸币。安禄山得到玄宗和杨贵妃的宠信，乃是藩镇节度使之中最有实力者。

安史之乱使大唐的盛况中断，甚至于中国历史上的中古时代也被这一叛乱所终结。盛唐为何居然一落千丈？盖因唐朝起家是从胡化转变为汉化，此时却因中外贸易发展顺畅，逆转为接受更多的胡化因子：外来人口基数增加，外来文化深度浸染，以至北方边防和节度使中胡兵蕃将的比例大增，一度突出为沙陀兵将为主，形成了中晚唐的胡化现象。如此有声有色的局面，终于完全散板、崩溃，以至于残唐五代的帝位主要由沙陀军人的系统占据。甚至于后世，宋代的赵家虽然是汉人，但也是因其在沙陀军人集团中占有了重要的地位，才于禁军主将的位置黄袍加身，开启了新的朝代。

大乱开始前，唐代的军队（尤其镇守各处的藩镇）已为胡人所渗透。一旦藩镇造反，平复藩镇之乱的依旧是胡人部队。平定安史之乱的郭子仪和李光弼，他们的部队何尝不是胡兵蕃将为主？朔方健儿也是如此，朔方和河东两支大军的马匹多是回纥马，其时从如今的甘肃、宁夏被驱赶至两军驻防所在。

于是，安史之乱使北方核心区遍地都是胡兵蕃将彼此厮杀。本来是戍守边防的藩镇，也纷纷据地自雄。淮上诸镇，就是很显著的个例。

安史之乱虽平，中唐以后藩镇林立，几乎不听中央号令。原有可以征税的土地，中央无法管理；本来畅通的道路，有时候会因藩镇之间的冲突忽然中断。凡此因素，都严重影响了大唐帝国的管理机制。更不用说战乱之中，农民无法如常耕种，当然也就造成了灾荒和流民。

唐代的统治，在安史之乱后基本上已经失去了中央控制的能力。如何筹措国用是个重要课题。杨炎改革税制，以两税法征取货币为主，代替丝帛和谷类等实物。这一转变，乃是从南北朝开始兴盛的实物经济的结束，开启了另一个时代的货币经济。货币的流通，实质上代替了商货的运转。货币本身又可以书信委托的形式流通，实质上是货币的信用状。这一转变影响巨大：一方面规避了藩镇林立、交通不畅导致的危机，另一方面也开启了货币可以借贷、预支等灵活性。在市场运作上，货币经济更有效率。正所谓"歪打正着"，唐代政治上的禁锢、瘫痪，却令长期存在的实物经济有了改革的转机。

从经济方面看，货币的使用可以令经济运作从政府独占逐渐分散到社会各部门。这一方面可说是资本经济初步萌芽的机缘，另一方面则意味着政府丧失了最有效的控制工具——如果政府结构不做相应的调整，政府本身将无法与经济发展同步。

因为战乱不断，唐代的藩镇，无论政府军还是叛军，实际上都形成了武力把持地方政权的现象。中唐以后的藩镇，既有自己的财源，又有自己的兵源，不再接受中央控制，镇将由内部产生，从同阶层的兵将互推最终变为下层拥护某个特定的上层：镇将"册"节度，近卫"推"镇将，当然更往上层就是节度"策"天子。唐末五代的梁、唐、晋、汉、周，这五个"不是朝代的朝代"，无不如此产生。后梁的朱温根本就是盗匪出身，后面四代则都出自沙陀军，受军中兵将的推拥，号称改朝换代。最后一朝的改变，则是赵匡胤以周世宗亲信、殿前都点检的身份黄袍加身，开启了一个新的朝代——宋。

二

宋太祖本身起家的经历特殊，也就特别防备他人效尤。因此，有宋一代的武人阶层身份都殊为特别：其中大半是太祖称帝前同袍的子孙，大将们被解除兵权后，皇帝答应他们富贵终身，子孙享用不绝；此外是靠得住的"外家"，宋太祖既没有知识人的拥戴，又没有朝廷大臣的背景，除了老弟兄们的支持，还需要以此避免出现唐代外戚干政的弊病；当然，他自己的子孙们，所谓宗室，也必须得到一定照顾。

这三拨人众，俗称为"三班祇候"。他们为数不少，而且随着时间继续增长，怎么安置这些人是个大问题。他们平时被安置在皇宫作为宿卫，奉派差遣则称为"三班使臣"——这等于是贵族群体，倒也并不列入正式官员之列，应当视为皇室直接指挥的特殊官员。他们也掌握了各种专营权的利益，此类榷税的收入数字庞大，甚至可能超过政府平常征课的田赋收入。以政府财政结构论，这样大数目的收入由皇室直接控制，对政府运作而言其实是头重脚轻。

经济方面，宋代既然延续两税法，已然是货币经济的天下。因此，宋代皇室只要掌握货币财源，就不愁没有钱照顾上述三拨特权人士：宋代的政策，是利用政府专有或专卖的权力，以供应上述特殊阶层。从汉代有盐铁专营以后，唐代也有一些榷税作为专营项目的征税，甚至于原本作为政府储存谷类的常平仓，在货币经济出现后，也可转为随时出售的粮食，以满足换取现金支付需求。在宋代列入榷监管理的项目为数众多，如渔、盐、茶、马、铁、金、铜、瓷器、木材、酿酒、军器、织造、铸币等。

宋代在水陆交通要道上的关口或驿站设税官收取榷税，相当于"买路钱"。政府或以官家定价，全部收购过关的某个项目。所有能够集中生产的项目，几乎都成为官家榷权的对象。在这些榷监服务的人士，则主要是上述"三班祗候"中选出来的子弟。

监权制度若论其好处，就是商品的生产和流转几乎都由受过训练的专业人士经营管理。于官方而言，掌握了经济就意味着掌握了市场的安定，官家一旦决定任何项目或多或少的产品，也就掌握了规定的产量和运销的方向。整个国家的经济都会受到影响。如果把上述各种产业的出现当作资本经济的初步萌芽，则完全经过中央调配或者缺乏调配的影响，未必能够反映经济自身的调适能力。

这种制度还有其衍生物：各级官衙都可以有"公廨本钱"以及"公廨物产"，例如房舍、土地。于是在宋代，除了中央有权力操纵经济，各级文武单位所在都可以掌握相当的权力，以影响当地的市场情况。地方与中央的互相影响或牵制，使得全国的经济并非有计划的管理，而是随机受到供需机制的影响。

整体而言，宋代经济乃是货币经济。政府掌握了资源，也就掌握了现金。宋代现金使用相当灵活，在其他朝代，国防经费是列入国用，宋代却从太祖起便设下"封桩库"，特别储蓄一定的收入作为国防准备金。宋代在外交方面，面对强邻常用缴纳"岁币"的方式换取和平，辽、金、夏都有定额的岁币，数额随双方强弱之势而调整。这种以金钱买和平的方式，在汉唐时代必定以为是羞耻，而在宋代，却认为相当划算。实际上，这一算盘打得可能也不差。以宋辽关系言之，经南海而来的香料需要由宋朝的港口进入，辽国需要香料则必须从宋朝购买。宋朝给了辽国岁币，辽国又以岁币购买所需要的东南亚货品，以及宋朝本身出产的瓷器、丝帛等货品，辽国要付出的费用也就和岁币相差不多。宋与西夏之间关系更特别：西夏领土不大，土地不够肥沃，种植的粮食根本不够。因此，宋人一手交出岁币，一手外销食粮。这样在算盘上进行一番加减乘除，其实宋人并不吃亏，却换来了边疆的和平。

三

宋代经济不如唐代富足，但在中国经济史上相当重要，是一个划时代的阶段。宋代设立了许多権监，大概由于有专人管理，这些生产事业的发展有相当可观的成绩。

美国学者郝若贝（Robert Hartwell）在费城的宾夕法尼亚大学执教，终身志业就是研究唐宋时期的中国经济史，尤其是宋代部分。他指出，宋代钢铁产量居当时世界第一。他经由炼钢、炼铁燃料本身的消耗来计算生产量，这是很细致的一种计算方法。而且，整个太平洋、印度洋地区甚至到中东地区和欧洲边缘地带，国际贸易船只带去的不仅是丝绸、瓷器，还有大量的钢锭铁块。他认为，如果以此作为指标，宋代中国堪称前工业时代钢铁生产量最大的国家。

如此大的生产量，再加上其他外销、内销的产品，使宋朝相当殷富。我们的一般印象是，唐代是富足的，宋代远不如唐代殷实，郝若贝的观察与这个观念并不一致。他的研究显示，宋代产业种类繁多，而且生产量极大，是唐代已经发轫的多姿多彩的国际贸易的延续。我们再看开支方面。暂不说唐代太宗、武后时代的繁荣，单单讲开元、天宝年间的情形，就是挥金如土——长安市上有多少的消费者！仔细推敲，唐代全国的开支大来大去，胡人遍地都是，买马、卖丝等国际贸易上出入项目繁多，社会生活也是多姿多彩，其实公私均有浪费。这么一个富足而挥金如土的国家，单单靠田亩和家庭纺织业收的实物税当然不够用。然而，唐代政府在主要地点设钱炉，也就是授予地方发行货币的特权。这一大批货币的上市，就已经是将本来的实物经济转变为货币经济了。

唐代大来大去的辉煌与热闹，不见于宋代。但宋代生产的种种产品，诚如郝若贝所说，很多是以远洋贸易运销世界。宋代经济的实在效益，可能不会弱于唐代。

宋代的财富有不少是分散在地方，或者政府的若干单位之内。举例而言，宋代的大将，无论是守边还是殿前禁军一类，往往需要自筹军费，南宋七王——靖康以后，最多时有七员大将，号为"七王"——手上都拥有自己可以支配的资源。例如，岳飞在收服洞庭水寇以后，拥有很多资源；张浚、杨沂中加上四川的吴氏兄弟（吴玠、吴璘），自筹的军费来源有国内贸易所得，也有境外国际贸易的收入。

宋代官职猥多，由同知、通判等名称，就可知一个地方有多少官员。而且由于职权并无明确界定，彼此间有重叠、模糊或空白处，真正办事的乃是胥吏阶层。胥吏也读过书，他们受过相当程度的教育，至少很了解公事。这些人手上掌握的资源，可以下达到农村里面的大户。

除了胥吏阶层以外，从宋代开始，尤其是在范仲淹推动同族之间彼此互助，甚至于主张同族有共同的族产时，地方大族就可能拥有相当可观的产业。关于宋代地方社会与地方大族的关系，研究者颇多，从中可以看出：财富积蓄在地方层，既维持了大家族的生活，也以社会救济的方式负担了地方上相当大的费用。例如范氏家族从范仲淹开始成为地方大族，有义庄的社会赈济，也有家训和家规。南渡以后，范氏子孙一次聚会即可有二百多人，都靠义庄族产度日，维持这一苏州大户人家的社会地位。除范仲淹家族外，还有像杭州钱氏这种累世人才不绝的大家族，至今未衰。

以上陈述可见，宋代的财富分散在各个层面、各个地方。除了宋徽宗时代相当浪费以外，其实宋代社会上的奢华程度远逊唐代，而民间生活水平的富足和安定可能比唐代还过之。

四

宋代经济繁荣，尤其南宋对外贸易兴盛。泉州成为当时世界第一大港口，帆樯如云数以千计，其中外商航舶较多。因此，在福州、漳州、泉州、广州、惠州，都有外商子孙在当地落籍。在泉州的墓园，至今还可看见阿拉伯文的墓碑，前几代是阿拉伯文，后来才逐渐变为汉文。泉州的清真寺，其实不仅是现在能看到的一座，只是其他已经因战乱或时间而颓坏了。南方国际贸易的活动也不限于广东和福建，而是已深入长江，例如扬州就是国际大港。

南宋经济发展的规模，可见于《宋史》及《宋会要辑稿》。中国的产品，几乎供应至当时欧、亚、非三洲各国，东至日本和朝鲜半岛，西到红海边上的非洲、阿拉伯国家以及地中海地区——蒙古西征以前，正是伊斯兰文化在这些地区开花结果的时候。

约有五十多个国家与宋人进行海外贸易，其中包括锡兰、三佛齐、婆罗洲、吉兰丹、占城、爪哇、天竺、埃及、伊拉克、索马里、琉球、新罗和日本。流通的商品有珍珠、象牙、犀角、乳香、龙涎香、沉香木、珊瑚、玛瑙、玳瑁。从大食和三佛齐进口的多半是香料和珠宝类商品，有些中草药是从爪哇进口。

无论从陆地还是海洋，中国出产的产品，都要经过伊斯兰教政权控制地区转送到其他各处——这一地区，分隔了东亚与欧洲的交通。《诸蕃志》所指各处贸易对象，正证实了宋代中国是当时整个世界——西方新大陆还没有被纳入世界的历史圈——生活资源的主要供应者。宋代中国出产的瓷器、铜器、铁器、丝绸、布匹等各种商品，满足了从日本到欧洲各地的需求。

今日中国被称为"世界工厂"，其实早在13世纪，中国已经是世界工厂。更可注意者，是宋代铸造的铜币实际上在各处通行，正如今日的美元一样是国际流通的货币，而且是各地货币兑换的基准。

东南亚和印度洋地区的考古学家曾经认为，十二三世纪的贸易瓷是太平洋和印度洋地区国际交流的主要商品，因为在各地的沙滩、水湾都不难发现海难船只留下的瓷器碎片。各处的王孙公子、富商豪贾，都以收藏中国瓷器为荣。中东一带伊斯兰教的清真寺，都以中国瓷器的残片作为装饰，贴在门柱、墙壁等处。

中国贸易引发的国际形势，最可注意者则是由海路开往西方的船只，往往以非洲东岸、阿拉伯半岛沿岸作为终点，往北经过波斯湾或印度河出口分布各处，在南面则是以非洲东岸与红海港口作为商货散布各处的中心。正因如此，阿拉伯和非洲东岸各伊斯兰国家以及奥斯曼帝国的苏丹（总督）们，掌握了转口贸易的机缘。当时，红海地区的苏丹掌握了进入欧洲最主要的通道，勒索高价的转口税，最终使得欧洲的买主无法忍受。这是欧洲的十字军一次次讨伐伊斯兰国家最为重要的原因之一——如此重要的

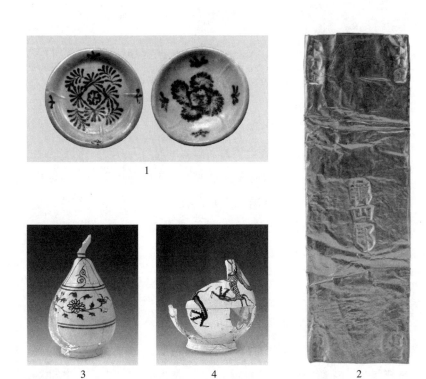

1："黑石号"出水中晚唐外销青花瓷盘，2："南海一号"出水南宋金叶子，3：肯尼亚出土元末明初景德窑青花瓶，4：肯尼亚出土元末明初景德窑釉里红瓶。

近年来随着水下考古的发展，中国沿海、韩国、日本、东南亚、印度、阿拉伯半岛一带都发现了大量中国货物，从唐末一直持续到清朝，尤以瓷器为大宗。

历史事件，其背景之一却是宋代商货被扣留在红海海湾。

伊斯兰国家坐享中间转手者的利益，于是他们的文化与经济成为从中东到印度洋最大的一股力量。直到欧洲发展商业及后来的工业革命，欧洲基督徒与中东地区穆斯林之间的平衡才主客异位。中国的制造者和商人，其实从来没想到自己生产的物品，小到一颗香料，大到贵重的瓷器和丝织品，居然在世界历史上引发了影响如此深远的风波。

回顾南宋的经济实力，确实令人十分惊异。南宋开始将世界上第一批"交子"（相当于存款信用票据）当作纸币，货币发行量受国际贸易的影响，而不一定完全受限于国内市场。中国的铜币是各处喜爱的货币——无论宋朝政府铸造多少铜币，似乎都流到国外去了。中国必须不断铸造新货币，也因此，交子才成为官方流通纸币。

南宋与亚欧各处的商业交流并不限于南向和西向，东方、东北方的朝鲜半岛、日本、琉球，也一样和中国有切不断的文化交流和商业贸易。如前所说，南方贸易主要在福建、广东的港口，北路的贸易则是以杭州、宁波、扬州作为主要港口，也有部分商货在山东的港口进出。此时与中国的交流，也正是日韩两国历史的转折点。日本当时是镰仓时代，朝鲜半岛也正处统一的时代，两国依赖中国生产的产品，也仿做类似产品，例如日本的瓷器、朝鲜半岛的印刷品和铜铁器用，都是高价位的商货。

因此我们可以说，宋代中国商业经济的网络，涵盖了整个太平洋西岸、东南亚一带和印度洋，并最终转入欧洲。这一大的贸易圈实质上代表了当时亚欧大陆的主要部分，正因为这一现象的存在，才刺激了远在欧洲西方的白人寻找新的航路前往财富的源头——中国。

同时，从各种记载，尤其是正史之外的笔记等资料看来，宋朝对外贸易已经有很发达的机制。有商行，有代理商，有航船的经营者，也有专业的船主和水手。在这个时代，海外贸易虽有一定风险，但并不困难。存在的风险只是，如果遭遇海难，他们可能血本无归，但若是一路顺风，则可大获盈利。那时候已经有投资、贷款等金融活动，唯一没有出现于中国的项目是海商保险，将这个时代当作中国真正的资本主义萌芽或者商业革命并不为过。

宋代中国可以说已进入相当临近世界化的阶段。在十二三世纪，没有太大规模的战争，亚欧大陆东西两端经印度洋已连接为一体。但是，不久之后成吉思汗出现了。这一东亚游牧族群，掀起了前所未有的波涛，冲破了亚欧大陆相当平静的全球化。蒙古狂飙以后，亚欧大陆因战争而死亡的人口数量非常惊人。上述平静的交换和经济一体化结束，也很难再有如此顺利和安稳的岁月。

宋代中国参与国际贸易的主要力量，在过去的朝代中很少由国家直接控制。因此，宋代皇权对全国经济的操纵能力，其实相当值得注意。

五

宋代的世界贸易虽然被蒙古狂飙打断，但中国的产品依然由外来的商舶和本国的船只运销各处。中国商船一路也载运向外移民的华人。在今天马来西亚和印度尼西亚一带的许多港口，都能发现华人居住的痕迹。有些华人侨居的地区，从他们祖先的坟墓和修筑庙宇的年代看来，大概可早至公元十一二世纪。

马来西亚和印度尼西亚一带的华裔，用当地的语言自称为"峇峇""娘惹"。每次我询问他们居住在这里的历史有多久，几乎都以八百年作为标准答案。他们的菜肴，以我自己的口味判断，接近闽越一带的家常菜。在新加坡曾经有一位许云樵先生，我们核对过谱系，都出自福建长乐的许家。而长乐的许家曾经在闽国时和宋代参与甘棠港的建设——那是一个人造港口，专为海外通航而设计。

云樵先生现已作古，他是一位谱系专家，据他见告：福建的许氏，自从离开固始南迁福建，无论哪一房、哪一支，都有人向外迁移。他们迁移的地方，近到越南、泰国等中南半岛的国家，远至涵盖整个新加坡、文莱、马来西亚和印度尼西亚。

泉州、福州、漳州、惠州、广州，都是中国人奔向东南亚和印度洋各地的出航点。这一所谓侨乡，的确有八九百年的历史，从这里分枝散叶，总数当以千万计。与欧美成为世界经济主流所牵涉的全球化相比，中国在十二三世纪及以后，也扮演了同样重要的角色。

明代海外贸易则是由内监宦官管理，每种生产业务和外销业务都有内监驻守直接管理和操纵。在明代，显著可见的情况就是广州市舶司直接经手对外贸易，收取相当于关税的厘金；这笔款项并不上交国库，而是在司礼监统帅的十二监的管理之下，直接归于皇室。

同时，明代的皇子们被分封为藩王，拥有大量土地。明代晚期，大小亲藩总数以百计。除了南北两直隶，几乎无处没有藩王的封地。他们还有自己的护卫，几乎可以完全操纵地方行政单位，任意揽取能够得到的利益。明末，全国的宗室人数大概不少于五十万人。

维持这些"朱千岁"的生活，包括他们拥有的产业，占据了全国经济的很大部分。而这些资源，已不属于政府的公产。

此外，明代的太监也可以各自置产。除南北两直隶以外，他们据得的产业遍布各地。由于太监的威权，地方政府通常很难干预这些产业，也不能收取他们的所得税。

清代的情形基本上和明代类似。内务府直接管理皇庄，经营着各类大小产业，清代的皇室以及各旗贵族也都以皇庄的名义占有土地。皇庄的管理人在当地是一霸，《施公案》《彭公案》这些清代民间小说，都有描述地方行政部门无法从皇庄收税，也无法管束他们夺取或霸占民间资产的行为。内务府底下还有各种皇商，从门头沟的煤矿户到广东的洋商都拥有特权，不遵守政府的法令，擅自霸占产业，攫取暴利。《红楼梦》中薛蟠就是皇商之一，贾府、林府都是掌管织造、盐业的特权阶层。《红楼梦》里的大观园，就是靠这种特权获取利益，支撑了各家亲属的奢侈生活。

因此，从宋代到清代，这种皇室以及附属于皇室的特权阶层在全国掌握的财富总量不少——究竟有多少我们无法计算，因为不见于历史记录，也不在档案之内。从这一角度我们可以理解：为何在清末需要建设新军时，中国根本没有可以支应建军的余款，更谈不上施行政府应当承担的社会福利。

第十一章

中古之变（下）：知识趋向于基层

本章仍以唐宋作为比较开始，希望从宋代以后中国政权结构的僵固、混乱，中国从充分参与国际经济到自我封锁、闭关自守其间的转型，失去了主动的力量而陷于"内卷"，说明近四百年来中国文化调适能力的不足。也盼望我们由此警觉，在此方面做出更好的调整，以面对不断发生的变局。

一

先以唐代本身的变化为课题。在大唐风华正盛之时，万国衣冠拜冕旒，各方人士群聚长安。李白就是从碎叶城远道而来，从越南和朝鲜来华者更为数众多，日本则依托遣唐使带回的大唐制度建构了整个日本文化的骨干。这些人到了中国，既接受了中国的教育，也面临各种不同地区的文化背景在中国融合而成的大唐风格——盛大、宽容，也不无浮躁之气。

但即使在盛唐时代，也有人能感觉到盛况不能长久维持，于是出现了陈子昂的《登幽州台歌》："念天地之悠悠，独怆然而涕下。"再看李白有关黄河的长诗《将进酒》，气概之雄壮，"黄河之水天上来"的气氛之下，他反而"拔剑四顾心茫然"。李白是个聪明人，他一辈子写了许多狂放的诗词，到最后穷极无聊，"独坐敬亭山"，因为天地之间已经没有朋友了。他的彻悟，大概就在于《忆秦娥》这八个字："西风残照，汉家陵阙。"我非常佩服他的睿智：八字之中，涵盖日夜、季节、时代和生死这四个层次盛衰之无奈与不可免——看到"西风"就想到春光，看到"残照"就想起清晨，看到"汉家"就想到汉唐盛世和分裂，看到"陵阙"就想到生死只是一抔土的分别而已。

我们必须知道，李白是在唐代最好的盛时发出如此感慨。他在兴盛时会想到衰败，在生命最高峰能想到死亡，不仅因其天分高、悟性深，也实在反映了当时在中国很流行的佛教思想中成、住、坏、空四个阶段的演变：天下事有成有住，就逃不过有坏有空。在盛唐最光辉的时候，处于最热闹的文人圈，竟有如此体会。

杜甫是另外一个境界。他送高仙芝接任安西四镇节度使时，所作《高都护骢马行》是乐观的；但晚年，他看见贵族王孙"已经百日窜荆棘，身上无有完肌肤"，也看见年轻的壮丁被编入队伍，"去时里正与裹头，归来头白还戍边"，感慨"信知生男恶，反是生女好。生女犹得嫁比邻，生男埋没随百草。君不见，青海头，古来白骨无人收"。这种为世人悲哀的情绪，在他的笔下凝为"诗史"，已经远超《茅屋为秋风所破歌》。

就边塞诗所见，那些将军出征的时候，送行的诗歌都有点意兴飞扬。唐代的边塞诗为数不少，高适、岑参等都是高手。比如岑参的《白雪歌送武判官归京》："瀚海阑干百丈冰，愁云惨淡万里凝。中军置酒饮归客，胡琴琵琶与羌笛。纷纷暮雪下辕门，风掣红旗冻不翻。轮台东门送君去,去时雪满天山路。"他们形容大军出征,也形容追奔逐北的胜利,金甲铁骑旗帜飘扬。其中也有不少人在形容种种意气飞扬的境界时,会提到白骨填满了长城窟——征夫在外,闺中的少妇永远不能见到梦中的他回来,这种情形令人哀痛。在战事正盛时,有些诗人会想到许多小兵和一般老百姓付出的代价,"可怜无定河边骨,犹是春闺梦里人",鞭敲金镫、高唱凯歌的后面,又有多少永远没有回来的伙伴?

大唐一代的盛况,在人类历史上殊为罕见。大概只有罗马最盛时、法国的路易十四时代、英国的维多利亚时代,以及美国肯尼迪当政时可相比拟。只是在历史上,似乎只有唐代的盛衰转变如此突然,因此引发了文学史上极难得见的现象:同一位诗人,及身之时,既历经繁华,又躲不开后来的衰败。如此转折中经见的种种盛衰兴亡,都化入诗人的作品。中唐以后的诗人,尤其以元稹、白居易为代表,后者的《长恨歌》《琵琶行》以及若干短篇乐府,颇多以盛衰之际的感叹作为主题,垂为不朽之作。

开元、天宝的大转变以后,唐代的知识人趋于沉潜,也为时代而反省。于是我们看见,韩愈、柳宗元呼吁从古代的经典寻找智慧,寻找安身立命的大原则。然后,我们才会意识到张巡、许远死守睢阳,不是为了守一个城池,而是为了屏障东南,使江淮以南不要再受灾祸。这种作为,不是"爱国"二字可以解释的,乃是悲悯的情怀。再往下,我们看见的是颜真卿《争座位帖》与《祭侄文稿》中所蕴含的悲愤,牵扯到他最亲近的兄弟子侄在灾难中一个个牺牲,他心中所在意的又何尝是区区座位而已。等到李德裕眼看着吐蕃的军队驱赶了数十万维州百姓入蕃为奴,许多人纷纷投岩而死,这种景象的刺激,是唐代由盛而衰、再到最低点

《祭侄文稿》局部。现藏台北"故宫博物院"。

这幅作品是颜真卿哀痛亲侄为国殉难而作,其情绪激越,反映于书法本身强烈的动态感。安史之乱既非完全是军阀叛乱,也非完全是外族入犯,却是二者的交叠。因此,这一变乱对于华夏伦理秩序的挑战,是前所未有的严重。

时无穷的悲愤。

唐人情绪的转变也使我们理解：为什么唐代晚期佛教如此兴盛，有如此多的人接受了这一来自天竺的信仰，更多的人接受了本土化禅宗的顿悟。这是一个悲凉的时代，也正因如此之悲凉，唐人让我们看见的是深刻的反省，也是深刻的内修。

二

盛唐时代，李、郑、卢、崔、王这些头等士族，几乎可说是与皇室"共天下"，朝堂金紫之中，无非世族子孙。宋代朝廷上，就罕见如此大的士族力量。宋代君主号称礼遇儒生，然而政争不断，每一个参与政争的士大夫都逃不开皇权的任意处置，在皇帝的不测天威之下，其实没有获得应有的尊敬。宋朝侮辱士大夫比以前的时代显著而深入，而且我们必须知道：在宋代，尤其南宋，士大夫的士族是化整为零出现于地方社会。

再说宋代的政治制度，与汉唐的差别主要是官员的职位和功能并不一致。一般官员的实际职务都是"差遣"，不是名义上的本官。例如，一位官员可以是翰林学士，这是中央政府的官衔，可是他会被差遣外任，担任地方官，例如"知杭州通判"等等。以苏东坡而论，他任黄州团练副使时，无公可办，既不能指挥军队，也没其他任务，其实就是一种惩罚。在黄州虽然失意，于他的文学生涯倒是很重要的一段，因为他著名的词赋《定风波》《赤壁赋》等都是在这里完成。他的弟弟苏辙也曾经被贬到地方担任副职，又被差遣监督榷税。苏辙抱怨整天坐在桌子后面，看着面前等待出卖的盐和鱼，倒像个鱼摊的主人。

甚至于中央一级官员，同样以翰林学士为例，如果没有"知制诰"（皇帝的秘书）的任务，便没有任何可说的权力。即使是六部尚书的职位，若无其他特定任务，也未必能管到任何实务；一旦加上"参知政事"的差遣，才是宰相班子的成员。

文武之间亦复如此：文职加一个军衔，就能实际指挥当地的国防任务；武官本该是部队首长或捍卫地方的将领，却沦为加军衔的文职官员的部下。西夏前线，韩琦、范仲淹都做过主持边务的政府统帅；高级军官，例如狄青，对这两位文官都要站着回话，口称"恩相"，俨然部属，而非同僚。这些军官并没有任何指挥作战和部署防务的权力。

总而言之，宋朝的"差遣"二字，完全打乱了政府原有的按照功能分派工作、按照职务执行职权的结构。自战国以来，法家申韩之学就是要因能授事，有了职务就有权力，再以其执行任务的效果予以奖惩。刑名之学，就是要名称和实质相配，国家是个功能体，应按照公务的需要分派职务。宋代的制度恰好与此相反：任如此官职，却不执行如此职务。这种制度，在政治学上完全违背政府功能的要求。其所以如此设计，主要是因皇帝不授予权力。若按汉代的方式，皇权不能要求一个专职官员做超越其官职的工作，也不能对于某一职务擅自施加特定的限制。但是，整个宋代政府的功能非常混乱，既没有延续性，也没有专业性。同时，皇权对于士大夫的生杀予夺，完全任意为之。

汉代以来，士大夫以知识的自主、道德的尊严自立于天地，宋代的士大夫已经完全失去了这种气概。陈寅恪先生曾经说，天

水一朝 ❶ 最为优待士大夫，宋人也自称本朝没有杀士大夫的例子。但若以尊严而论，整个宋代，士大夫没有尊严。宋代党争代代不断，以差遣混乱职位功能应是其主因。士大夫中，苏东坡、王安石这两位贤能者的遭遇即可说明：皇帝爱之则置之膝，恶之则推之地，他们一生不断受到羞辱。宋代朝廷的党争，就是在这种职权难定的情况下，留下不同意见的官员们结党结派，以夺取权力。尤其北宋，保守的官员与主张改革的新派相斗百年，政府既难改革弊端，又糟蹋了人才。

三

唐宋之间的差别，是唐代的社会重心在上层，宋代的重心却下移到民间，诸多资源掌握在民间"外一章"的地方士族之手。于是，知识人的活动，包括担起社会责任，以及在学术层面寻找对儒家的新解释，也都在地方层次，以诸如开办书院和民间讲学等形式展开。湖南岳麓书院朱熹与张栻的"朱张会讲"，远近参加的读书人为数众多，据说其坐骑喝干了书院前的水池。这种举动，与唐朝知识群体的古文运动相比，有相当不同的方向。

及至北宋，知识人更深一步向内寻找自己，试图架构一个安身立命之所，最主要的努力是建构"天人之际"（宇宙与个人之间的联系）相对而相连的结构。也因此，周敦颐的"太极说"，成为宋代儒学的端倪。他们将儒家思想作大幅度修改，容纳了佛、道两家的因素。在北宋，知识人真正深入内心，从里面寻找另一方

❶ 天水为赵氏郡望，故宋代又称天水一朝。《宋史》卷六十五："天水，国之姓望也。"

天地。我们看见的只是个开端。

除了道学人士以外，宰辅大臣以及有志向的知识人都有参与改革的理想。然而，国力有限，他们的理想最终无法实现，反而惹起许多党争。只是我们不能否认他们的抱负与真诚，例如，王安石和苏轼站在对立阵容，可他们都想为国家找到一条太平的途径。另一方面，一些老成持重之人眼看国力不足，而在有限的思想资源之下，很难真正找出一条新的途径以安天下、安百姓，遂也转而向内心寻找天地。

所谓"吕端大事不糊涂"，理想的士大夫要能够沉着冷静应对面前的局面。只是士大夫在党争之中不幸被"小人"篡夺了权力，以至于北宋想要寻找新途径的努力不但没有成功，反而将知识人的阵容拉扯以至于破碎。

可我们看见，还是有范仲淹许下宏愿："先天下之忧而忧，后天下之乐而乐。"他在戍守西疆时，写下《渔家傲》中"将军白发征夫泪"一句：群山千嶂孤城，眼看着满地秋霜，羌笛盈耳，他有这种情怀也很自然。苏东坡的《赤壁赋》中，一船宾客在浩荡江流之中，各有所取、各有所悟，只有苏轼听见了"孤舟嫠妇"之悲泣，也从这里悟得了天地之悠悠。苏轼一生坎坷，别人从他的诗词中只看见豪放一路，其洒脱、豪迈背后的深沉悲凉，其实少有人能体会，大概唯有身边的朝云能懂得他内心真正的寂寞。

许多旧话本和传奇故事的底本，对于宋代生活有详细描述。例如，"朴刀""杆棒"见于宋太祖起家故事《飞龙传》的事迹，《杨家将》也是这一系列故事中流传最广的一套说书材料。《水浒传》虽为明代创作，也在相当程度上反映了宋代社会的真实面貌，里面郓城县的宋江父子和晁盖都是地方上的头面人物。从他们的故事就可以看出，财富和权力在宋代是往下移动的，不是在国家的上层。可是，这些掌握财富和资源的地方人物，学问修养和志节一般而已。

宋朝真正代表知识人的，是政府中的官员与为数不多的太学生——当然，还有范仲淹家族等地方大族中的成员。他们发挥的集体力量可能不小，只是不会有类似汉代太学生那种锋芒。靖康时因李纲被罢而起的太学生活动，既没有过去，也没有延续。

于是，宋代知识人可着力处，还在专业学术工作之上。因此，一方面宋代有普遍的讲学活动；另一方面，在儒家有道学、理学各类人物出现，甚至佛教、道教中也出现了各种宗派。北宋的邵康节、周敦颐从大处着手，并未触及细节。若考察其思想的来龙去脉，他们其实都超越了儒家，借用了道家甚至方术中的各种思想。相对而言，南宋的儒家完全转回学术领域，而且谨守儒学范围。朱熹提倡从原典出发，他的理论完全以《大学》《中庸》《论语》《孟子》为基础建立，从此确定了"四书"的基本典籍建构。

以道教为例，上述现象更为显著。我曾到过正定附近的全真道传道基地，那里有长春洞、长春观，他们掌握资源、服务地方，如提供医药、维持治安等，涉及普通民众生活的方方面面。金代时这附近就已出现地方豪强据地自雄，受封为"河朔九公"，也是全真道这一类教派的后台：他们既保护了教派活动，也借重教派协助管理地方。

"九公"中有一家姓郭，郭氏后裔有一人郭侃，《元史》有其传。据说郭侃曾参与蒙古西征，战功彪炳，所向无敌。我们很难考证他是否就是金庸作品《射雕英雄传》中郭靖一类人物的原型，但至少郭家是地方豪强，而且协助外族力量，在中国据地自雄，他们手上也掌握了相当数量的财富和资源。

在南宋，几乎没有知识人的集体活动。南宋参政的知识人，已失去北宋时代改造世界、安顿百姓的壮志。他们辩论最重要的主题是：匡复还是守成？但这四五次的争论，却有两三次是被权臣操弄。刘子健先生说"内卷"，可能指涉宋朝的制度既不能因时因地各有调整，又反而增设许多叠床架屋的闲差事。如此过程，不是演化的外延生长，而是在制度本身之内的纠缠和干扰。

前文已有论述，自宋朝开国以来，知识人在帝王手中是呼之则来、挥之则去的"差遣"，这种委屈也使有志之士不能不另寻出路。正如辛弃疾在《朝中措》所表达的：中夜不能眠，仰望苍天，却看见"一天星斗文章"——内心的文章只在天上，因为地上已无容纳之所。这种沮丧、无可奈何的情绪下，辛弃疾、陆游等人才写下如此诗篇。可是，我以为更重要者是：在此沉闷的气氛之中，南宋终于有陈亮、叶适这一类人物不追随朱熹的道路：向外，他们盼望能做救国救民安天下的大事业；向内，他们要探索心之所安，并从"安心"这一目标的探求，找到安顿身心、安顿宇宙的途径。这部分的努力，要到明代才逐渐开花结果。

宋代的知识人，对于国土沦丧、黎民被奴役确实无可奈何。最后，也只有文天祥的《正气歌》，也只有陆秀夫背负着最后的小皇帝自沉于零丁洋——在一切希望破灭后，他们以生命对时代殉葬。所幸，张载的《西铭》，正如文天祥的《正气歌》一样，画好了两条道路让后人可以遵循，将一己的良知和天下百姓的安危结合为一体："求心之所安"是第一要义，能否安顿百姓于太平就不能预测了。

四

上述两宋之间的差异，可谓将思想运动转变为学术活动。南宋朱熹等人的作为，澄清了思辨的过程，可是也丧失了与群众对话的机缘。这种哲学的建构，终究限定于知识人的象牙塔中。于是，我们看不见南宋学问大家们与平民百姓有什么交流和沟通。

史语所研究宋代的同仁黄宽重、柳立言，曾经组织开展集体研究计划，研究宋代家族，他们找到不亚于二十处，都是县级家族。我举两个例子：一家是"义门郑氏"，在浙江金华，从宋代开始三四百年未分家；另一家则是"义门陈氏"，在福建泉州永春，也是数百年没有分炊。这一类的人家，未必家家都有"义门"盛名，也不一定真正做到"百年不分炊"。只是，这些地方性家族大致分布于二、三两区之间：江西、安徽、浙江、福建等。这些家族，族人功名不算很盛，也不标榜状元、探花，只是出了一些中级官员。同族内部彼此扶持，共安乐、同患难；族人中有贫寒无依者，一样有适当的扶幼养老的济助。

我在香港见过新界的郑氏大围，围墙之内，上百家人共享水源，三代同堂、十余人共餐的景象处处可见。这一家人，在宋代从中原迁移到华南。香港新界有自认是文天祥后代的文氏家族，其成员在滩涂地共同开垦耕地：每家耕种的地亩按人口分配，每年或每几年重新按需分配一次，使各户分到的土地不过于肥瘠不均。此类家族在南方各省份处处可见。

宋代的官俸虽然不如唐代丰厚，却比明清优裕很多，一个中级官员的收入足够养活家中两三代人。假若这户人家代代有中下级官员，再加之族里有人经营商业，几代不分，共同维持同族的产业，的确不为难事。蒙古征服南宋后，汉文化的元气大伤，要仰仗这些地方大家族才得以赓续不断。

福州也是个特别之地：南宋时期，赵氏宗室都被安置在此，所以福州城区的设计甚至饮食起居都别具一格。随着宗室王爷们的兴盛，福州附近也出现了许多地区性的家族。

接续宋代的元代是个"征服王朝"，不能期盼它有严整的行政结构。不过中国社会还是发生了许多改变。各族进进出出，汉人从军西征。接连战事中，被卷进蒙古武装部队的许多不同族群以签军身份留居中国，"万户府"的各族部众也散居各处。等到元代覆亡，这些人又改换汉姓，年深日久，其后人已忘记祖上来历。因此，中国社会的确在原有人口构成上加入了更多外来成分。

东方的知识也随战争被带到欧洲，中国发明的炸药、火铳、弩弓、连弩、水车、罗盘、脚踏转轮船，许多农业知识，如作物和种植的方法，还有纺棉花的织布机、瓷器的制造方法、冶炼金属的技术等等，都传入中东和西方。马可·波罗把所见雄伟的汗帐，以及大都的宏阔等东方富足的信息带回欧洲，令欧洲人惊叹神往。英文里的"上都"（Xanadu），至今还被视为梦想之都。

这也导致另一现象，即知识的"普罗化"，有用的知识进入民间：算盘代替了算术；各种民间的偏方、骨伤科经验等，如《世医得效方》，都由乡下游医用来作为治病的参考；类似《三字经》《千字文》的儿童教材也纷纷出现。

由于中国人对于知识人有特殊的尊敬，于是在各处家族制度之下，一些家族并不分家，族内种种事务共同决定。大族所在附近的小家小户，也随着大族的影响，至少在一个社区之内有一定的规矩。这就产生一个很有趣的现象：等到朱元璋等人起兵"驱逐鞑虏"，最重要的顾问群就是浙西小县城的知识人。

明代是宦官专政。清代是旗人有特权，内廷的军机大臣里，汉臣与满臣的权力有极大差距，更何况满臣之中还有亲王领班，这一权力结构也是以忠诚为最首要考虑，高于能力和政绩。

从宋代随机性的官僚组织，至元明清三代的特权阶层，这四个朝代都有个共同的特色：丢弃了儒家士大夫参与执政的传统。汉代开始，存留在中国文化中传统的管理方式，是儒家士大夫与天子"共天下"；至唐代，其间已经掺杂了军人，尤其胡兵蕃将；宋代冲淡官员的专业化与专职化，出现权职乖离；到元明清三代，宦寺、外戚和征服族群的特权阶层则支撑起了皇权绝对化。

从这个观点看，通过本章所述，至少我们可以理解：何以在明代晚期，西方进入文艺复兴以后，近代的理性开明代替了过去的神权。以英国的东印度公司组织为例，西方扩张时期对所获殖民地的管理，以及过程中的侵略行为所必须具有的军事力量，在管理学上的实践颇与中国的法家理论有暗合之处。真正把管理学当作一种社会科学则是更近代的现象。在明清两代，以帝权高张驾驭一个结构不合理的政府，社会上哪里有什么约束公权力的机会？如何能够放弃传统，调整自己的缺失，改弦更张？我以为如此现象，是因为政治权力延伸到文化的领域，以至于官僚系统模糊化。面对西学之刺激，明清两代未能迅速有效地回应，其中缘故之一，可能就在政权结构本身的问题。

第十二章

铁骑狂飙之下的世界

一

　　成吉思汗崛起于东方，如暴风席卷亚欧，建立蒙古大帝国。这一帝国有其特殊结构，成吉思汗及其子孙多次西征，建立了不少的汗国，原本应该遵照草原传统，尊奉一位共主，但等到留驻汉地的忽必烈汗被选为共主的时候，汉地以西的许多汗国都已经在当地本土化。这就出现了奇怪的现象：蒙古狂飙征服的疆土如此广袤，却并未真正形成蒙古大帝国。那些分裂的汗国甚至是彼此对立的。当然，忽必烈汗领有的汉地内部也有相当程度的多元性。例如契丹人留下的"投下"州县，以及汉人地方豪强诸如"河朔九公"等，凡此存在都呈现出元代的多样性。

　　在北方游牧民族的征服行为中，匈奴、鲜卑、契丹和蒙古一样，都是从北方草原的东方，尤其在东北角上的呼伦贝尔大草原一带壮大，然后向西、南方发展出各自建立的征服王朝。除匈奴的西征造成西方人心目中恐惧的所谓"黄祸"以外，一般言之，这些起自东方的游牧民族，向西的活动都停顿在阴山之下，其扩张的目标，仅限于汉地。鲜卑实际上未曾大规模向西开展。党项和契丹的扩张最远能到甘肃、宁夏之间那块草地，只是他们建立的西夏和短暂的西辽，都并没有进一步往西延伸的机会。这三个族群在汉地的单元，终于都同化为中华大家庭的一部分，甚至于很快就忘记了其自身的语言和族群背景。

相比之下，蒙古的征服有其特点。当时整个蒙古的武力，分成二十四个万户府。蒙古人进入汉地，成吉思汗留了六个万户府在此，很快就建立了一个由木华黎以太师、国王的名义经略的政权，辅助幼子拖雷镇守；其主要力量还在草原，他与子孙率军远征，每一代都由一个王子作为主帅，率领部众一拨拨向西进发，进入中亚以后继续向南、向西扩张。

这一拨一拨的扫荡，诚如本书前述的狂飙。近一个世纪的过程中，蒙古远征军自北而南，从乌拉尔山、高加索地区、里海直到印度河畔，横扫了整个西亚和部分欧洲，占领亚欧相交处黑海周围，也就是东正教的地盘后，在臣服之地先后建立了四大汗国。那里居住的人口，一部分是白人的斯拉夫民族，一部分是突厥族群的各分支，例如哈萨克、吉尔吉斯等。他们的贵族阶层当然有蒙古战士的后裔。

理论上，成吉思汗建立了世界历史上幅员最广的帝国之一。实质上，成吉思汗及其子孙们但知征伐不知管理。日久之后，汗国本身的蒙古战斗部队因其胜利者身份占有权力地位、声色犬马，终于腐化。如钦察汗国，在蒙古体系内被称为"金帐汗国"，后来居然已懒于管理自己的疆土，甚至不知如何收税。终于，替金帐汗国收税的莫斯科大公国逐渐取而代之。除萨满巫觋信仰以外，蒙古人未曾带来其他文化基础，所以，这一庞大的金帐汗国终于屈服于东正教的扩张。至今，黑海北面克里米亚一带还有"阿速卫"的名称和族群，可以视为金帐汗国和元朝遗留的记忆。

另有伊利汗国，在地中海东面，涵盖两河流域以及里海到地中海之间的海峡，包含部分旧日拜占庭帝国的疆域。其族群成分非常复杂，主要民族是突厥族群，今天瓦罕走廊以及土耳其的不少人口，都是这一群人的后代。这一古老地区的文化基础是古代波斯的文字和管理制度，波斯覆亡以后，伊斯兰信仰成为最多族群的文化基础。犹太人在此地区则占有特殊地位，他们以经商为业，并不屈服于任何势力，独自发展。

旧日统治这一地区的拜占庭帝国，被蒙古的狂飙完全粉碎。蒙古人在此建立的汗国，其中很大部分成为后来的奥斯曼帝国。这个国家的军人也不再是蒙古人，而是突厥族群的子孙。这些操突厥语的战士们所组成的军人集团，终于逐渐篡夺了蒙古人的权力。在宗教信仰方面，伊斯兰教一分为二，逊尼派和什叶派彼此对立，代替了昔日的波斯信仰。

及至欧洲白人忽然崛起，成为世界的主人，奥斯曼帝国转而被英国势力渗透：英国的干预，将其解散为彼此对立的各个单元，使其不断地对抗和斗争，无法团结为一，形成今日中东国家林立、纷争不断的局面。在 20 世纪，石油成为重要能源，中东地区拥有丰富的油源，一方面使其占有世界战略性的地位，另一方面也让英美加强了对这一地区的控制。由于英美的掌控，这个地区的各部分无法整合为一，甚至于不能有一个建立区域性秩序的机会。从奥斯曼帝国逐渐解体至今，中东地区一百多年来烽火不断。至于 1948 年以色列的成立，则是从头到尾由英国主导，使欧洲的犹太人返乡建国，实现了他们两千年来梦寐以求的愿望。

第三个地区是在印度半岛。在 16 世纪，蒙古贵族帖木儿的后裔崛起建立莫卧儿帝国，逐渐扩张成为印度半岛大部分地区的主人。可这个帝国内部，也分裂为二：德干高原部分，以信仰印度教的当地居民为主体，依然延续印度教种姓制度；在印度河流域，则是信仰伊斯兰教的另一片领土。莫卧儿帝国治下，二者尚可共存，可是未曾设立一套管理制度。当英国开始向东方发展时，东印度公司职员克莱武以替莫卧儿帝国收税、维持地方秩序及训练土兵为手段，终于篡夺了莫卧儿帝国的主权。从此，英国成为"帝国"，他们的君主自称"印度皇帝"和"英国国王"。印度这颗"大英帝国皇冠上的明珠"，在二战以后世界各处的殖民地都寻求解放时，分裂为印度和巴基斯坦，最后在恒河下游又分裂出孟加拉国。印度以信仰印度教为主，巴基斯坦和孟加拉国则是以信仰伊斯兰教为主。孟加拉国沿着恒河下游立国，虽然气候温暖、水土丰富，却是世界最穷困的国家之一。

从上述三个地区近代的变化可以看出，蒙古人征服的大片土地最后居然完全不带"蒙古"二字，也失去了蒙古封君的主权了。

在向西征伐过程中，蒙古的扩张和后世满人的扩张也有不同之处。清朝统一整个中国北方草原地带，是经过康雍乾三代，以汉地的钱粮为后援，以满人和归附清朝的蒙古两股力量的配合，发展到今日帕米尔高原为止。在征服回部后，清朝就成为汉地和草原的"两合帝国"：在汉地，以北京为首都，清朝君主是中原王朝的皇帝；在北方草原以承德为中心的藏传佛教区域，清朝君主就以"众汗之汗"的名义，每年夏日在帐篷中，接见草原上的大小领袖。

如此安排，蒙古从来没做到。因此，蒙古辛辛苦苦三次西征，在中亚以西建立的汗国并未整合为一。甚至于在新疆的"大王"们，既不属于西方汗国，也不属于东方皇帝。在明朝颠覆元朝以后，草原留下的蒙古余部实质上还分裂成两片：一个是在广大的漠北地区，一个是在河套一带的所谓"小王子"达延汗巴图孟克的领地。

只是，蒙古帝国终于消灭了偏安南方的南宋，也征服了西南的云贵山岳地区，这片大区域纳入大一统的疆域，是在忽必烈子孙治下完成的。

按照蒙古本有的制度，大汗必须在忽里台大会经由若干各自统领所属部众的汗王推举当选，才能取得合法性。第一次西征以后，成吉思汗去世，众人推举其子窝阔台为大汗，此后的蒙哥汗也是经由忽里台大会推举登位。然而，蒙哥死后，忽必烈以幼子守家的身份统治汉地，这件事情是有争议的。从那时开始，大蒙古国解体。他们西征欧洲，在各地建立了许多国家，这些国家彼此之间无复隶属关系，对当地也并未组织真正的统治机制，只是征服了、掳掠了——蒙古人的子孙们，凌驾在当地百姓之上。

二

真正说到蒙古帝国在汉地的部分，最直接的表现，乃是忽必烈借用汉人典籍《周易》中的"大哉乾元"，将自己主持的新朝命名为"元"，而且接受汉人官吏的建议，以此前的朝代传统作为借鉴，排列自己帝国的位置。忽必烈属下的汉地，确实获得许多儒生的支持，办学校、开科举，有些官名也套用传统官名。从这个角度论，忽必烈的元帝国是中国朝代之一，因为这一套运作前有北朝、后有清朝。而且，假如考虑到此时北方还有金人残余的势力，南方又有南宋的存在，忽必烈的元帝国，毋宁说是中国历史上常见的"南北朝"形态。

元帝国算得上中国的少数民族统治的朝代，只是我们也必须认清：如此帝国，大概维持不过百年。而且，这一帝国的结构及其内部分工方式，并未转嫁到蒙古人在西面建立的四个汗国。换言之，中国式的"朝代"只存在于汉地而已。

蒙元是否汉化，乃是历史学家经常辩论的问题。在近代中国历史上，为了表彰中国历史的强大，有些学者主张"蒙元"是一个中国朝代，将"蒙古"与"元朝"画上等号，认为中国人曾建立了世界上最大的帝国。这一问题，一方面成吉思汗与忽必烈两个时期，的确有若干汉人或汉化的契丹人、金人等为其服务，例如耶律楚材、刘秉忠、张德辉、廉希宪等人，参与设计统治汉地的制度。成吉思汗西征，也曾经邀请全真道的丘处机远赴西征前线，征询他的意见。也因此，元朝被朱明取代时，有汉人军阀替蒙古皇帝撑持一些地方性的抵抗。

不过，另一方面，元朝究竟有没有真正上轨道的传统帝国行政制度？从明初许多民间记录可以得知，并没有如此规律化和正常化。民间记载，蒙古军户横行，地方政治根本就没有步入正轨。丘处机劝告成吉思汗不应屠城，但是蒙古西征屠城之事不一而足，最多是将城内的工匠留下不杀，因为这些是有用的人才。元代也依照汉人政府组织的纲要和文书，编过一套《元典章》，至于其中的记载，大部分只是说应当如何，其实未必完全落实。整体言之，除汉地以外，蒙古在西方的各个汗国根本就没有经历同样的过程。我们可以将元朝与中亚、西亚各汗国的情形加以对比：假如说元朝的统治有过相当程度的汉化，西方各蒙古汗国则是被当地文化传统暗中转换，然后又由欧洲的西方力量"整盘端去"；中间还有伊斯兰教，一处处渗入汗国内部，使其转变成为中东的伊斯兰国家。这些例子与汉地的发展比较，则所谓蒙古之"汉化"颇有讨论之余地。

四大汗国又多次分别衍生许多汗国，大大小小也有十来处。一个特殊的现象是：在忽必烈的元朝与西方各汗国之间，今日的新疆地区曾经由海都大王据有，拦住蒙古大帝国群彼此间的驿道系统，并不接受元朝的诏令和指示。

另外值得注意者，是西方四大汗国各自的起起落落。他们多次西征，并未再依靠汉地钱粮和人力的支持。那些开疆辟土的大汗们，如何支持这么大规模的西征，一次次转战四处？我们只能说，以蒙古人开疆辟土的习惯而论，战争的消耗，无论人力物力，都取之于当地的被征服者，包括敌人的生命以及他们所有的财产。如此庞大的征服帝国群，若从这个角度加以评价，历史学家有不忍下笔之处。

再以忽必烈的元帝国与南宋的关系论，南宋虽弱，居然存续、抵抗了相当长时间。蒙古军队还得设法从西边绕道，自蒙哥打合川以至于后来多次侵犯南宋，都在西南角动手。蒙古进入云南，是另有一批穆斯林组成的西域签军，由忽必烈、兀良合台率领取得。从此以后，避处一隅的南宋残存势力，除了要面对自北而来的蒙古军队威胁，还要顾及由西南而来的敌人。

南宋疆域恰巧在胡焕庸线最南的一部分，从长江口到两广。如此思考，似乎可以用这个案例，与考古学上北边来的游牧民族，例如戎狄，进行对照研究——这些人群一旦深入到汉地北方的农村地带，聚落密集、人口众多，就不能再往南走了。而且，蒙哥在合川城下过不了关口，那一努力何尝不是在这条线靠西的中段，最终无法跨越胡焕庸线。

三

蒙古人在西亚建立的汗国前后不亚十来处，可是统而不治，一个接一个转变成其他族群统治的国家，而且绝大多数接受了伊斯兰教信仰，整个制度伊斯兰化，远离了蒙古人本来的传统。

在汉地，元朝的局面也不过是军阀割据。许多将领率领兵马在各处占领地盘，有很多还是汉人。灭宋的过程中，统军大将史天泽、张弘范以及西征的郭侃，都是前述"河朔九公"一类的汉人军阀。

元朝的统治制度非常混乱：真正据有汉地不到一百年的时间里，设有行中书省，后来变成明清以后的行省；有时候置行御史台，使中央的司法系统也可以派一批人到地方执行公务；行御史台和行中书省之间，并没有统属关系。《元典章》所描述的政治制度，其实可能仅具空文而已，未必按照条文执行。

忽必烈建立的元帝国之内，至少有两部分群体：一个是当时其手下的万户，自己领有属民，随时可以征调出征；其余部分则是宋辽所属的州县——辽国是既有投下（部属）州县，又有本国的州县。辽国北部由北院管理，南部由南院管理，可并非按照地理边界平分，而是以封地为界，中间有交错的部分。蒙古继承辽国制度以后，并没有任何系统性的规划。因此，据有汉地的忽必烈，其统领的区域之内，也并不像一个完全继承汉地朝代的国家。元朝的统治，相对于清朝，其实不如其有实效。

在元朝，人们被划为高低不同的等级，汉人中的"蛮子"（也就是南宋的人民），地位被排到最后，儒生又被列入其他行业之后。这种分等制度，也非正常的国家统治方式。如果我们将元朝当作中国朝代来看，可以说是"混乱的时代"。权力的分配和执行，完全是以意为之，不按规章办事。

成吉思汗在第一次远征时，将大皇后及嫔妃留在蒙古北面杭爱山附近的草原上。这一皇后的后帐斡耳朵，理论上是他可以回去的大汗宫帐，由皇后主管。然而，自出征以后，他却从未回去过，死后衣冠冢也在今天内蒙古的伊金霍洛旗。从上述现象看，中国历史上没有第二个可以类比的模式。

不过，元代社会还是有许多改变，最主要者，应是儒家知识人失去了传统的优越地位："九儒十丐"，儒的地位只是高于乞丐而已。元朝反而给予宗教人士一定的身份：藏传佛教的喇嘛、汉传佛教的和尚、道教的道士以及伊斯兰教的阿訇，甚至于犹太人的教士，在元朝统治者的眼中都是很可靠的知识人。因此，与汉唐时代相比，中国社会在既无精英也无士大夫的情况下，每个地方都必须自己寻求彼此相处的个别模式。在各处家族制度之下（如上章所述"义门"），尤其南方一些县份的士族并不分家，族内种种事务大家共同决定。大族附近的小家小户，也随着大族的影响，至少在一个社区之内有一定的规矩。如众所知，元代知识人地位甚低。然而，正是由于乱世无所依傍，地方层次的聚族共居、彼此保护，竟依然是以知识人的士族为主体。同时，元代的科举制度并未完全按照常规进行，许多知识人流落无所归依，反而将其所知所学转化为谋生工具。

四

在欧洲人的世界,蒙古西征当然带来极大的灾害。可如前所述,这一前所未有的挑战,冲击了原有的封建制度和教廷权威,也使得欧洲人向内反思、向外寻找,希求重建一套安身立命的依据——这才开启了文艺复兴的契机。

元朝的情形与欧洲并不完全一样。原有的佛、道及其各种支派,在元朝治下基本有相当开阔的存在余地。有些教派僧侣,例如藏传佛教的喇嘛,在元朝被称为"番僧",常常是政府用来搜刮汉地过去帝王陵墓或者巨家大族坟墓的爪牙。一般言之,蒙古人对宗教相当容忍。在元朝的公文记录中,常见将各个教派的僧侣及其领导层依次列举,放在一般老百姓之前的情况。例如,公文书称其"和尚每"("每"等于今日的"们")、"先生每"(指道士),与番僧并列,他们的社会地位其实不低。

蒙元屡次西征,因为军事行动的要求,自东徂西,水陆道路都很畅通。而且因为有驿道制度,行旅基本上相当方便。这种措施,就带来了亚欧大陆上东西来往的商贩与络绎不绝的旅行者。他们因此成为东西文化的中介,由他们将所见所闻向西带到欧洲,或者向东将欧洲的文化带到中国。

马可·波罗曾长途跋涉,往返于东西之间。其实,从其叔父开始,这个商人世家就在贩卖东西方的特产。他往来中国的方式不单是经由陆路,至少最后一次便是走海路,据说其任务是护送元朝公主嫁至西方的蒙古汗国(这一说法的可疑之处在于:元朝的公主怎么会嫁给身为自己堂兄弟的伊利汗国王室?),从中国回到印度河口,再转入蒙古人在欧洲的汗国以及欧洲内部的商港。

从中国起航的港口，至少有山东的登州、长江流域的扬州，更往南则是宁波、泉州、广州，这些道路上都有在东西方穿梭的商贩与旅客。上述口岸中，泉州、广州最大，从宋代以来就是东西航道很重要的东方起点。到今天，泉州的清真寺以及外商的墓园依然存在。

自宋代以来，经由太平洋转入印度洋的航道，其实已相当发达。这条航线上有印度船、中国船和阿拉伯船，三种船只的构造都有其特点。例如，中国船只水线上的披水板、尾舵都是保持船只平衡的设施；印度船的三角帆和阿拉伯船的多帆桅杆则各有不同。宋代以后，中国的指南针作为寻找航向的工具，逐渐被海盗、航商普遍使用。在元代，中国航道上的"牵星术"也被印度人和穆斯林采用，作为寻找方向的方法。

在此航道上来往的海商，不仅运送货物，也附载各种乘客。这些不同来历、不同身份的乘客，大都是对航海有特别兴趣的人物；对于这条东西航线的两端，他们也有相当程度的介入，《马可·波罗行纪》就是这种旅行记录的产物。于是，当时中国的文献增加了不少西方知识，大幅度扩张了唐宋以来中国对印度洋的认识。明初郑和下西洋的盛举，就是因应于上述中国航商取得的西方知识和印度洋航道上的各种情况，才得以进行。《马可·波罗行纪》带去的东方知识，当然也引发了西方人对于东方的向往。

据欧洲历史学家的意见，马可·波罗现象还引发了欧洲人前往东方寻找新航道的动机。当时，蒙古帝国的伊利汗国正处于发展晚期，有些汗国已相当分裂，以至于占据红海以及阿拉伯半岛沿海汗国的苏丹窃取了蒙古汗国的收税权力，在一些航道必经的港口，他们勒索航商、垄断航道。如此情形，是欧洲人汲汲于寻找东方航道的主因。至于美洲新大陆的"发现"，乃是由讯息的错误引发了意外的后果。

西方各蒙古汗国与元朝之间还是有密切来往：在陆地上，有一条相当畅通的通行路线，相当于驿道的设置；在海上，从扬州、明州、泉州、广州等处，来自印度洋和南太平洋的各种外商穿梭往来，也使得这条通道成为大家熟悉的航路。郑和本人即是随蒙古军队迁移到云南的穆斯林后代，其副手也是穆斯林。成祖派他们率领强大的舰队访问太平洋和印度洋各处，也是因为这些人物擅长海上贸易。这一航路，从元代开始一直到1840年，都是中国新开辟的向外开拓的路线。它曾经带来财富，后来则带来灾祸。

于是，这条新航道渐渐代替了传统的丝绸之路，不仅商货经此流转，许多讯息也在东西两边传递，带来了相当的影响。世界从此不再是分隔的："全球化"的第一步，毋宁已在此时踏出。在那以后，五百年世界改变，其剧烈的程度和幅度都前所未有。只是，五百年来的"全球化"，究竟是互相裨益，还是因斗争而带来极大规模的冲突？抚今视昔，我们唯有无言搔首，举头望天。

第十三章

皇权笼罩的中国

一

如上章所说，元代的统治整体而言，不到百年，但是留下了很深的刻痕。明代的许多方面不再是宋代中国的复旧，而是开创了另外一个面貌和体制都不同的新朝代。从另一方面可说，这块土地上究竟有如此多的汉人，原有的资源还在，宋代中国留下的影响并没消除。明代是一个建立在过去基础上、新旧混杂的体制，遂发展了自己的方向。

明太祖朱元璋"驱除鞑虏"，恢复了汉人的政权。朱元璋这一支队伍虽说名义上是民间教派的一部分，却是继承了岳父郭子兴的势力，并没有显著的宗教色彩，只是当时许多武装力量名义上都奉韩林儿为共主。韩林儿固然用了"小明王"的称号，其实也并非进行真正的教派活动，"明王"的"明"字，在佛教中也存在，也许更应该看作假借神道以号召、约束群众。

以政权性质而论，明代的皇权，似乎不仅拥有过去的权威，还加上了征服者的为所欲为。因此，太祖留下的组织系统中，皇权的独尊乃是汉唐以来所未见。成祖经由靖难之役取得政权后，对于皇权有更强力的掌控。过去朝代是宰相领导外朝，皇权统掌内廷，二者间是彼此平衡的格局，明代的君权则是绝对的。太祖设锦衣卫，成祖信任宦官，又设立了直属皇帝的特务组织东厂，厂卫权力超越司法，凌驾在无力反抗的百姓之上，文官的职权最多只是传达号令而已。

整个明代，位同宰相的首辅大臣掌握实权的机会极少，真正好的首辅大概不过"三杨"及其后的于谦、张居正；当然，还有恶名昭著的严嵩父子，他们被称为老、小两个阁老。最常见者，是替皇上办事的文人秘书班子，与内廷的司礼监沆瀣一气，上下其手——司礼监加上内阁就代表皇权。张居正是实心办事的改革家，只是在万历皇帝手下，假如没有冯太监做内应，他根本无从施展。

如此强大的皇权，背后有忠于它的武装力量。简而言之，明太祖创立的卫所制度，统领只听命于皇帝的职业军队，世袭且占有一定经济资源。卫所并不一定在抵抗外敌的据点，而是分布在各处重要的战略要地，以武装力量控制全国——这不像是一个奉天承运、为民君上的统治者的作为，毋宁说是武装占领者的心态。

自晋代分封制完全破产后，明代又一次将国家的公权力分别交托宗室子弟，每个皇子都封一个藩国。藩国具有一定的直接统辖的据点，也有自己的军队，号称王府护卫。明朝的宗室皇子在各地分封藩国，比如秦王、晋王、燕王、桂王、唐王；皇孙们则是县级的王，这些县级王府也拥有土地及护卫。到了万历年间，宗室所据有的土地、掠夺的财赋、率领的军队，几乎将整个国家体制内资源都分配净尽。成祖就是以藩王身份，率领自己的护卫夺取附近宁王的朵颜三卫（嫩江流域三个蒙古部落的彪悍骑兵部队），举兵篡夺帝位。

除了宗室，司礼监的太监也可以自己置产，退休后在庄园安享余年。占有土地以外，宦官们经常担任各种政府机关的监督。明代内地有榷关，海港和边地有税关，这些遍布各处的衙门为政府收敛的资产大于一般的税赋。上述资源，基本上属于皇室直接控制，不经外朝的政府。

如此而言，明代的帝室其实视国家为其私产。因此，我才将明朝统治者比作武装占领者。到了明末，朱家的宗室有四十多万人口，这也就等于一个特权群体了。

二

明代建国不久，太祖就下令让大批人口南迁。最为显著者，是从中原迁往西南部。前述第三区涵盖的很大一部分，就是今天的西南各省。本节的叙述，着重于从秦汉到明代中国西南部的发展史。

秦代开发了四川，汉代打通西南夷。其实，西南地区应该是一个大地理区划，高山深谷，将大片山地切割成许多陵谷纵横的地区。从汉代西南夷的情形言之，许多不同族群的原住民各自独立生活。

概括言之，秦汉以至于蜀汉对西南地区的开发，是中国历史上第一波。同时，此区开发以后，中原与越南的联系，就多了一条通道。例如，在汉代前半段，进入中南半岛都是沿着广东沿海；

而在东汉到蜀汉，中国和越南的纠纷不止一次，汉末中原逃离战乱的移民，居然很多就以今日之越南为其客居地。蜀汉时期，成都与越南之间交通不绝，人员来往似乎为常事。南北朝时，开发西南部的工作基本上是从四川一路进入，也从湖南南部经过广西沿西江进入云贵。许多移民，尤其是一般老百姓，进入西南也是一个逃离灾难的抉择。

第二波开发则是在唐代，剑南节度使辖区正是今天的西南部。只是中央对这一辖区没有充分的掌控。在那时，吐蕃强大，从喜马拉雅山麓往下开展，延伸进入云南和四川。吐蕃的兴起，对唐代西南方是个威胁。西南开发，相当程度是面对这个强大的邻居，必须布置国防的纵深。因此，剑南节度使与四川有密切的关系。

终于在唐代，六诏统一成为南诏，也就是部落组织接受藏传佛教，同时容纳迁入的汉族移民，构成了一个新的政权，基本上是藏文化与汉文化的混合。这个时代，当时的西南中国一方面自成局面，另一方面和中原地区的关系比较密切。

宋太祖"玉斧划江"，南诏已成为大理国，俨然不受宋朝经略。蒙哥死于合川后，蒙古军队有一部分逐渐进入西南。但真正的大量移民进入西南，乃是在忽必烈以后：元朝承认各个小部落自己的主权，但会调动签军监督西南部当地族群的土司。签军大部分是西北回族，或从信仰伊斯兰教的其他族群征调而来，经四川逐渐进入西南中国，沿河谷通道分散在今天云贵的西部和中部，甚至于广西。元朝统治者派梁王在云南监督地方领袖，受到分封的梁王与大理国的关系构成很微妙的组合：当时梁王是代表元朝的统治者，然而最后一个大理国的领袖担任总管，掌握了实际的权力。这个局面下，就出现了土司制度：宣慰使、宣抚使由土司担任，也就是将部落首领收编为元朝的地方官员，依旧是世袭的，代代掌握本族人众。

土司制度在明代继续沿用，成为统治西南部的主要形式。明太祖统一中国，命义子沐英留镇云南节制土司，世称黔宁王。这一体制，在统一的大明帝国下是个特例。沐英成为打天下的众将中唯一得善终者，其子孙也世代镇守西南。直到明朝亡国时，沐家最后一代沐天波还随从永历帝流亡缅甸，死在保护永历的冲突之中，的确是与明朝共始终。这一制度后来也被清朝继承，中原王朝派去的流官，最多只是号称监督土司的上司。但是经由汉化的过程，土司制度也逐渐衰微。实际上，一直到1949年，西南土司至少一半以上依然存在，而且行使着内部的统治权力。

在许多地方的民间传说中，都有在大槐树下报到后被分发至各处移民点的故事。这一大移民的故事，似乎从山西到山东，甚至于在河南都可以找到。至于终点站，主要就在今天中国的西南部。大量汉人移入西南，与当地土著共同居住、互相适应。我在云南等地看到过不止一处明朝的军事据点号称某某寨，清代当地的土官还号称都司。民间活动之中，许多戏曲、戏剧以傩戏的形式演出，主角常常就是以将军的角色出现，驱赶邪神。大理的纳西族土司宅院木府，当地人称之为"小紫禁城"。

当年太祖迁移了多少人口，典籍未见记载。从大槐树的故事看，移民的原乡显然相当广泛地散布于北方各省。我们也并不很清楚，这究竟是因为北方人口太多，经过战乱地方残破，养不活那些人口？还是他存心将这些汉人移入西南"实边"，形成与当地人杂居的情况？

内人的家乡是山东威海，明代在当地设有海防卫所，与名将戚继光的故乡登州相隔不远。我查过他们的地方志，看见一些"小云南"的地名：不知究竟是这些山东的卫所从云南搬过来，还是这些卫所最终搬到了云南去？

迁入云南的签军，很多是来自西域的穆斯林。在山东威海，一些显然是穆斯林后代的居民，到今天已经不知道自己祖上来源，可依然不吃猪肉。从这些角度来推测，明代将许多人迁至西南部，一部分目的是掌控当地，另外一部分目的是将在汉地的蒙古遗族安顿在可以管理的地方——这是一种战略性的安置。

整个明代，西南土司提供了许多土兵、"狼兵"（西南土司组建的地方武装）等，作为政府常备军的辅助兵种，政府军不够用时就征发其共同作战。著名的女将秦良玉就是土家族的女土司，她所管辖的石砫宣抚司在如今的重庆一带。这位女将军率领的土兵，都是用藤牌、短刀的步兵。明代大小征讨不断，征发西南土兵是常见之事。

更可注意者，是汉人逐渐进入西南，与当地居民犬牙相错，建立了许多城镇。政府也在汉人众多的地方，改土官为流官，设立州县，这就是一步一步将更多人口纳入编户齐民的管辖之下。

现在到云贵、广西以及湘西，常常可以见到一个现象：两山之间的谷地，如果有比较狭窄的河流，河岸往往只是通道；如果河谷比较宽广，那就是汉人的开发地。从谷地到山顶，大概分成三个层次：谷地、坡地和山区。三处地形因高度差异有不同气候，可供不同族群开发使用。有些族群善于开发梯田，居住区就在坡地与谷地之间。山谷之间，若非谷底有河道交错，可以从一个河谷钻入另一个河谷，就是坡地上面的"马鞍口"❶，成为两区之间的联系。

这一块西南山地，由于地形所限，真正完全的开发相当不易。在现代以前，没有铁路、公路等设施，所谓开发也只是开垦山地为田亩，或沿道路发展商业城镇。云贵偏于南方，即使在山顶也不至于寒冷。因此，前述三种地形出产的农作物有彼此互补的条件，也就创造了当地交易的条件，更创造了西南部与中原之间的交通和贸易。

随着贸易发展，当然有更多人口迁入。因此，从明朝到现在，西南部逐渐接受了许多别处移来的人口，使得当地的文化多彩多姿，生产的资源也种类繁多。这些向西南山地移动的人口，总数很难计算，应当为数不少。及至今日，西南诸省及湖南的西部，颇多地区城镇的汉族人口比少数民族多。沈从文称湘西为"边城"，湘西乃是中国极为内部的地区，远离国界，居然称其为"边城"，也就可以想见，西南这一广大地区在汉人心目中终究还是边地。只是沿着河谷或者山坡上的道路，逐渐点连成线，线构成面，宾主之间彼此融合，土司转为流官。

明清一方面延续着过去的土司制度，另一方面又不断改土归流，逐渐将原本汉人不多的西南部，转化为交通要道上几乎都由汉人占满，只有山地和谷地留给土著居民的局面。如此现象，延续到抗战前，可以视为西南开发的第三波。

抗战的主要基地，就在中国的川康云贵❷，尤其在东部路线被日本占领、切断后，中国对外的通道就以滇缅公路作为主干道。

---

❶ 坡地上两山之间的缺口，形似马鞍。
❷ 康指西康，民国时期旧省名，主要包括今四川省西部及西藏自治区东部地区。

所有外来的必需品，包括汽油、军火、药物等，都由这条"输血管"输入抗战时期的中国。也因此故，当时的国民政府在云南布置了重兵。相对而言，西南本来军阀割据的局面也就无形之中被冲淡了。

更重要者，云贵两省容纳了北方南迁的学术单位、国防研究单位以及若干工业企业，例如化工厂、纺织厂等。这一波"高端移民"进入云贵，极大地提升了中国西南部的经济、文化水平，也加强了这一地区的文化融合。终于，西南部多民族、保持原有风格的局面，一转为走向中国文化主体的一部分，这是西南开发的第四波。

假如说有第五波，则是现代中国为了进行三线建设，将诸多产业和国防设施迁入西南。高铁路线的铺设和互联网的普及，更是打造了地理空间和数据空间的连通，西南部不再是崇山峻岭中自成一局的地区。

三

另一方向的人口移动，是黄淮地区向各处的疏散。黄河与淮河多泥沙，流速慢就沉淀下来垫高河床，流速快则把泥沙载到下游，淤积在河口附近。再加上一条南北向的运河，拦住了黄河入海口。原本黄河可以由山东半岛入海，虽然河道会左右摆动，但问题不大。有了运河，就有新的问题出现：运河流速慢，还不能淤积。唐宋两代，运河载运的南方米粮及其他物产可随时经过汝水、泗水等支流转入黄河，然后到首都所在——唐代可以运到关中，后期可以运到洛阳，宋代则可以运到汴梁。"汴水流、泗水流，流到瓜州古渡头"，这是一条很顺畅的路线。宋代并不需要往北联通今日北京的运河，因此，黄河流向北方与运河并不相关涉。元朝建立大都，需要从南方北运资源，于是黄河不得不在渤海湾或者山东以南选择一个出口，无论哪个出口都会与运河交叉，使得运河积沙淤塞。

淮河是中国东部一条相当大的河流，在宋以前有时流入长江，有时流入黄河，有时经过别的河流注入东海。此时的黄淮各自流通，并不互相干扰，也不会对运河有任何影响。黄淮二者的互相纠缠，是日后才发生的问题。

元人必须借重运河联络南北。虽然他们也经常借用海道运输南方物资，但海道迁远，又有风涛之险，不如缓水平流的运河顺畅。然而，元朝对黄河以东的各个河道并未花心思整理，日久自然就出现了河流不畅的问题。到元末，各处河流互相干扰，处处发生泛滥。贾鲁开始着手整理，动员了大批民工，但全无整盘计划。于是河南、山东和安徽各处的河道水患和因此组织的河工，人多事杂，引发了大型民乱。

改朝换代并不能解决问题，黄河、淮河的淤塞和泛滥常常引发许多灾害。而且，永乐之后首都迁至北京，南漕北运是必由之举。从苏北一直到今天的渤海湾沿岸，没有一处黄河可以自由流出。如何在黄河和运河的交点之间，找到一个安排？

淮河如何入海也是个大问题。淮河流经之处，有相当部分是黄土平原的沿边，载沙量极大。若没有南北运河，淮河自有东流入海的途径。既然有了运河连接南北、隔离东西，淮河的出口就必须和运河交叉。因此，黄、淮、运三条水流的纠缠，造成了极难处理的水患。

明代治水专家潘季驯的办法，是改造了洪泽湖蓄积淮河之水，"束水攻沙"，作为淮河与长江、黄河之间的缓冲。这个办法其实不错。只是在明代，又有另外一个考虑。

明太祖是乞丐出身，其父祖两代生无自宅、死无坟墓。他认定凤阳有一块地方是他们的埋葬之所，就在此修建皇家陵邑，并谓之中京。这一陵邑内有房舍、街道，但是并没有人居住。明代皇室坚持这是"龙兴之地"，绝不能淹水。然而，凤阳地势较低，如果此地不淹水，就必然会在彼处泛滥。加之明朝对运河本身的重视更甚于过去，这个难题长期无法处理。于是，此后就有歌谣："说凤阳，道凤阳，凤阳本是好地方。自从出了朱皇帝，十年倒有九年荒。"

淮河流域的居民，几乎年年要出去逃荒。每年青黄不接之时，也正是春水泛滥的时节，从苏北（尤其淮安一带）来我老家无锡的难民，他们的船只遍满附近大小河流。这些人在太湖流域的富裕地区寻找临时工作，当地一些城市为了安置他们，至少无锡的地方领袖们经常准备一笔经费，用来接济苏北逃荒的难民。从明代以来，无锡大小人家修理房舍，都定在苏北难民来的时节，借此给他们安排一份临时工作；也特别开仓赈济，来者不拒，尽量给予帮助。

每年还有一批人，流亡到长江以南安徽、江西两省的山区之中。在宋代，那里还是相当不错的地方，后来成为南方的二线，而且山陵、溪流之间，总有许多隙地可以安置新到的难民。我家从福建迁到无锡的第一代祖先青岩公，他一辈子的工作似乎都与治淮或救灾有关。雍正年间，他在两江总督麾下，屡次担任布政使的职务。有一年，江西报成群难民布满各处，长官们不知如何处理。

他提出，这是苏北来的逃荒难民，不是匪徒，应当好好安置。上司就派他到万载县（古称袁州）实地处理。当地大小河流上中游之间，有些地方有许多树林和竹丛，没有太多人居住。他的办法是：指定难民在这些地方自行伐木取材，于离河稍高的坡地建设村落，在河流两岸开辟田亩。如此措施，安置了十多万人口，解决了当时一个大问题。万载县也有了正式编入户籍的劳力，能够开发新土地、完粮纳税。

我引这段故实，只是说明整个明代到清代黄淮地区的水患，引发了多少年不断的人口迁移。原本在唐代甚至于五代都非常繁荣的淮河流域，竟沦为人口愈来愈少的地区。这种中国内部区与区之间的移民并不少见。又比如，在明清之际，湖广一带颇多战事，四川则因为张献忠的屠杀损失人口不少，"湖广填四川"成为一时现象。

明代实行开中法，鼓励百姓在长城九边要塞附近开辟荒地种植粮食。这些农户的收获充作边塞军粮，政府则减免他们的赋税。这一方法，使得东到坝上、西到河套，几乎每个关口附近都有在自己家乡无以谋生的农民，宁可住在边塞附近，有一片自己的开拓空间。这些人也引发了周边地区的市场化，他们不是军人，没有不许经营商业的规定，因此除了农耕生产以外，往往会兼营买卖：他们收购牧场上的产品，例如皮毛或边塞的药物，运向内地；也将内地的日用器物和各种消费品，运到边塞。

这种情形，又引发了第二个现象：山西地处东西关口之间，当地农民在农闲时往外运送货品，也是一个副业。日久之后，山西人"走西口"成为一种普遍现象。他们不只是运输工人，也是贩卖货品的行商，而且在原有的基础上又增加了两项业务，即汇兑和存储。明清两代的"老西儿",乃是中国商业化现象之中类似欧洲犹太人的一批从商者。"老西儿"并不需要永远离家,他们在各处的票号有愿意在外创业的年轻人,循着开中法的条例,分布在明长城线上各处,形成一条以山西人为多数的沿边移民区。

这些区间的移民,在不同地区有不同现象,也有不同规模。明亡以后清军入关,东北地空。即使官家不许汉人移民关东,实质上远在18世纪开放百姓出关的规定之前,就不断有山东人偷渡"闯关东",人口数量相当庞大;新到的人随时可以找到山东老乡,将其安置于淘金或拓荒的机会。

向国外迁移也是新起的现象。福建、广东两省人口向海外移民早已有之。只是宋代外移的人群很少。明代移民海外的人口也不算众多,政府不仅不鼓励,还严加禁止。郑和下西洋,擒回占据旧港(在今苏门答腊岛)的陈祖义,罪名是"去父母之邦",非法称王。当时正处西方殖民时代的前夕,而在中国历史上,移民海外居然是个罪状,离开文明的中国,就是不识好歹的"弃民"。只是这一浪潮挡不住,五代时期就已经有人往外移动了。葡萄牙人、荷兰人以及日本人的海商集团骚扰东南沿海时,中国的海商集团一样也向外移动,在外建设据点。只是,中国的官方并不鼓励如此做法。因此,当荷兰人向明朝戍守澎湖的都司请求通商时,都司居然告诉他们自己去开发。与西方的殖民开拓事业相对比,这位海防官员是太慷慨了,还是太愚蠢了?

郑成功的父亲郑芝龙是纵横东亚的海商集团领袖。在还只是颜思齐"小兄弟"的时代,他就在台湾的布袋港建立基地,有营寨、土地、小港口,还有自己烧窑的窑口。在明朝官方看来,这些都是非法行为,只是这里被视为偏远的"化外之地",也就不必计较了。

自郑和下西洋以后，明朝的海外活动其实相当活跃。商贸来往不绝，福建、广东的百姓移往各地的人数相当众多。政府既管不了，也无记录。当时吕宋是西班牙人的殖民地，曾有两三万华工被西班牙人雇佣，开拓田亩和矿产。西班牙人虐待、屠杀华工，郑成功得知后，曾经打算带兵讨伐，以其实力，完全可以赶走西班牙人。可惜郑成功忙于攻袭南京，失败以后意气沮丧，这一计划竟没有进行。历史不讲"如果"，否则郑家非常有机会开辟一个"海上中华"。

四

元朝是否经常举行科举，学者们意见不一，文献记载也并不一致。不过，元朝并不重视科举人才，很多政府官员并不是所谓正途出身。明代开国时，太祖认为国学生是很有用的人才，恢复了以儒生作为官员主要来源的科举制度。

太祖选士，重视君臣之间的上下差别。他的原则是以绝对的君臣之际、上下之分，作为儒家教条的重要项目。至于儒家整体，只要不犯君主，在太祖眼中，还是比其他各家好，因为儒家主张的依旧是三纲五伦。这就出现了实践与理论间的落差：在实践上，他主张君臣之际、上下之分的绝对伦理；在理论上，纲纪伦常又是必须坚持的原则。于是，明代的儒家整体上还是国家的官方教条所寄，经过考试选拔的儒生是替皇帝管理百姓的官员。

自古以来，君权都应受儒家经典理念的约束，不能独大。君臣之间不是主奴，而是分工不同的伙伴关系。但是在明代，太祖取得天下以后，大量诛杀辅助其打天下的文武官员，几乎很少幸免者，包括李善长、胡惟庸等文官及随其起兵的大将，如蓝玉、廖永忠等，一个个被翦除。到太祖过世时，功臣大概就剩云南的沐家，文臣之中，当年起家的伙伴百无一剩。成祖夺位，又是一番诛杀，其中最著名的，当然是方孝孺的"诛十族"惨案。

天威难测，不容干犯。从太祖时代开始，有许多朝臣出家门上朝前就先和家属诀别，因为不知是否能活着回家。从成祖夺位一路算下来，方孝孺是第一个被诛杀的重臣，接下来是护国有功的于谦，还有正言不讳的杨涟、左光斗，再则是东林领袖高攀龙被逼而死。真正有功而幸免的宰辅大臣，大概只有张居正一人，但死后即被清算。而且皇帝诛杀大臣的手段极为残忍，杨涟抗争不屈，是被铁钉钉死的。这种诛杀，大半是由司礼监领导的东厂和锦衣卫执行。君视臣如寇仇，臣子当然也就不会甘心了。

回头看宋朝，县级士族已成为地方的权力阶层。这些人在地方有领导权，甚至于还能得到优厚的待遇：考取科名的儒生，可以减轻其家庭的税赋，甚至免除其土地税，只缴纳生产税。这一优厚政策，使得许多农民宁可将土地投靠于有功名的士族，以免去税赋；士族无偿取得大批投靠的财产，也因此不劳而获，进入地方的上层。

如此情形，一直延续到明代，君主与士大夫之间形成相当矛盾的关系：一方面，士族与君权对抗；另一方面，士族又不得不依附君权。明代士大夫对君主的抗争，几乎都集中在皇位的继承问题、嫔妃的地位问题等等。这看起来是皇室私事，但士族们以性命争之，就因为这些事情与纲纪伦常的儒家教条有关。既然作为儒生，就不能躲避这种责任。争执到一定地步，君主利用厂卫打压儒生，有被当廷杖毙者，有被千里追杀到原籍处死者。

明太祖以下坚持的儒家伦理，是根据宋代理学家伦理结构而主张的人际关系的等级差别，这种固定的结构不容许有偏差。对于君主而言，一个固定的原则最有利于统治者，被统治者稍有差池，就产生了被诛杀的理由。

可是到了明代中期，南宋出现的向内求索的原则，终于被王阳明发展为一个很重要的儒家学派——心学。王阳明认为："良知""良能"出于"良心"，人有"良心"，"良心"是自己的主人；"良心"后面有宇宙运行的大原则，权力最大的君主也管不到天地。这一学派的出现，使得作为儒生的士族忽然找到了道德抗争的依据，进而引发了强大而持久的儒家反抗，即所谓"东林运动"。

东林书院本来只是无锡地方性的讲学书院，无锡也并非江南重要城邑。江南地方不大，但士族不少，在东林的旗帜下集合的士大夫人数相当可观。"风声雨声读书声，声声入耳；家事国事天下事，事事关心。"东林书院这副简单的对联，其实是将人的良心置于其内，其所关心的对象不只是念书，更是从人间到国家社会的福祉："家事"不只是家里的油盐酱醋，而是家人间的和睦相处，是宗族的救苦济贫、养老抚幼；"国事"更侧重于关怀百姓的福祉与社会的安定，公职人员有没有尽到替老百姓求安心，替社会找安定的责任；"天下事"则是力图将《礼运·大同篇》及《论语》中"修己以安百姓"的原则付诸实践，例如要顾及每个人的生存，所有的资源都是公众的，所有的能力和资源都是必须珍惜的。这一境界，当然就远超上下尊卑的伦理观念。

秉持如此理想，儒生们的使命感就使得他们不再是"临危一死报君王"，而是尽此身力量，为天下、为众生、为良心、为天理。

有了这种道德勇气，面对厂卫的铁钉及内监的廷杖，他们也就无所畏惧。中国历史上知识人的群体运动不止一次，但明朝这一次，确实可以说惊天地、动鬼神。

高攀龙家的"止水"，不过是一片较大的荷花池，却承载了如此大的文化、道德力量，一直延续至今。他当时将朝服、朝冠穿戴整齐，端坐于止水，水深还不及肩膀，要弯着脖子置口鼻于水中才能死亡——要多大的决心，才可如此为了良心从容赴死？

高家是我家亲戚，高攀龙的直系后人娶了我的姑妈。高家在无锡不是很富有的人家，人数也并不多。他家的传统与我家一样，同族与亲戚之中如果谁有困难，都会尽量彼此患难同当。哪一家亲老、家贫、子幼，族人和亲友都会尽力给予援手，不为名、不为利，也不是社会制度的要求，只是凭着良心认为该做，就如此实践。

这种作风，正如第十一章所说，可以追溯到南宋县级士族：他们以其有限的资源，纷纷担起了社会救助的责任。这正是因为他们体会到《礼运·大同篇》人间理想的价值：古代的圣王都没有真正实现大同之世，读书人必须竭尽所能，做一步算一步，乃至真正期望有一天达成这一理想。如《论语·泰伯》所说："仁以为己任，不亦重乎；死而后已，不亦远乎。"士大夫应以仁为己任，富贵不能淫，贫贱不能移，威武不能屈，这样才能尽到自己的责任。

儒家的解脱，不外乎"求其安心"而已。儒家不求登天，也不求来生，更不求眼前的福报，只求心之所安。如此说来，我们就能理解君主的淫威和儒者的用心两者之间的差距；当然也就能理解，为何这一差距招致君主以国家的王法，尽其所能阻止儒者发抒他们的理想怀抱。

东林受到打击，但东林精神也因此更为人所钦佩。在厂卫派人来逮捕苏州的东林人士时，苏州的街市上，平民百姓、贩夫走卒群起攻之，将厂卫派来的人员活活打死。这引起了明代政府更大的反弹，同时有更多儒生组织复社一类组织。他们的活动波澜壮阔，比以往的群体运动规模更大。由于儒生和群众结合在一起，明代政府的镇压也更为残忍。假如没有清军入关和明朝的覆亡，这场运动还可能更为激烈、更为强大。

明代知识人的抗议和运动，波澜壮阔、壮怀激烈，也是史无前例地悲壮。这是中国历史上光辉的一页，也是令人悲伤的一页。运动没有终了，活不下去的贫苦百姓揭竿而起，清军入关，终于导致明室覆亡，遂将这一场壮大的知识群体抗议活动拦腰切断了。

五

黄仁宇的《万历十五年》，开头就是"全年并无大事可叙"。其实那年颇为多事，很多历史转折就在那时出现。在中国历史上，明代的君权只有秦始皇可以与其相比。朱元璋的设计之中，皇帝自己占据所有权力，所谓宰相不过挂名而已。明代内阁班子的成员本来只是四五品的中级官员，替皇帝看公文、拟诏书。这个文人班子品阶不高，也没有兼任其他行政单位（比如各部院）的领导职务。普通书生，没有真正当家的经验，如何能挑起宰相的担子？除内阁外，皇帝又设立了司礼监，以太监作为内廷的秘书。司礼监秉笔太监的职务，从管理皇上的笔墨纸砚，摇身一变，成为替皇上批示公文的助手。

明代的皇帝颇多不能称为合格的君主，有的经常不临朝，有的整日修道，有的喜爱木工，也有整日耽于女色者。像正德皇帝自封为大将军，在宫外设"豹房"玩乐，政务也在其中处理。最荒唐的是英宗，带着掌印太监王振出长城，号称要抵抗瓦剌的入侵，结果中途被俘。如此君王既无治国之才，也无处理公务的经验，绝对君权就落入宦寺之手。

一个绝对君权的体制中，权力的掌握者居然是内廷司礼监。假如治国的"权力"作为政府施政的"动力"，负责国家的安危和政令的落实，则这一"动力"虽强大，却无人可约束。堂堂大明王朝，竟发展为"动力"强大而不上轨道的体制，其衰亡的关键，也在于帝权强大却大权旁落。

明朝在内亡于农民起义，在外败于满人。面对这内外两重严重的挑战，明朝皇帝的处理都是举措失当，朝令夕改。有时候一个官员刚刚开始了解政务，一纸诏书就将当事人免职。负责平定农民军的孙传庭、杨嗣昌，都是在刚刚编练出有用的队伍时，忽然发现行军所在的州县都不能提供给养，皇帝又急催要见功效，终于不得不勉强应战，以致所率领的军队全军覆没。辽东前线亦复如此。最冤枉的是袁崇焕，崇祯帝中了满人的离间计，将这位最得力的将领凌迟处死。崇祯皇帝到死还说不该杀了魏忠贤——在魏忠贤与东林党之间，他居然到最后还觉得魏忠贤是有用之臣，东林党反而是与皇权作对、扰乱朝政的群体。

一朝统治者不能理解社会上的精英，乃是历史上的悲剧——中央与地方的联系，就靠这些读书人中特别有气节者维系。回到前面所说的"权力"与"动力"的问题：如此政治结构，其"动力"的源头乃是帝权，有用之才非但不能用到紧要处，反而被随心所欲地摧残，如此朝代怎能不亡？

崇祯未接大位前，被视为贤王。但如此贤王闯的祸，其实比他那位喜欢玩木工的哥哥熹宗更为危险。从崇祯一朝的情形可见：偌大帝国，内部问题重重。明亡最重要的原因是农民起义：张献忠、李自成等势力的活动，在河南、河北最难以控制；过了襄阳樊城，张献忠退至谷城——他们往往躲到那一带的大山老林之中休息；李自成势力复出后还是在河南、河北、山东一带最为活跃。可是明朝政府处理民乱时，对于疆场上的实情，中央决策者竟一无所知。

明代亡国后，泛称"南明"的大小政权有若干复国或延续明祚的活动：江南一带在抵抗满人的时候，就有很多地方义军，例如太湖的水上武装等；坚持时间最长的反清势力，则是郑成功在台湾建立的政权。此外，从南京的福王、鲁王、唐王以至桂王，这一连串延续明朝的努力，都是转瞬即逝。

明代在各地留下的影响，何以如此单薄，以致种种延续明帝国血脉的努力都不能得到民间的支持？北方农民起义可以说是因其穷困，例如福王在河南的封地占有的田亩超过限度，如此情况加重了北方的贫穷。江汉、江南都是富庶之地，抵抗满人侵略的力量为何不能得到民间的支持，反而是农民军的余部，在四川、湖北的所谓"夔东十三家"能撑住相当一段时间？桂王的政权又为何始终没有自己的力量，要依靠李定国、孙可望等人的支持，才勉强维持了短期的存在？明代士绅和官员为何无法组织农民军余部那般的力量？这些都值得我们思考。

如此专制的皇权集团，在整个民间为何无法扎根？为何在明朝还未衰亡时，堂堂皇权居然和无权、无勇、无兵的东林人士纠缠、对抗，而致两败俱伤？若以明末的情形，与晚清湖湘士绅集团组织的湘军对比：湘军从无到有，最开始完全依靠士绅的力量，后来得到政府支持，见了功效才转为正式军队，那次的努力，几乎都是自民间起来的。明代也是帝权，清代也是帝权，为何两者间有如此差距？

我的理解是：清代对于知识人的尊敬，虽有笼络之意，但确实有许多地方在借重他们的长处。所以，清代的军机处中总有几个汉族的干才，他们和皇帝之间常常有师生的交情，有些大臣曾是皇帝在皇子时代的老师。相对而言，明代的知识人并没有如此地位。内阁的所谓"阁老"，多数时候只是宠臣而已，严嵩父子既无人望，也无学问，却擅权数十年。

以农民军与太平天国及明清两代知识人、地方士绅作对比：他们是否能动员地方力量？彼此间的差别在哪里？这些都是值得史学工作者深思的地方。史者，前鉴也。我提出这一问题，备后人参考。

六

明代生产力强大，也开展了多方面的生产活动，中国确实有可能从农业经济逐渐进入资本主义经济。这一"现代性"，也可以解释统治阶层专政和知识群体理想之间出现的巨大裂痕，并引发诸如东林儒者的群众活动等现象。经济史学家和社会史学家，都已经注意到明代的都市化现象，尤其在江南及华南一带有显著的开拓。经济史学家李伯重对于江南的发展，就特别注意这一带都市化的过程。

我以为，明代几乎可以和欧洲的商业化社会，各别而平行地发展。只是，为何明代没有走向欧洲同样的历史途径？这个问题我想有几个原因：第一，欧洲各国都没有广大的国内市场，他们必须向外开拓。中国国内市场对产品的吸纳远比外贸的数量大，既然不向外开拓，就不会引发根本性的改变。第二，欧洲从商业革命很快走向工业革命，契机在于发展了新的"动力"，欧洲工业革命最重要的特色就是开始用蒸汽机，开采煤矿的时候也用蒸汽机拉动产品。而在对外开拓的时期，欧洲人依仗船坚炮利，获得"权力"或"暴力"，以剥削和奴役海外扩张路线上的族群。正如前述麦克尼尔所言，"动力""权力""暴力"这三个义项源于同一个单词"power"，在欧洲历史上竟同时得以体现。在中国则不然，其市场主要在国内，消费者和生产者都是本国人，中国的贸易开拓当然就不会引发强制性的权力。

欧洲经历过大规模瘟疫，劳动力不足，蒸汽机的发明是为节省劳力，一旦走上这条路，接下来各种机械、能源陆续出现。商业革命推动了工业革命，世界情势从此改观。反观中国，明代是人口快速增长的时代，估计总数有 1.6 亿，生产所需劳动力并不缺少。中国的问题是，产业本身大半掌握在皇权手上。当时中国的产业并不需要特殊技能，劳动力的来源就是农村的农民。

若从经济层面考察，17 世纪以后，中国的总体经济正处于江河日下的窘迫状态。15 世纪开始，东西方航道开通，中国商品大量外销欧洲。尤其在欧洲人殖民美洲，取得中美洲的白银作为偿付之后，购买中国外销商品的货币大量涌入，使得中国的贸易顺差相当巨大。中国的外销货品以丝帛产品及瓷器为主，产地大部分在长江以南，尤其在今日的长江三角洲及江西（明代南直隶或清代两江总督辖区）。自残唐五代以来，这就是中国最富裕的地区。

同时，新发现的美洲白银，经过欧洲商人的贸易，大量流入中国。这一前所未有的变化，严重影响银钱比价，物价上涨导致低收入人群生活艰困。除了从外销获益的江南以外，中国大部分地区（尤其内地农村）长期穷困。国家传统税制是以农村地税为主，农村凋敝，国家也就陷入穷困。后来，西方商人发现在中国推销鸦片可以将贸易差额打平，于是，鸦片毒害蔓延，伤民伤国。有识之士如林则徐，可以同意开埠通商，却严厉取缔鸦片进口。然而，中国在鸦片战争失败后被迫开埠，而且丧失关税自主权。

一步之差，就是千里之远。中国和欧洲，从此走向了不同的命运！

第十四章

"盛世"的阴影

长江、黄河并流数千年，当中国历史文化的江河流到清朝乾隆年间，可以说已近入海口，远远望见潮水翻涌，波浪滔天。到了1840年，江河入海时，却突然遭遇没顶的海啸。其气势之强烈，将中国搅得天翻地覆，随后又裹挟着中国，冲进了世界历史的无边大海。

一

明清两代的皇权，其政体之专制在伯仲之间。不过在清朝，并不存在明朝司礼监阻碍皇权统治运作的情况，大概因为入主中原的满人必须取得与汉族知识精英的合作，才能顺利治国。虽然"夷狄"二字成为禁忌，他们却宣扬任何人都可以做中国皇帝，只要其合乎圣人的规范，即可上承天命。

同时，汉族读书人知道："圣王模式"是理想的存在，他们身处的则是天下一统大帝国的君主专制。明清皇权的集中，自秦始皇以降达至历朝历代的巅峰，清朝严酷的文字狱即是例证。

与明代的情形相比，清政权之所以能够与汉人士大夫合作，主要原因在于内廷军机处拥有发言权。军机处是皇帝的私人秘书单位，与明代的司礼监相比，这种安排可能更利于上下沟通。因为军机处终究还是由文官任职，而非内监盘踞，皇帝执行其权力，也就不至于像明代那样内外梗隔，以致整个统治机构的讯息竟无法回馈中枢。可是，清制的内阁常常有亲王领班，或者由辅政王参加阁议。于是，无论是内廷、军机处还是政府的单位，都有皇帝私人的代表，随时介入，从拟稿以至决定，都有皇室直接的参与。此外，亲贵的包衣往往奉派出外做地方长官，他们在地方上就是皇帝直接干预以及监视的力量。

再者，清朝是来自关外的政权。为保留东北的基地，关外的资源和财富并不用于支持关内的统治和建设。清代皇室在汉地并未大规模"封建"，维持旗营的经费也另有财源，不与正常政府的开支混淆。绿营则是各省自己维持，作为建制的武力，与明代各地遍设的卫所相比，耗费不大，不至于影响国家财政。

辅助皇帝的势力，宫中、府中有极大的区别。清朝的宗室诸王以及大小旗丁、旗官，都按阶级有俸禄。即使最高级的"铁帽子王"，也并非如明代一般有大面积土地。这一阶层的生活起居固然依赖一定特权所取得的固定收入，但与明代相比，总体的开支就节省了很多。

清承明制，文官系统通过科举八股取士。八股文有固定的写作格式，要将儒家四书五经中的一句话，在八个段落中阐发清楚，部分段落还要求严格对仗，类似骈文。可以说八股文就是智力测验，而且往往求其形式，不注重根本的文意。八股的课题固然取材于儒家经典，但是也未必触及当时当地要处理的政策问题。

诚然，清代的皇权利用控制图书及限定八股题目等措施，对读书人的思想加以桎梏，只是这些读书人俯首帖耳，也不得不按照八股的规范做文章游戏，以博取功名利禄。这些屈服的读书人未必有反抗的骨气，只是"主、奴"之间留下了少许空间，使得他们可以在禁忌以外，提供文官制度体系中必具的知识性服务。相对明代而言，清代君臣之间的直接对抗较少，同时读书人的直接贡献也相当有限。唯一可说者是清代的民间社会，总算还维持了一个以读书人为主干的治理结构。

明清时期的中国士大夫，一方面出身于科举制度，另一方面还必须应付着帝权的空前集中。在这一套思想桎梏下，他们即使意存改革，也无着手之处，稍有差池还会背上弄权的罪名。被洗脑的他们，平时满嘴仁义道德，国家危难之时则抱着"一死报君王"的想法，但他们的一死，何尝能起作用？读书人真正对自己的身家性命在所不顾，为了国家、为了百姓抗议谏诤，这种例子，也就只见于东汉的太学生运动和明代的东林运动。

二

19 世纪第一次工业革命后，欧洲已发展为现代资本主义世界。在此前的 18 世纪，欧洲完成了思想革命，新发展的哲学思想取代了神权信仰；以牛顿力学为代表的近代科学，用可观察、可实测、可量度、可复核的实验精神，揭过了以神学推测宇宙的旧篇章。

商业革命业已完成，商业不再限于本地城镇之间的交换，而是在远距离、多区域之间进行。在跨地区的交换中，货币担任了重要角色，因此商业革命也可谓是货币革命。货币可以脱离具体货品独立存在，成为一般等价物。它不仅是代表价值的符号，其本身就是商品，具有跨地区通行的价值。

在新的资本主义下的国际社会，欧洲许多国家对中国虎视眈眈。首先是葡萄牙。教皇为其所谓"公平"，居然狂妄地将世界分成两半：西半边由西班牙开发，东半边由葡萄牙开发。所谓"开发"者，侵略也，占有也，掠夺也。如此的决定以及执行，就可理解这种基督教精神下所谓"得救者"与"异教徒"之间的差别。上帝真有权为白人以外的世界做决定吗？他们真有权力掠夺人家的劳力，占有人家的土地，夺取人家的资源吗？如此荒谬之事，居然在欧美世界视为当然！

葡萄牙国小力薄，自明朝以来，曾多次尝试在中国沿海占领土地，后来才以租借的名义据有澳门。葡萄牙人也曾经在浙江双屿尝试建立殖民地，居然完全没有对中国政府做出任何说明，就擅自开港，双屿很快就有了教堂、洋行、商店及街市，俨然成为一个足以自我运作的商埠。因此，当时的浙江巡抚朱纨募乡兵、民船，动员几百艘渔船同时进攻，拿下双屿，驱逐了葡萄牙人。这一事件显示，中国其实有防守自己土地的能力，如果中国地方首长都如朱纨一般，外人侵略强占土地的情形可能不会发生。

明清时期的中国，与当时葡萄牙的社会、经济发展情形则有天壤之别。明清中国是传统的中央集权帝国，葡萄牙是从封建体制演变而成的殖民帝国。中国以农立国，有全国性的大贸易网；葡萄牙则因国土面积太小，并无国内市场网络可言，仅是从属于欧洲交易网中的一部分。

荷兰也有占领中国土地的企图。他们要求在澎湖贸易，明代在澎湖驻防的都司居然告诉荷兰人："这个地方你不能占领，那边的岛屿名为'大员'，我们没有派人驻守，你们自己上去吧。"如此态度，说明了中国自以为是天下共主，没有领土主权观念。荷兰人曾侵占台湾南部，修筑热兰遮城，后来被郑成功赶走。西班牙人的基地则在菲律宾，他们都是同样志在储存待运的商品，也吸引华工去他们的橡胶园、樟脑田等类产业工作。

乾隆末年，英国曾派马戛尔尼使团访华，希望谒见乾隆，请求中国开放口岸，双方往来贸易。当时英国已完成资产阶级革命，查理一世被送上断头台，君主立宪制度确立；英国的民权正在慢慢崛起，议会制度也逐渐完善，基本上确立了民主制度。经济上，英国在全球开拓商道、设立"洋行"，进行对外贸易，依靠垄断商业航道，从中牟取暴利。商业侵略的行为背后，是英国政府的许可和支持：政府用炮舰为强盗式的海商护航，在各处侵占殖民地，掠夺资源，控制市场。最极端的例子，是英皇"特许"的单位居然借此逐步侵占了印度。

及至鸦片战争爆发，八国联军入侵，中国人才发现：欧洲侵略者的胃口，已经不限于取得贸易口岸，而是志在征服整个国家，奴役当地居民——名义上称为"门户开放"，实则要让中国沦为欧洲多国共同统治的殖民地。只有一个国家占领的殖民地，殖民者还有可能在当地进行一定的建设，而中国面临的是被许多国家剥削和瓜分。这就是孙中山所说的，我们应该要叫作"次殖民地"。

三

回到另外一个重要的课题：中国对外来刺激的回应。明代末期，来自西方的知识及工艺技术已获得中国知识人的注意。可是，明代的统治阶层几乎完全忽略外来刺激，至多是为了辽东军事，从澳门购买火炮作为防御工具。一些亲近葡萄牙教士的大臣李之藻、徐光启等人，建议朝廷设厂生产，请澳门的葡萄牙人在技术上帮助中国训练工作人员。这一建议送呈上级考虑，却是石沉大海。

相较明代，清代对西洋的机械和武器其实认识相当清楚。在辽东攻守之际，努尔哈赤是因遭遇明军火炮轰炸重伤而死。那时，明军的火炮大致分布于两个单位：一批是袁崇焕在辽宁边墙防卫设立的西洋火炮；另一批则是盘踞皮岛的民间武力毛文龙部下炮队，他们本来是海盗，被招安后据地自雄。袁崇焕在皮岛巡视时，拔除了毛文龙，可是毛氏麾下三员大将率领炮队随后降清，使得清军据有东亚第一批机动的火炮队伍。明代将亡之际，清军就以辽宁收纳的皮岛队伍与原来守关降将吴三桂的火炮队伍，作为征服中原的前驱，明朝的部队根本无法抵抗。

论及此处，我要回溯一下过去。当年明太祖驱逐蒙古人，主要的利器就是火铳和炮弹。而明代的建制部队，至少长城上的"九边"，都配备相当数目的火器，作为守关的应有装备。我曾阅读过明代的《九边志》，其所记载的情形是：沿边九镇除了一两处外，配备的火器到明末并未更新；靠西北的几处边关，实际上能使用的火铳只是三五杆而已。因此，明代官军与农民军交战，双方都以冷兵器为主。洪承畴率领辽东降军攻伐各处，吴三桂和皮岛各部再加上满人自己购买的火器，编制出八旗中的火器部队，由汉军旗的佟家率领，这才使得满人的征服所向无敌。

清朝康雍乾三代，平服蒙古各部及回部、准部，将中国北方草原上的游牧民族一统于满洲大汗之下，构成满汉二元体制。在

1：明朝铜火铳（1592 年）。2：清朝木镶铜铁心炮（康熙年间）。3：清朝燧发小手枪（1790 年）。4：马戛尔尼进献自来火枪（1793 年）。

这些大征伐的过程中，清军无不以火器作为利器。草原民族通常以骆驼与车辆作围，称为驼城。清军攻城时，先以火器轰击，那些蒙古健儿、准部骑兵，都在火炮之下纷纷倒下。自此以后，蒙古各部的骆驼总数锐减，更不用说骏马与战士了。满洲八旗有其特殊编制，例如神机营、火器营等等，甚至于宫殿之内，防守卫士的武器也是以火器为主。

在当时而论，清代拥有的火器数量和先进程度，可能不逊于同时代的欧洲。但是康乾雍三代多次征战，例如平定三藩以及准部、回部时，都消耗不少。及至攻取大小金川时，大型的火器几乎已不可见，仅剩火铳和火枪。满人虽然有火器营、神机营的建置，也并未更新发展火器。至鸦片战争时，广东虎门炮台上的大炮还是平定三藩留下的旧物。

吊诡之处，是清廷并没有感觉时间在前进，火器技术在更新。在他们的心目之中，"我朝火器无人可抗"。最显著的例子是，乾隆皇帝大寿时，马戛尔尼访问团将带来的许多礼物呈送清帝，其中就有从手枪到大炮等不同的武器。而如和珅者，却对英国进贡的礼物单嗤之以鼻：这些事物本朝都有。于是，这些带来的样品，如火器、炮舰模型等，都原装存库，未经检验。只有西洋自鸣钟看起来很有趣，才在宫廷之中随处可见。

康熙时代就有"大礼"纠纷，大清皇帝怎能向西洋的上帝低头？这个问题其实是皇权至上的老问题——东晋时就有"沙门不敬王者论"。康熙以后，出于同样的心态，清代的方针就是除了天文、医药以外，西洋事物一概不得进宫。这种一概拒绝的心态，维持到鸦片战争以后。一连串的败绩，中国才霍然警觉：自己落后了。

如前所述，马戛尔尼希望中国开放口岸。但在和珅的阻挠下，乾隆没有正视他们的要求。虽然清廷接受了英国的礼物，但并未给予关注。直到1840年，清廷被鸦片战争的炮声惊醒，以林则徐、曾国藩等人为首的经世派才得以发挥其影响力。乾隆晚年清廷的误判，耽误了中国至少四五十年的时间。相对而言，西洋人的看法更清楚：中国不仅是落后了，中国乃是没有武装的国家。

随马戛尔尼访问中国的英国代表中，有一位副代表带来的孩子曾蒙"皇恩"，乾隆见他会说汉语，龙颜大悦，并赐其随身荷包。到鸦片战争时，当初的儿童已经成为英国国会中的重要议员。他将幼时所见向国会报告：中国军队没有盔甲，未经操练，衣衫褴褛，步伐不整；他们所持的武器，只是戏剧中的道具，枪刀闪亮，全是摆设而已——因此，中国没有国防，大英海军一艘兵船即可长驱直入。对于中国人，他做出如此评价：中国人不懂秩序，也不在乎脏乱，这个国家并不比非洲更好。

此后中英、中法的两次战争，都是一两条军舰沿海直往北航，无可阻挡。我们今天也有机会看到19世纪外国人在中国的摄影，那时候的摄影设备功能有限，可是依然能反映实况：城市肮脏，道路拥挤，住宅破旧，一般百姓衣衫褴褛，甚至运河、桥梁、水闸均缺乏修护保管。

回头看看和珅一类的人物。和珅被抄家，收藏的财物尽是金银珠宝，还有几个库房的香料、胡椒。这种大臣怎会有世界眼光？面对来自西方的冲击，其时的知识人许多一言不发，在朝议之中只知磕头谢罪；也有像倭仁一类的人物高谈阔论，说仁义道德就是保卫国家的干橹，只要有浩然之气，就可以使蛮夷屈服。如此朝廷，如此大臣，使得中国确实不知道世界已经变了。

西潮汹涌，横空而来，将要冲决山河。奈何！奈何！

第十五章

从委曲求全到全面抗争

中国五千多年的历史中，曾不断遭受外族侵扰，如"五胡乱华"的时代，突厥猖獗的时代，金人、辽人、蒙古人接连南下的时代，最后是满人入主中原的时代。在此期间，中国数次面临危急的局面，也不过只是朝代的更替。但是，1840年以后中国所遭遇的危机，不仅是国家要灭亡，连文化也要被抹灭。

两次鸦片战争、太平天国起义、甲午战争、义和团运动导致的八国联军侵华，面临这一连串灭顶之灾，在传统文化背景下成长起来的中国人，发现他们所有的经验、智慧、可供参考的资料，全无用武之地。过去以为的治国良策，制定经济建设的方向、手段与策略，也统统无用，举国上下，张皇失措。

一

嘉庆以后形成的两个集团，对中国的社会发展产生了巨大影响，而且基本上是正面影响，一直持续到现在。一个是以湖湘经世集团为代表的经世派，其家族、姻亲成员及后人，包含了从清末、民国到今天海峡两岸、香港、澳门的众多重要人物。另一个是由江南太湖流域的地方士绅和知识人构成的强大集团。他们以地缘关系为纽带，互相影响、彼此协助。处在这一地域边缘的上海在近代能快速发展，也是得益于和周边的互动以及太湖流域累积的人才库。

经世派前期的主要人物是陶澍和林则徐：陶澍交游广泛，有识人之才；林则徐在鸦片战争后被流放伊犁，这一遭遇给他极大的震撼。时局的转变，个人的遭际，使他们下定决心要寻访、培植一批有用之才。他们在长江中下游一带推行现代化建设，培养人才，学习西方的语言、数学、科学、工艺、军工、造船等等。嗣后，太平天国起事，清廷拙于对付，正是他们培植的这批人，崛起民间，组成湖湘经世集团，帮助清廷扭转了连番败局，终于平定太平天国，也恢复了江南一带的秩序。

湖湘经世集团的一大批人物，帮助中国度过了开始学习西方的适应阶段。这批湖南乡绅由文转武，带领农民为主的湘军，担任平定太平天国的主力。他们一面作战，一面学习西方的知识，了解到西方经济力量的强大：仅以上海言之，在西潮的影响下，居然在开埠后的短短十几年间，就由黄浦江边的滩涂地，一跃而为世界性的大港口。

这些经验，使这群有能力、才智、抱负的中国上层读书人，担负时代使命，学习了西潮中最重要的军事、机械等重工业的相关技术。曾国藩在上海规划建立了近代中国最大的军工厂江南机器制造总局，制造枪炮、弹药、轮船、机器。张之洞学习西方的矿冶技术，在长江中游的湖北、江西设立煤铁联合企业——汉冶萍公司，开采煤矿、铁矿炼出钢铁，以供应军工等工业的生产。

在福建的马尾，左宗棠又建立了一个造船厂和海军基地；但这部分的工作，在中国近代史上，并未如同湖广、江南的工作，发挥其应有的功能。民国成立后，更有人注意到现代战争的武器已经发生改变，开始学习西方的导弹学。

第一步是学习技能，第二步则是传授知识。江南机器制造总局开设了工艺学堂，教授学徒机器制造的工艺技术；另外还设有翻译馆，翻译欧洲各国军事、科技、历史、政治等方面的书籍，传播了众多的西方现代知识。

近代的大学教育，也于此时传入中国。在上海，1879年美国传教士建立圣约翰大学；1903年，法国天主教会资助创立震旦大学，传授西学知识，校址在徐家汇天文台旧址，也即明末科学家徐光启墓附近。在南京，1888年，美国基督教会创办金陵大学，传授现代文理知识及农业科学；1890年，清政府设立了江南水师学堂，编训现代海军人才；1906年，张之洞设立两江师范学堂，后演变为国立中央大学，1952年以后经院校重组、科系调整，与金陵大学分而又合、合而又分，成为今天的南京大学、东南大学等院校。

除了学习西方的科技和大学教育，西方资本主义运作过程中的金融知识，也不可避免地传入中国，如银行、股票业务的经营，进出口的管理等。经世派人物也学习西方的操作，将民间的钱庄、票号转型为近代的商业银行。

前文已述，湖湘经世集团在福建创立南洋海军基地，作为另一支现代武装。在19世纪晚期，担任船政大臣的张佩纶是个文人，而并没有近代的知识。于是，马尾的海军基地，包括船厂和海军船只，全被法国舰队摧毁。湘军在福建建立的"副本"，竟在淮军手中被毁掉了。李鸿章也曾在威海组建北洋水师，但居然没有同时设立军械厂、军校，可见其做的都是表面文章。最终，北洋水师也在中日甲午海战中全军覆灭。由上所述，也可对比出湘军和淮军的区别。

上述种种，都是晚清湖湘经世集团的重要人物及其子孙三代人，面对西潮所做的诸多努力和达成的事业成就。时间跨度也就是三四十年，在这段时间内，中国的一部分区域像日本明治维新一样学习西方，完成了相应的基础建设，建构了基础的近代教育体系，改制后的中小学和大学在民间慢慢出现。以无锡为例，私塾逐渐转化为中学，毕业者可以就近去上海、南京，或北上北京接受现代的大学教育，得到现代的训练，掌握新的技能。中国近代的军工业，乃至1949年以后的"两弹一星"，甚至于今天太空探索事业的奠基，都可追溯至湖湘经世集团当年的工作。

湖湘经世集团创造出了不起的成就，但也造成了一个偏差：在权力阶层之中，产生了一个新的、几乎世代相承的知识集团。从1840年到今天一百八十多年中，他们在海峡两岸、香港、澳门以及海外华人的政治、商业、学术界中，一直持续发挥着重要的影响力。中国历史上，颇有知识精英与权力结构配合的现象，但清廷的皇亲国戚及重臣大员来自知识精英者并不常见。汉朝的贤良方正，是一种由高级官吏向朝廷举荐人才的制度，替国家选拔官吏的候选人。湖湘经世集团及其后辈子孙，则是从官吏集团中培养出的一个知识与权力合一的精英群体。这些人在各个时期都广泛参与政府，中国近现代化的进程处处可见这些人的参与乃至主导。

除了湖湘经世集团及其子孙和后辈——不一定是亲属关系的

后辈，也有接受知识传授的后辈——南方培养出的人才，还包括南京国民政府成立后，蒋介石招募进"资源委员会""兵工署"的一批推动科技工作的实务人才。他们和湖湘经世集团结合为一，成为近代中国历史上人才集中的团体。

另一方面，前面提到过，环太湖地区本来就是南直隶最富庶的地方。自明代以来，当地普及教育，培养了不少人才。而且，其中贤才并不限于科第中人。这一江南地区，在民国时代，其地方士绅居然转化为接受西化、用于建设中国的重要力量。江南的士绅阶层共同参与了上海及其周边的建设，也从中扩大了自身的工作领域。他们参与银行、商号、投资等有关经济活动，助力中国民间传统的钱庄、票号转型为近代的金融机构，也担任了民间社会福利工作的组织者和供应者。同时，作为在民间普及近代教育的主要骨干，他们也转变了自身所做的教育工作内容：将中国传统教育中持续两百年的东林精神，转化为近现代教育。在引入西方教育方面，他们自身既是先驱的承受者，也是向后的推广者和普及者。

这些人的背景，既是历史性的，又是地方性的，从而形成江南一带特殊的地方精英。所谓历史性，即在明清两代，江南是个特殊地区，环太湖地区缴纳的赋税占了政府总收入很大的比例，科举人才在全国也是超乎常态地多。所谓地方性，则是他们的影响局限于地方性的活动。城里的士绅与乡下的草根亲族之间关系并未断裂：江南的农村阶层进入小城市，再进入南京、上海等大城市。因此在南京、上海的市民阶层中，有相当一部分还和农村有着紧密联系，和农村的阶层祸福相依——也就是说，这些人承继了宋代以来市民阶层与农村阶层之间的联系纽带。

二

北方的情形则有所不同。明清以来，北方农村在经济上始终落后于南方农村，且每况愈下。等到清代嘉庆以后，整个中国农村经济都下滑亏损。北方农村，先天性地因为地理条件不足，其农业生产期远比温润的南方短促；再加上明清两代北方变乱不断，百姓难以休养生息，其处境更是惨不忍睹。即便尽量予以建设，也只是维持了北方农村与市镇间的地方网络。市镇与更高一级县城之间的联系，则是断裂的。因此，县城无法承担一个地区性的文化中心、商业中心等功能，乡村与城市完全脱节。原居乡下的地主、富户也都搬迁至县城居住，以避匪乱。北方的士绅，其祖辈或父辈多是从外地到中央政府任职，之后留在北京城的官员。有些祖上官职不高，就留在京城附近的二级城市；与外界接触较多的则前往天津，天津有租界。相较于上海、南京这一带士绅与农村的紧密联系，北方士绅和当地农村之间是割裂的，他们基本上依附于上层政治人物，缺少联系中央和地方的功能。如此一来，北方也不能像江南那样，可以依靠士绅阶层建立并维系城乡之间的联系。

民国初年，北京政府由北洋军阀控制，直系、皖系、奉系是其中的三大派系。此时的北方农村异常凋敝。历来中国外贸收入，大多来自丝绸、瓷器、手工艺品，其出产地都不在北方，北方自然也享受不到外贸带来的利润。北方的产业非常传统且结构单一，农村大多只依靠粮食种植，但北方气候干旱少雨，灌溉系统也不发达，农业生产也是靠天吃饭。交通上，华北的铁路和公路也不成系统，这些都使北方处于落后地位。北伐之后，中国面临日本的侵略，那时北方的社会结构，从纵向的社会阶层来讲，就是上层与下层断裂。

1931年日本发动"九一八"事变，迅速占领中国东北。及至1937年，日本看到中国在十年建设中取得的成就，觉得不能再任由中国继续建设，否则再过十年，征服这片土地的计划终将破灭。于是，日本又发动"七七"事变，走上全面侵华的道路。南京国民政府的建设美梦刚开始做，谁知美梦却突然转为噩梦。

今日行文至此，恰是2022年7月7日。谨此，将这本书呈献给无数在抗战中死亡的百姓和将士。长愿中华不再有战祸，不再有斗争。

"九一八"事变至"七七"事变这段时期，北方的军事力量政出多头，并不互相统属。除了阎锡山在山西闭关自守以外，河北、山东、河南没有确定的主流。南京国民政府对袁世凯势力分化出来的各个军阀，也未有具体的掌控。除袁世凯集团各分支以外，东北还有奉军，在北方游离行动的还有冯玉祥的部队。这些部队没有确定的驻地，因此也没有确定计划建设的地区。

这就留下了许多空间，使日本人可以随时在其中操纵，威逼利诱。有的军阀终于成为日本帮凶，而有的则加入抗日阵容。其中最特别的一支是冯玉祥的部队，这支武装部队战斗力强，可是始终游离于各个力量之间。在发动"七七"事变以前，日本人已经在北方无事生非，屡次威胁中国，以种种"事件"作为口实，要挟中国让步。这时候，在前哨和他们周旋的正是冯玉祥的部队。"七七"事变爆发后，和日本人产生正面冲突的，也是冯玉祥的部下。到最后，冯玉祥旧部已占领北京，必须几次面对与日本人的直接冲突。这支部队，其中颇有值得佩服的将领：宋哲元、张自忠都是了不起的人物。就在抗战中期枣宜会战时，张自忠的总司令部与部下失去联络，后被日军追赶困在山上，张自忠不愿意屈服，最终为国捐躯，成为军阶最高的殉国将领。

南京国民政府号令所及，也只是若干南方省市，难以达到北方。全面抗战开始后，华北迅速沦陷。整个华北，大的战役基本上只有晋北的忻口战役，以及鲁南的台儿庄大战。等到后来战线重心向南、向西移动，北方出现地处战线后方却无人统属的混乱局面。几次战役之后，国民党的散兵游勇无所归属，北方逐渐成为共产党后方部队的根据地。

八年全面抗战期间，北方农村乃是处于无政府管辖的状态。日本人的势力不能深入农村，老百姓组织的红枪会、大刀会等成为民间抗敌武力；国民党零散的残部脱离指挥系统，也在农村建立小型基地自谋生存。由于农村没有真正的领导力量，只有在特定时候出现的乡团、自卫队一类的地方组织。是谁填补了这一农村社会的空白呢？八路军。全面抗战后，共产党大概花了六七年的时间经营北方农村，最终出现了战后国共之间此消彼长的局面。

除了农村力量，共产党也从城市中吸收了一批知识人，一大半是来自东北、北京、天津、上海的知识青年。我的大姐许留芬在清华读书时，就参加了1935年共产党领导的"一二·九"运动，还被北平警备司令部逮捕监禁。蒋南翔就是他们当时的领导，也是清华的学生，后来出任教育部副部长、清华大学校长。抗战胜利后我回到无锡，发现辅仁中学的很多同学都已因应潮流左转。

总而言之，抗战时期共产党经营且填补了一个巨大的空白，这一空白就是嘉庆以后日益贫困、不断衰退、凋敝不堪的北方农村——也正因如此，这一地区曾孕育出白莲教、义和团等反抗现实的力量。北方农村的如此变化，相当一部分是清代中期以后中国农村衰败的后果。出现于南方如湖广、江南的现代左翼知识人，最终在这里获得了活动空间。

三

几千年来，北面的外族强邻一次次南下，击败中原的汉人政权，建立新的游牧民族政权。政权的更替，给当时的人们带来巨大的痛苦：死者尸横遍野，生者耻辱不堪。但历史上的政权危机，都不像二战中日本侵华如此严重。原因是入主中原的游牧民族，其经济和文化发展水平都远远落后，最终融入汉文化。而遭日本侵略的中国，面临的却是与过去完全不同的情况：日本不再是一个边外武装部族，而是走向现代化的军事强国。日本从明治维新以后，将一个古老的东方国家改造为唯一"东洋的西方"，最后不仅企图吞灭朝鲜，还要入主中国，成为东亚的主人。

1931年，"九一八"事变爆发。嗣后不到半年，整个东北被日本占领。不能说没有张学良疏忽的罪过，却也是奉军本身内部结构松弛，才造成这一恶果。"九一八"事变是中国抗日战争的起点，一直到1945年8月15号日本宣布投降，中国才结束长达十四年的抗战。过去将"七七"事变界定为抗日战争的开始，现在以"九一八"事变为长期抗战的开始，确实比较符合历史。

在正面战场，主要是国民党军队对日作战，日本一度将战线向西压到长江中游一带。以长沙为例，始终处在战线的胶着点。从1938年开始，日本多次发动攻势，出动三五万人，到了目的地往往只剩下五六千人，其中大部分在行军途中就陆续被中国军队消灭了：就像一大盆水倒在地上，往前缓缓漫流开；如果路线过长，所经之地又坑坑洼洼，时不时将其滞留，最后所剩也就不多了。这种战术，薛岳称之为"天炉战术"。日本屡次出兵，屡次攻城不下，只能无功而返；返途中又被中国军队一路拦袭，死伤更多。然而，日军的武器比中国军队优良。因此，从双方伤亡的比例看，中国损失更为惨重。

日本的战败，很大程度是因实力被消耗所致。全面抗战时期，日本年年持续被空耗，大概每年损失一二十万兵员，中国每年损失三五十万兵员，即使损兵折将，仍旧坚持不降。八年下来，日本兵员伤亡两百二十多万，中国则伤亡了三百多万兵员、两百多名将领。无关党派，是皆国殇，人人痛悼。

十四年抗战中，北方战场上少有大的战役。其中最大的一场战役是台儿庄大战，中国投入的三十万战士损失五万余人，歼灭了日本一万多人，暂时顿挫了日本在中国的侵略步伐。1937 年 8 月 13 日开始的淞沪会战，战线在上海，背后是租界，正面却是日本海军的战舰。中国军队在壕沟里守卫疆土，日本天上的飞机、地上的大炮、军舰上的炮火，都向壕沟里的中国士兵不断掷下毁灭和死亡。中国政府的军队，有二十五万余人牺牲在淞沪会战。国民政府的战略，是以淞沪之战吸引世界的注意力，这一策略却牺牲了国军最精锐的部队。据观战的美国军官估计，每一小时死于炮火的中国军人，都是以千计算。

淞沪之战后，实际上江南已无守战余地。中国海军军舰自沉江阴，堵塞长江航道，以牵制日本军队攻击南京。可日本人不仅结束了淞沪之战，而且从金山卫上岸后直扑南京。南京保卫战的一大错误是，奉命守城的唐生智还不知道增援部队在何处，南京城就陷落了。后果是南京大屠杀，不仅失控的国军成为敌人屠杀的对象，三十万平民也丧生于屠城的大悲剧。

南京沦陷以后，国民政府迁都，暂时落脚武汉。中日双方在武汉周围缠斗四个多月，国军最精锐的胡宗南部及其他友军，在此期间伤亡约四十万人。从那时起，计算战损比就多以这次战役的概数作为基准：日本兵折损三人，中国兵折损七人。此后双方交锋，大概都是如此比例。日本人认识到中国人不再忍受欺负，在中国观战的英、美、德国军人也深深感慨：中国军人是不要命的打法，一向被他们认为懦弱的中国人，居然一变成为如此舍身忘己的战士。

我儿时还曾亲眼看见，一个军的四川部队沿长江而下，在沙市上岸，步行赶到台儿庄战场去支援。他们是王铭章军长的部队，每人扛着一把老式鸟枪——对上日本兵，这等于是赤手空拳了。当时白崇禧负责指挥台儿庄战役，作战部署是以人数众多的部队，将日本人围困于包围网中。王铭章的部队到达滕县，刚好堵上这张大网最后的缺口。日本人对着他们的方向冲杀，王铭章率全军战死。等到中国军队反攻，击退日寇时，有人看到战地上的王铭章倚墙持枪，伫立不倒。几名士兵也是遍体枪伤，倒在长官身旁。

这几次大战，都在抗战初期发生。淞沪会战、台儿庄战役和武汉保卫战中牺牲的总人数，大约是抗战时期牺牲人数的五分之一。中国损失极为惨重，却也从此改变了百年来步步退让的形象。

此外，还有晋北的作战。1937年9月，林彪指挥共产党军队伏击日军输送大队，取得平型关大捷。双方参战兵力不多，八路军12000余人，日军4000余人。同年10月国共合作，在山西忻口合力作战抵抗日军，历时21天歼敌逾万。至于1940年的百团大战，由彭德怀指挥，参战人数不少，乃是中共在抗战中的大举。

从1938年开始，抗战主战场已在淮汉以南。台儿庄之役后，先是武汉保卫战，此后则是年年在洞庭湖周边——长沙、衡阳、常德一带的攻防战。日军打算经过湖南，从夔西由沅水等河道，抄四川的后路。在广东也有过一些战斗，然后就是日军所谓"一号作战"，企图打通中国大陆的南北通道。抗战最后阶段则是中国打通滇缅路线，以突破日本的封锁。至于华北的战役，日军几度占领河南、直袭关中，却都被河南遍地民团所阻挡，日军旋得旋失，劳而无功。

带着满怀悲痛，我根据中华民国政府的档案，将抗战期间中国损失的战士数目，列举如下：

除1932年"一·二八淞沪抗战"和1933年"长城抗战"，即榆关、热河、长城三大战役外，自1937年7月至1945年8月之八年间，中华民国政府军发动大型会战22次，重要战斗1117次，小型战斗28931次。陆军阵亡、负伤、失踪3211419人。空军阵亡4321人，毁机2468驾。海军舰艇损失殆尽。其中壮烈牺牲在战场上的国民党将军即达200余位；为大陆在1985年首次和公开承认者，就有85位；为大陆史学界所表彰者，在1986年已经达到115位。

以上每一个数字后面，都是活生生的中华民族的孩子：面对炮火、刺刀、炸弹、坦克，一个个年轻的生命血肉模糊，他们倒下了。如果在战斗中受伤，这些伤员会被送到附近的村落，放在打谷场上，其实没有医护——所谓受伤，就是生命的结束。我在老河口的吴家营曾经看见，从前线抬下来的伤员躺在广场上，呻吟哭喊声不断。第一夜过去，声音小了许多；第二夜就不再有伤员的叫唤声；第三天，成百的伤员入葬汉水边的大墓，村民们男女老少持香送行，点燃大火，送他们升天，然后一铲一铲地覆盖泥土。这么一座大墓前，立了一块木牌："忠勇将士安息之处"。

除前线阵亡的将士以外，后方死于空袭、火线旁死于流弹、逃亡中死于疲劳和饥饿的中国老百姓不下两千万。抗战第三年，我们撤退到万县，空袭来了。日本飞机在大雾之中找不着重庆的目标，将所有的炸弹扔在万县，那个小城就此被荡平一半。我们从防空洞出来，眼前已经没有房屋，只有废墟，处处是尸首。眼看着路边，年轻的母亲带着孩子躲警报，娘已经死了，幼儿还在怀中，寻找母亲喂奶。那几个晚上，我们都无处可宿，人人都在街边废墟旁，勉强半睡半醒。半夜时，所有人忽然"惊营"，满地乱跑、哭喊声此起彼伏。

是的，中国面临挑战，中国不再让步。"国家"两个字，从此有了真实的意义。此后八年的苦熬，锻炼了整整一代的中国人。我的父母，我的兄姊，以及那时还是幼儿的我们，心中想的是：没有国家，还有我们个人吗？从那时候开始，无数青年随同他们的学校，徒步走向后方。在炸弹声中，大学生弦歌不断，教授夹着半部完成的稿件，在旷野、在山间继续完成他们的一篇篇著作。

当时，内地人口众多，产粮地区有很多陷于战乱。因此，西南各省普遍粮食不足，从南部和东部沿海地区逃难到内地的军民，基本上都得挨饿。军队必须让他们吃饱，这是第一优先；一般老百姓，需要靠粮食配给维生；学校里面的师生，则靠国家公费供粮——僧多粥少，人人都是半饱状态。学校和公家机关以外的老百姓，就各凭本领觅食果腹。

抗战期间的物价变化，举例而言：一背篓鸡蛋战前售价是一块钱；到抗战后期，三年间大概涨了一百五十倍。如此通货膨胀，不仅仅是经济问题，也是因为食粮供给不足，一般人都靠配给粮度日。那种米粮需要仔细挑拣，我每天早晨要替母亲挑拣当天食用的米。我的经验是，一碗米剔除稗子、砂石等，只剩半碗，这半碗米还是碎裂的米粒居多。

在此情况下，国家培育了近二十万大学生。他们都吃不饱，有时候还得参加学校的生产工作。不比今天大学生的生活有许多浪漫情调，那时他们饿着肚子，浪漫不起来。这批学生，是靠国家公费培养：不用交学费，住宿、饭食和衣服都由国家供给。这就是我的兄姊一代，他们营养不足、身体不好，但是强烈的求知欲望驱使这些人努力学习。后来，他们成为两岸建设的骨干，把自己的身心投入国家的建设和改善百姓的生活条件中。如果没有这批人，中国没有今天。

中国人深知，去此一步便无生路。这种精神延续到战后，虽然国家并未实现完全统一，但海峡两岸的中国人没有忘记：要尽一己之力，寻找建设中国的最好方式，投下自己毕生的心力，参与重建中国的大业。

抗战胜利后，西南联大从流浪暂住的云南校舍，各自回到原址。冯友兰先生在离开云南校舍前，留下了一个碑记。其中除了叙述如何徒步走到云南，如何在风雨飘摇中读书，在最后一段中他说："视金瓯，已无缺。"这是他们那代人的愿望，也是我这一代人的愿望。

抗战胜利后，总的来说，中国已经不复当年那样的贫弱苦难。愿老天垂怜，中国的牺牲已经够惨烈了。愿中国不再有为了英雄而牺牲老百姓的悲剧出现。

请原谅，我必须就此打住。九十二岁的老人，在梦中时时回到当年的悲苦和恐惧。我只能到此为止。

四

中华儿郎爱国，能吃苦耐劳，有作战决心。但是，北洋军阀没有抵抗日本人的实力，也没有打现代战争的装备。为何会如此？因为从李鸿章到袁世凯，再到北洋军阀各派系这条传承线上，这两代的中国精英中，缺乏真正了解西方世界的人才。受经世之学影响的封疆大吏，很少在中央任职。首都所在地的北方，几乎没有现代知识的承受者，也没有像湖湘经世集团那样结合中西方文化精髓而形成的新阶层。北方的李鸿章建立北洋海军时，居然没有真正谙熟现代知识的人士参与其事。

北方士绅和农村之间的联系断裂，士绅只顾盯着清廷中枢、内务府以及租界里的高层政治人物，其实还不懂如何因应国家、政府、文化等各方面时势的巨变。在蒋介石建立南京国民政府前后，南方很快出现了浙江大学、武汉大学、中山大学、中央大学……这些大学几乎各有南方的学术背景，因缘其原有的教育制度，转化衍生而来。换而言之，南方的读书人是接受西化的主力军，是中国近代化的主力和核心力量；和南方相比，北方创办的高等教育学府如北京大学、燕京大学、南开大学，至多再加上辅仁大学，则缺少民间讲学的社会背景，师生由于都来自全国各都市的上层社会，一时之间还不能深入北方民间。

再往前回顾，孙中山发动民主革命时，从"驱除鞑虏，恢复中华，创立民国，平均地权"开始，一次次改变他的革命口号，也一次次提升他的思想境界。但在某种意义上，孙中山仅是中国社会的边缘人物：地理上，他出生于中国的边缘沿海省份广东；身份上，他是华侨子弟，虽有革命之志，周围及其所组织的团体却在罗致现代人才方面有不足之憾。

广东是沿海对外贸易的窗口，当地人有很多机会接触外来文化。从事海外贸易的人很多，因此定居海外的华侨也多，但这些华侨与中国本土的核心文化圈层却是相当疏离的。孙中山就属于游离于核心圈层之外的部分，因此他并未充分理解中国的核心问题所在，也无法参与（更不论动员）核心知识群体的活动。

孙中山的革命工作一次次失败，但也一次次卷土重来。逐渐地，他可以将广东沿海的一部分外侨力量纳入其队伍中；借助这些力量，他也结识了宋氏家族及广东旅外留学的知识人。因为长期开放，海外华侨众多，当时中国外派的留学生中以广东人最多。这些留学生及其家族，将广东本地的财富、知识精英与广东传统社会的地方领袖联系起来，这才为孙中山的革命活动打下了基础。

然而这些力量还是薄弱，孙中山随后又吸收了广东与上海、宁波等地从外贸活动中学习世界知识的人物，由此逐渐聚拢东南一带的力量。

1924年，孙中山接受苏联援助，在广东成立黄埔军校。在军校起步困难时期，苏联援助了八千杆枪，孙中山得以成立自己的部队。他吸收上海一带的人才来训练军队，也任用湖湘、广东一带的毛泽东等人，去帮他动员地方和农村的力量，由此才真正在中国社会扎下根，培植了革命实力。蒋介石继承孙氏的地位后，也凭借这一武装力量，终于一跃而为中国的领导人。

1925年孙中山逝世后，国民党内部却发生了"宁汉分裂"：

汪精卫和蒋介石分别在武汉和南京成立国民政府，分庭抗礼。汪精卫始终没有自己的社会根基，蒋介石在南京则有江浙财团和上海市民阶层的支持。最后的结果表明，谁能掌握民间的核心力量，谁就能赢。

抗战时期也是如此：北方民间是权力真空地带，原本的军阀势力已被扫清，是谁掌握了民间力量？1934年，共产党提出"北上抗日"的口号。"七七"事变后，八路军从陕西出发，经过山西深入到华北五省的广大农村中，组织起各地方的部队，也收编了流散在各处的中国败军残部。这使得共产党的力量流入民间组织的游击队，就此建立了掌握北方广大农村的机制。到1945年，国共内战开始时，蒋介石才惊觉，北方农村已经完全被共产党的部队控制了。而他掌握的江南，在日本侵略战争中，近一半地区残破不堪。

抗战时期，江南的人才已经大量移入内地各处。这些人想尽一切办法，将上海沦陷区的资源转运到内陆。江南一带的工厂内迁川陕，在"九一八"事变爆发后就开始陆续进行了，目的是保存一部分民族工业，供应内陆的需要。这项工作，实际上也将原本长江中下游之间的紧密联系延伸进入上游。工厂内迁，虽然没有办法保证足够的供应，但在八年全面抗战中，也勉强维持了内陆基本民生物资所需，尤其是在战线收缩、大量军队撤退到内陆时，仅仅能够提供最起码的军需补给。

"九一八"事变以后，东北沦陷，东北军残部流亡关内。整个北方，已经面临危机。中国打算长期抗战，以西南作为基地，维持抵抗能力。于是，先父伯翔公（韦凤藻）受命由厦门关监督调任湖北荆沙关监督。1937年全面抗日开始，先父担任第五战区经

丁丑腊月过太夫人七旬寿辰摄于荆沙关

抗战初期，亲友从江南各处逃难至先父任所荆沙关，恰逢先祖母过七十大寿，摄于荆沙关公署花园。不久之后，战局恶化，竟然四散。待战后重聚，已经人事零落。中坐者为先祖母，立于左侧者为先父伯翔公，后排左五为先母章太夫人，前排左五为翼云，左六为凌云，左七为倬云。

济委员会主任委员，到任半年后，就受命与林继庸老伯筹划东南工厂内迁的运输任务。（林继庸老伯来台后，定居在距舍间不远的巷子。两家的老太爷都过世以后，我母亲与林伯母二位老太太彼此陪伴，常有过从。）大部分的内迁工厂，是经由铁路从汉口运往陕西和四川，至少将宝鸡一带建设为战时的工业区；也有一部分，则是从长江下游经过沙市或宜昌，以小火轮拖带大型白木船，运载工厂的机具，直接进入四川。四年之间，先父主持木商和船商打造了两千条白木船，准备把工厂机器设备和难民，从汉口、沙市经川江运送到四川及内陆其他地区。完成使命后，这两千条白木船也一变而为建造房屋的原材料，用于容纳难民、政府机构、工厂。

上海迁川的工厂设备，先是到汉口停留，接着在沙市转大木船沿川江继续西行；或者走另外一条路线，由洞庭湖进入沅江，前往湘西、贵州，然后落脚在乐山、宜宾和泸州等处。选定此处，其目的在于化工厂可利用当地丰沛的水源以顺利运作。考虑到长途搬运的方便，迁川工厂只能将机器设备拆散，运过去再组装。工厂重建之后，为了扩大生产，一些工程师竟想出无中生有的办法，令人叹服。他们采用土法炼钢，翻砂（传统的铸模）铸造出一模一样的零配件，由此复制出多套设备，又分建工厂。如此复制生产的设备品质不高，但足以敷用。这也是转移江南一带的经济力量，在内地重建的"苦办法"。

抗战中，仅凭这样的物资生产供应实际上是不够的。还有地下运输路线，千方百计躲过日本人的监控，将上海等沦陷区工厂生产的物资，经过铁路运到无人地带，再转运到内陆，其中有一年转运了两千包的棉纱和布匹。如此种种，汪精卫知道，伪政府

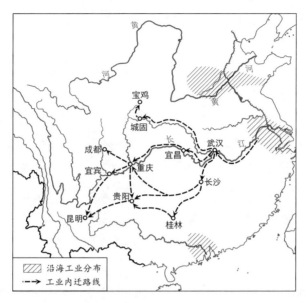

地图8 抗战时期沿海工业内迁路线示意图

假装看不见。

　　此间居中联络的人，在上海是杨管北，在无锡则是杨翰西。杨翰西后来被认为是汉奸，但他实际上是接受国民政府的使命，替重庆做事。杨管北先与第三战区（江苏、浙江）联络好，将物资运到第五战区（皖西、鄂北、豫南），第五战区的联络由我父亲负责。在上海租界，钱锺书的叔父钱孙卿还负责一个小电台，用于和重庆联络。八年全面抗战，我从七岁到十五岁都在父亲身边，耳闻目睹他与家乡士绅之间的联络。这几位前辈，彼此都是世交，我称他们为某伯伯、某叔叔。父亲经常守夜，半夜等电话传递消息，这些情形我都清楚。

　　太湖地区还有位地下县长毛罪生，接受重庆命令，联络太湖一带的游击队。他与我父亲七八岁时就是同学，十几岁时两人成了结义弟兄。游击队的根据地就在太湖边上，由南方泉的石家等几个大族支持。

国民政府方面，吴稚晖是常州籍的老国民党员，蒋介石在广州时与江南一带暗中联络的负责人，最后都归结于他。吴稚晖在国民政府中从不做官，仅担任"中央监察委员"；稚老一言九鼎，因为他是国民政府与东南实业连接线的关键节点，只要他在，蒋介石就能掌握东南。总而言之，虽然江南一带沦陷，但是依仗着上海租界地带的保护，在八年里至少有五年半时间，重庆还能取得上海的资源。

国民政府选择以内地的川陕湘鄂，以及西南内陆为抗战基地，其原因正如过去中国历史上北方陷落后，南迁政权都以长江流域作为疆域，徐图复兴，即本书所谓的第二区及第三区。这里也是1920年以后，南京国民政府建设的重心。江南工业使城市与乡村两种不同的经济联系为一，建构了兴盛的民族工业。国民政府原本想以南方为基地，对抗占领北方的日军势力。只是，北方经过战乱，已经涣散一片，尤其山东和河南，内部既无城乡合作的联系，军阀来去，也并没有以"如此中原"作长居久安之计。华北只剩山西一省稍堪自保，原来在北方活动的东北军残部和冯玉祥的西北军都没有建立稳固的基地。于是，国民政府除了内迁以外，别无他途。空虚的北方，涣散一片，却是留给共产党发挥的余地。他们在敌后的努力，几乎让全部农村都在掌握之中，抗战胜利后为自己铺设了一个广大天地。于是，国共争夺，青天换了红地。那一段的历史，将在下面展开论述。

对于江南这一部分的力量，北方的共产党还无法掌握。毛泽东建立的北方基地与江南这条线完全断绝。等到抗战胜利，蒋介石接收南方时相当顺畅，但要接收北方农村的时候，却发现国民政府已无插手余地。

上述状况，牵涉到国共斗争的战略与战术，两方面的出入与消长，也解释了历史上的一个疑问——为何抗战时期，中国穷困，资源短缺，居然撑下来了？我以为：历史上的多次南渡，都是从前述第一区迁入第二区和第三区。由于南方两区并不仅是生产粮食，还有缫丝、制陶等其他生产行业；南方人口密度大，为数众多，自唐末以来，南方整体的经济力量已超越北方。而且，以地势而论，南方沟渠纵横，水田遍地，对北方的骑兵部队而言是个障碍。甚至于以近代的战争而论，机械化部队进入南方的稻田区，也不能顺畅地施展。南方支撑战备的力量，的确比北方强大。

除了如前所述的战斗中"七比三"的战损比，中日间更具体的较量，则是在对经济与资源的控制上：粮食生产基地所在的南方已经沦陷，日本人切断交通路线，以至于一年中有半年以上，农产品无法顺利运到需要的地方。同时，日军在行军路线上也受粮食不足的困扰，他们无法在当地取得补给，必须自己携带足够的给养，这造成了日军攻击力量不足。

上述情况我都具体算过，可见中国对日作战的条件之差。但在那种状态下，中国人仍旧硬撑了八年。然而，国军为何没能熬过国共对抗，面对共产党的部队，反而兵败如山倒？因为他的力量是在东南一隅，只分布在地方上的农村和江南的城市士绅阶层。全国的农村，国民党只能占到十分之二三，而共产党能占到至少一半——剩余的一两分，则是广大内地二者都没有掌控的力量。

本章提出的这些解释和情势不见于典籍，也不见于任何教科书。这些解释、情势反映了一个情况，就是传承中国传统文化的知识人，在面临近代西方文化刺激之时，所身处的局面和地区都各有不同。他们各尽其能，所作所为与总的成绩，终究决定性地影响了中国历史。

第十六章

重新建设中国

行文至此，同一事件或内容，我经常需要在不同的章节反复申述。事实如此复杂，希望大家能谅解我的苦衷。

鸦片战争以后，广东因地缘关系成为与西方接触最多的地区。这里的学生很早就进入港澳当地的西制学校，成为中国第一批接受西式教育的青年。广东的向外移民中，远赴欧美的一批对中国现代化发挥了最大媒介作用。那些华侨一方面保持与侨乡的密切关系，一方面将自己的子弟接到侨居地发展事业或接受高等教育。因此，广东尤其珠江三角洲及其附近，集中了第一批熟悉西方文化的人士。

江南一带时间上虽晚于广东，却是清末留学生数量最多的区域。湖湘经世集团及江南士大夫的子孙中，留学者如过江之鲫。对比之下，也就能发现：为何长江中下游（尤其江南一带），能涌现出数量如此庞大的一批现代知识人。正是这些人，承担起了中国近现代建设的大任。

一

等到湖湘经世集团的后代及其弟子辈成长起来，正好是孙中山发动辛亥革命推翻清朝统治，初创民国时。结果，辛亥革命的成果，被袁世凯窃取了。孙中山无兵无将，没有力量反击，他在国内甚至募不到钱——在过去，其革命资金大多从北美工作的华侨中募得。孙中山能做的，只有到处宣传他的革命思想，直到1924年成立黄埔军校，他才有了自己的武装力量。

1925年孙中山逝世后，蒋介石接替其位置，并于第二年自任北伐总司令，摧枯拉朽般击溃了北洋军阀。蒋介石是浙江人，他获得了上海市民阶层的支持，也利用了上海最基层的地下帮会力量。同时，他还通过国民党的上层人物，如蔡元培等人，联络江南知识人。在江南这些力量的推拥下，1927年，蒋介石开府南京，建立国民政府，开始十年建设。

这十年建设中，需要特别强调的一位人物是丁文江。他带领着一批人，有翁文灏、曾世英等，用科学方法绘制了中国第一幅现代地图；并创立中央地质调查所，进行地质考察和矿藏勘探工作。丁文江不仅有学术专长，还有政治抱负。1926年，他曾接受军阀孙传芳委任，担任了八个月的淞沪商埠督办公署总办，时间虽短，却为上海的市政建设做了不少事。

包括这批地质人才在内的广义经世人物群，1935年倡导成立了资源委员会，从资源的开发、实体工业的建设等方面着手，罗致全国的资金和人才，大力兴建民族工业。这一批学者，后来大多与南京的四个"中央"❶有着紧密联系——中央研究院、中央博物院、中央图书馆、中央大学。不过，当时中国最好的三所大学都在北京——北京大学和清华大学，以及最好的教会大学燕京大学。

这些学者身跨北京、南京—上海南北两个学术集团，在他们的共同努力下，南京国民政府在十年间进行若干建设项目：采矿方面，开始石油、铁矿、稀有金属等矿藏资源的勘探开采。交通建设上，规划铁路系统，铁道的勘定和修筑在这一时期次第发展。当时，中国甚至想要自行设计直升机——西方那时尚未认真研制直升机。建筑学上，梁启超的儿子梁思成加入中国营造学社，将现代的科学方法引入中国传统古建筑的分析研究。水利上，李仪祉主张与推进"黄河治理要上中下游并重"的理论，参与创办中国第一所水利高等学府——南京河海工程专门学校。

实际上，这批人未必是由蒋介石集团的努力才站出来的，而是他们身具责任感，当时正好有这样一个着力点，来表达其思想和观念，运用其才能，施展其智慧。

蔡元培和胡适俨然是当时的学界领袖：蔡先生追求自由的精神，胡先生追求民主和科学，所谓"德先生""赛先生"。自由、民主、科学，三者正是配套的。我的长辈先贤们，当时都经历如此的思想洗礼：他们热心传播自由、民主、科学的思想，希望提升民众的观念。他们并不主张全盘西化，蔡先生、胡先生都并非持有这种观点。

国民党之中也有些人，对传统持有激烈的态度，比如吴稚晖

---

❶ 这种设计，是蔡元培先生模仿法国的制度，将所有学术文化单位都由一个总的名称涵盖，即"中央"。

甚至鼓吹把线装书扔入厕所。矛盾之处则是，吴稚晖的古文功底非常深厚，书法也很好。南京国民政府的高层人士中，谭延闿、于右任、胡汉民、吴稚晖都是书法大家，分别擅长真、草、隶、篆——他们在中国传统学问领域，都是高明之士。事实上，他们也并没有真的全盘抛弃中国的传统。

蒋介石主张"中学为体，西学为用"，要坚持中国传统的"四维八德"，在此基础上学习西方。蒋氏少年时所接受的教育，无论在中西方文化哪方面，其实都只是一般私塾水平。蒋氏部属有两批人士，一部分制定国民党的理论，另一部分则是具体落实，推行现代化的各项建设，两者并不总是协调的。但总体言之，南京国民政府的这十年，还是在不少项目上做出了相当成就。

二

国民政府致力于社会和政治制度的改变，若干省区也各别从事地区性的现代化。当然，这些省区本身有一定特色：山西、云南、广西、四川，都是天然地理条件比较自成单元的省份。

山西地处华北与西北之间，表里山河，像个巨大的箕形，北面、东西两面都是高山，中间一条大斜坡，有三四条主要河流从北往南流，跨过运城平原进入黄河大平原。山西物产丰富，农产品充足，又有铜矿、煤矿、石棉等等；山西的山地树林，形成一个密集的林区。这种地理优势，使其可以闭关自守，待机而动。

阎锡山以山西本地人的身份，保境安民，获得山西本地资源的支持。于是，山西省内有足够的经费建造铁路、设立兵工厂、购买军火，编制了一批作战力强的军队。阎锡山修筑铁路时，特意用窄轨铁路，外面的火车进入山西只能换轨，别处的军队无法长驱直入。

从民国初年直到最后蒋介石败退台湾，阎锡山始终是军人中举足轻重的一颗棋子。他在内部得到相当充分的支持，无论缙绅还是农民，都希望保境安民，不扯入外面的军阀斗争。因此，山西当地的建设工作在安定中还有一些成绩，包括公路、铁路以及若干工厂；但在学校教育方面，他听任传教士设立学校，山西大学始终没有成为国内重要的学府。抗战胜利后，阎锡山依违于国共之间，结果并未得到任何一边的信任。

云南地处丛山，地形复杂，出入不易。然而气候良好，从山顶到谷底形成各种气候带：山顶酷寒，谷底燠热，中间则有湖泊、平原。假如真有上帝的伊甸园，当在云南。云南的植物和动物种类之繁多，居全国第一，世界上许多植物的原生地就在这里。

民国初年，云南出了一位了不起的人物——蔡锷。他在袁世凯部下乃是众人属望的人才，学问、才干、人品都属一流。袁世凯想予以重用，但蔡锷拒绝为其所用，借机脱离袁氏回到西南。他曾在仿照日本士官学校设立的云南陆军讲武堂任教，训练中国的军官。从这所学校出来的人物，分散于广西、云南、贵州、四川、西康西南五省。后来，他率领护国军讨伐袁世凯，不幸壮志未成，中道崩殂。其弟子和部下在广西、云南和四川分别组织部队，西南各省竟都成为讲武堂出身军人的地盘。

云南是蔡锷集团的基地，陆续执掌军政者，先是唐继尧，后来龙云掌握了滇军的主要部分。滇军的特色，是不介入中原的扰攘，自己管理好地方。滇军的干部颇多来自少数民族，带领自己的族人作为核心，这种部队的特色之一，则是同乡之谊打不散。

云南物产也非常丰富，尤其是白银、盐、茶，赚了不少南方丝绸之路的利润。因此，云南的军阀们过的日子相当丰足。

民国时期云南的建设，主要在开道路和建设现代都市方面。云南大学也相当不错，抗战期间西南联大迁入云南，就借用云南大学的校舍，再增添一些竹篱茅舍，在战火之中弦歌不辍。抗战期间广西的桂林和云南的昆明都是自由天地，反蒋的出版物多在这两个地方印刷发行。1949年以后，一些在美国的云南子弟是由富滇银行照顾他们的生活。

据有广西的军人，也是一些讲武堂出身的人物，其中最重要的是白崇禧和李宗仁。他们分别在地方性的竞争之中脱颖而出，合作成为广西的真正领袖。他们的军队来源，主要是穷困地区的矿丁、树林中的烧炭工等等，也有相当多的少数民族青年。广西军队中，没有士绅出身的人物，却有很多吃苦耐劳的贫寒子弟。他们身强力壮，服从命令，而且因为少数民族彼此之间的关系，他们对广西以外的人物自居为"他者"。广西部队的强悍，就是因于这些人的特色——作战时一声"quoquoxiang"（广西方言），奋不顾身夺下敌人的阵地。

白、李二人领导下的广西，主要设立了地方管理制度，落实为保甲制度，且相当普遍地设立中小学，还成立了广西大学。抗战期间，桂军的部队驻扎在第五战区，即先父与其一起工作的皖、鄂、豫之间，把守住四川和陕西的大门。桂军大将白崇禧是中国罕见的战略家，与蒋介石的关系也非常微妙：蒋介石既要借重他，又不敢信任他。这个人才可惜了。他是穆斯林，在中国已居于少数，又加上广西较封闭，使其身份无法脱离地方性的归属。他与李宗仁是同时并起的伙伴，李宗仁为人宽厚，所以二人的关系始终相当稳定，只是他们的部下并不容易与外人相处。

四川更是表里山河，天府之国。都江堰是中国第一个大规模的水利工程，成就了成都平原的富饶。四川省内地形复杂，巴蜀两区民风各有不同。因为几条河流穿过，省内被天然地分割成一块块小区。这种地形，自古以来就有孕育地方自主政权的条件。四川的地方军阀有不少是云南讲武堂出身，此外，各地的地方领袖只要有几杆枪就敢自称军长，各有地盘，竞争四川的领导权。于是，彼此之间内争不断。他们彼此关系的地方特性可见于：军队在前线对垒，长官们可能在成都同桌打麻将。在成都居住的若干位地方士绅被尊为"五老七贤"，凡有各处地方部队难以解决的问题，就由这几位长辈出面调停。四川军阀在每一个地方的所谓驻地，都相当注重建设，因为这是他们据地自雄之处。

举例而言，我所熟悉的万县，就是杨森的地盘。平心而论，万县地方不大，道路修整，居然能够做到数百级高石阶从江边到市区，工程规整，处处有可以手扶的铁链。市区的饮用水源来自江水，爬几百级的石阶并非易事，当地人就在很多山壁上的自然流水处装置水管、水龙头，供居民取用。杨森的民族意识极强，其部队是川军中参加抗日的主力。有一次，英国军舰进入三峡江段，到达万县江边时，杨森命令岸上炮兵放炮轰击、宣示主权，警告英军撤退。如前所述，走过沙市我家大门口的那批年轻孩子，就是川军王铭章的部队，他们在台儿庄战役中全军覆没。时至今日，我还对当年这些奔向前线的青年心怀敬意。

更重要者，是这里出了一些本地人物，自主开发当地的资源。一位是卢作孚，他自办民生公司，购买上海合兴船厂的小型内河轮船，使得四川的区间交通大为便利。后来，整个长江流域直到南京和上海，都有民生公司的船只行驶。卢作孚在北碚尽力建设一个现代城镇，镇上有市政服务、卫生系统、工业生产，还有学校、体育场、图书馆、医院……如此小镇街市，获得"模范镇"的美名。由卢作孚领导，再加上当地军阀的合作，竟不用官家一文钱，就完成了如此了不起的建设。

另一位四川现代建设领袖是胡光麃。他开发地方矿产资源，创办水泥厂、电力厂、钢铁厂……他在四川当地的成绩，往往是开风气之先，留给别人跟上来。他最值得称道的贡献，则是在若干河流旁边的县市，借助机帆船提供区间运送和服务，等于设了许多水上区间交通。到台湾后他身无分文，所有在四川开发的事业都不属于自己了。这位先生是我忘年交的故人，今天我还想念他的风采和言谈！

卢作孚和胡光麃这一类的人物有如此贡献，乃是在四川军阀割据、各设防区、赋税远期竟可预收到21世纪的情形之下完成的，实在难能可贵。这些地方性的建设，虽然零零碎碎，却开风气之先，在总的方向上，为民国时期国家的全面建设分担了一部分工作。终于，这些成绩留在民间，也留在老百姓的心里。

最后，东北的情形也必须一提。在北洋政府时期，东北已经被日本和俄国势力盘踞。然而，张作霖以民团组织起身，终于统一东三省。他一方面周旋于俄、日之间，另一方面借用这些外力的帮助，居然在东北地区启动了一系列建设工作，例如：在俄、日强行管理的中东、南满两条铁路的夹缝中建设了一些铁路；筹办东北大学；创办当时中国规模最大的兵工厂；设东三省陆军讲武堂，训练军事人才；除陆军外，还有颇具规模的空军，以及强大的东北海军；山东青岛还建设了现代化的都市和港口，作为东北海军基地。这些设施，俨然是关内各省罕见的规模与周全。

然而，在俄、日双方都加以牵制的局面下，一部分青年将领和张氏旧部之间产生矛盾。于是当他分兵进入华北，与直系作战时，东北军内部也发生了内战：将领郭松龄率领最精锐的部队，与奉军旧部在巨流河大战，日军直接干预，空袭郭部而致其大败，郭松龄兵败被处死。不久之后，张作霖也死于皇姑屯，少帅张学良入关，接着就是"九一八"事变，东北从此沦丧。随着《松花江上》在各省传唱，成千上万的东北青年和张作霖旧部撤入关内。这一阶段，毋宁说是"七七"事变后中国全面抗战的"前奏曲"。

可惜之处在于，张作霖在东北的建设，没有对关内的建设起任何作用。伪满洲国成立的东北，实际上是日本的殖民地。如此土地，如此人才，那些努力的成果，居然对中国的整盘建设及抗战仅仅发挥较小作用。白山黑水，永远是中国人无法忘却的隐痛。

三

对于长江中下游这一大的知识集团来说，孙中山、蒋介石、毛泽东三个人，都是外部的边缘人物。

蒋、毛二人，其出身非常相像。蒋氏乃是浙江奉化溪口一家盐铺老板的儿子，家就在宁波口岸附近。学堂肄业后，他就赶上了去日本留学的风潮。到日本后，蒋介石先在专门为中国学生而设的振武学校接受前期的士官教育，成为日本陆军的士官候补生。他并没有接受更高一阶指挥参谋人员的培训教育，同一些中国留日学生情形类似，只有基本的军事训练。蒋介石由大连到日本，又从日本回国，在此过程中接触了革命，之后因缘际会掌握了国民党的武装力量，终于一跃而成国家领袖。然而，蒋氏和其他的留日士官生一样，难免犯战略、战术的错误。

毛泽东出身于湖南湘潭韶山一个农民家庭，并没有机会接触到湖湘经世集团。他与共产党的创始者陈独秀等人，也似乎说不上话。毛泽东在北大做图书馆管理员时，与那些北大教授不是一路人。关于共产党与知识群体的联系，在抗战末期，周恩来做了大量努力。当时共产党与昆明的西南联大和重庆周围的大学关系都非常好，大多数教授因此转向左翼，如费孝通等人。

我有时想起，也会感慨万千：假如蒋介石这条线一直走下去，会怎么样？其实最终也会失败。因为蒋介石不能永远靠江南一带统治全国，广西军阀、山西军阀、陕西军阀、广东军阀、四川军阀……这些人不会听他号令。在中国历史上，两个朝代之间常有一段群雄并起的时期，例如五代就有杨吴、吴越等十个小国，湖南、四川也有好几个小朝廷。民国初期迄于抗战期间，那些军阀们除了没有国号以外，何尝不是这种独立的地方势力呢？正如五代时，吴越领有的地区其实不过几个州，只是吴越王勤政爱民，在那个小小天地之内，居然能使得百姓安居乐业，而且还有地方建设。以至宋朝开始后，吴越王归顺，朝廷对其所有的措施几乎完全接收，继续执行。

前述闭关自守数十年而定于一尊的阎锡山即是如此。当时中国各省都卷入内争，山西确实一心只想保境自安，相对于其他各省，老百姓并没有遭受很多战乱。中国如果处处都保境安民，从老百姓的角度看，未尝不是好事。只是，以全国而论，中国可能就会停滞在十八九世纪的状态，更不必说集中力量抵抗外患，例如日本的侵略。山西省内确实没有遭受很多灾祸，但这个地区的力量，其实没有对抗日全局承担其应有的责任。因此，纵观全局而论，军阀割据对中国，终究不合于时代潮流。

等到抗战胜利，国共两党对抗时，蒋介石发现华北已完全不在其掌控中，也失去了东北。战后，东北有为数众多的伪满军，但国民党接收不力，使这些伪满军流散无依。所以，他们也只能靠拢新的势力：林彪在东北正好接收了这些无主力量。这支部队配备的是日本人的军火，俄国人从日本兵手中缴来，又交给他们使用的。东北还有日本人遗留的兵工厂。

抗战期间，上海租界区相对独立，还能和重庆政府保持联络。但租界却似孤岛，四周全被日本占领，使得租界和周边的农村断了联系。长江流域、钱塘江流域的城市和农村之间的联系，在全面抗战期间也都脱了节。国民党回到南京之后，发现在江南一带的农村，他们居然已不再有着力之处了。南方城乡之间的这一变化，是历史上改朝换代所未见的剧变。

如前所述，江南一带被日军占领后，知识人大多迁入内地，江南的工厂也有一大批迁川，在内地发展了第二工业基地。这一情形导致国共两党在现代化的建设上走了两条截然不同的道路，但到后来却又殊途同归。

四

抗战结束前，北方和敌后农村的许多地方精英离开家乡，有的到内地，有的到敌后的城市。至少在北方的山东、河北两省，尤其是山东，还有一部分苏北，农村的原有秩序已经有了相当大的改变。留在农村的一般农民，群龙无首；而如前所述，共产党派出的北上抗日干部们，受过训练，做事有一定的方针，由他们来组织农民易如反掌。国民党留在敌后的少数散乱部队在农村建立游击基地，本来也未尝不可能；不过共产党干部的介入，让双方几乎没有任何困难地就以共同抗日的理由合流为一。而共产党这些经特别挑选、训练有素的组织人员，面对留在敌后散乱的国军残部，自然很快就取得了领导权。

抗战相持阶段时，共产党曾发动百团大战。所谓"百团"，从其分布可见，就是在上述山东为主、苏北为辅的地区，再加上一部分河南、河北地区，通常在铁路线和公路线两侧。这些在华北建立的基地，彼此间是可以连成串的。抗战期间，共产党在这些地方并不急于改变社会结构，只是主张并肩抗日。而且，各个基地之间如何联系，一时也并无确定的原则。抗战胜利以后，留在当地的年轻人员中经过斗争，成长为有经验的新干部，他们才是真正掌握整个北方农村的主要力量。内战时期，主客异位、"你死我活"的情势下，共产党必须要动员农民支持，进一步加强与地方的联系。这使共产党最终能以华北为根基，赢得战争。

共产党培养了建设农村的基层干部，1949年后又从国外回来了一批留学生，也有一大批知识人、大学生没有跟蒋介石去台湾，而是选择了共产主义。这批人是中国现代化建设的主力，但他们与农村出来的基层干部未必能够合拍。

1949年，中国共产党取得政权，此后的四五年工夫是新政权得以喘息建设的时候。对一个新建立的政权而言，这一段过渡期也必须树立自身威信，农村改造因此在整个国家快速而激烈地进行，重新规划土地，同时进行"三反""五反"运动。

到了第二阶段，开始进一步地落实财产重新分配、阶级重新划分等工作，公社化是这个阶段出现的一次重要事件。至于在那以后，更大的运动则是"文化大革命"。"革命"二字使得这种手段雷厉风行，风狂雨暴，甚至于牵动上层领导阶层的结构。这一耽搁，就是二十年。这个过程之中损耗最巨大而几乎无法补救者，是许多有用的专业人才，其中颇多为百年累积培育的精英。"文革"结束时，周恩来已故去，他最后一个安排是将邓小平召回中央。后面的情形，如众所知。从那时起，中国终于告别混乱，开展建设。

天佑中华，剩下一些各方面的专门人才，终于开始在国家建设工作中尽了他们最大的努力。他们帮助以邓小平为核心的领导班子，先打定了国家建设的基本步伐。那时候，台湾建设也初步走过了第一个阶段。新加坡这个新建立的都市国家，其领导人员以华人为主。这两个大陆以外的华人地区的作为，带动了大陆上投身于建设工作的人才。有意无意，这三方面有时候间接、有时候直接，在建设过程中彼此扶持、互相学习。三方面的成就，前前后后都有互助的痕迹。至于具体正式的合作，居然没有浮到面上，却是可惜之事。

中国大陆的建设，以我旁观者的观察，是先开始设立几个试点区域，例如深圳特区，然后进一步开放，建立高新园区。在这个过程之中，另一配合的设施是道路系统：先是公路，然后是水运和空运，再是高铁。

在此，要特别提出我所注意到的特点：中国修建道路、桥梁和高架路，都大量使用悬臂设计。我在美工作的地点是匹兹堡，每次看见这种悬臂路段，就想起茅以升先生这位中国造桥的前辈。他毕业于匹兹堡的卡耐基理工学院（现为卡耐基梅隆大学），是该校第一位博士。抗战前他就设计了一些桥梁，最著名的是浙赣铁路跨过钱塘江的大桥。桥刚修好，抗战爆发，我们自己炸断了新建的桥梁和铁路，以免被敌寇使用。

中国桥梁公司的同仁，包括大批设计干部撤退至重庆，住在南山黄桷垭，正在我们抗战后期从前线撤回重庆时，所借住的申新纱厂宿舍下面。从我们的走廊上，就能看见桥梁公司的房舍。那群工程师，在抗战期间的警报声中，已经开始设计长江水坝了。其中有我家一位表叔，他在周末空闲时，常常爬二十来阶山坡到我们家，将他们所掌握的三峡水文资料与先父讨论。因此，我看见国内这种悬臂桥，常常感觉非常亲切。

抗战末期，是中国国家最弱的时候。如果不是日本偷袭珍珠港，美国参战，战争何时结束还很难预知。然而，在那种时机下，这些工程师没有忘记：一旦胜利以后，要担起建设国家的任务。我后来了解到，这批工程师中大概三分之二还是留了下来，参加中国设计道路和水坝的建设工作。

回头再看，中国开始研制原子弹、勘探开采石油、培养科技人才……诸如此类的事情，都是谁成就的？很多人才是当初的资源委员会、兵工署，以及交通大学、清华大学、中山大学等高等院校培养出来的。邓小平主政后，又找回这些人，同时以"保钓运动"激发国内外的爱国热潮，动员海外学者回国。之后二三十年，中国的建设呈现突飞猛进之势。

我在1990年以后常常回国访问考古遗址。那时大陆开始迅速发展，年年回去都不一样。不仅新开发的地区和产业为数众多，品质的提升同样令人钦佩。追根究底，改革开放的功劳不小；中国各方面人才众多，也是一个重要的因素；此外，在各处我也看见台湾的投资，以及从台湾到大陆工作的工程师和其他技术人员——台湾的工厂常常在大陆的高新园区设立新厂，而大陆工厂的产量，很快就超越台湾母厂。

一直到 2010 年，我每年回国访问时，目睹各种建设发展之快速，规模之宏大。我自幸活得长，在有生之年，能够看见海峡两岸的改变。我深深庆幸能目睹，中国人可以在世界上与别处的精英平起平坐，摆脱两百年来的屈辱。老年能够看见这一情况，吾愿足矣。

五

1949 年，台湾刚刚结束日本的殖民统治不久。从 1895 年《马关条约》开始，到 1945 年日本战败台湾光复，正好五十年。当时，大概有 75 万军队、100 多万平民由大陆到台湾。后来山东与浙江又有大量平民离开大陆，打鱼的、种地的都有。当时美国海军在山东及沿海地区散发传单，如果愿意离开，就可以随队登船。加上各处的难民，抗战后从大陆到台湾的人有 200 万左右。

早在 1886 年，台湾巡抚刘铭传就已着手在闽台之间铺设海底电缆，开办电信业务。但日本人刚开始殖民时，台湾的建设并不出色，基本上没有工业，也没有现代道路。日本殖民台湾的政策是"糖米台湾，工业日本"：台湾出产蔗糖、稻米，糖用以外销，米供应日本国内；日本本土发展工业，重点是军事工业，工人是本国人以及一部分朝鲜的年轻人，还有一些人担任"军夫"（随军服务的劳力）。由此，甲午战争以后，依靠中国的赔款以及台湾岛内、朝鲜半岛的劳力和地方的资源，日本国力突飞猛进，迅速发展为军国主义现代国家。

日据时期的台北帝国大学，设有一个很小的医学院，训练台籍医生；另外一部分，则是为了日本向东南亚发展，对部分台湾人进行"南进"战略的训练，作为干部储备。还有一所更小的学校，培养具有会计、管理等技能的基层干部。至于台湾的中高层官员，是清一色的日本人。"皇民"家庭的孩子不上台北帝国大学，而是进入日本本土各处的"帝大"。例如李登辉就是"皇民"家庭出身，其父亲是在台日本警察的"警佐"。他得以前往日本接受正规的大学教育，就是因为其"皇民"身份，不同于一般台湾人民。"本地"（亦指台湾）跟日本之间泾渭分明、上下隔绝，是殖民时代的特殊现象。

台湾光复后，日本的工程师、技师、教员都走了，台湾上层人才单薄。大陆人才填补了社会结构的中上层，也填补了管理阶层。即使国民党政府努力建设，也特别注重任用本地贤俊参与事物，最终使被战火半毁的台湾百姓能够生活富足，但如上施为，依然让台湾当地的民众很不满："为什么要你们来管我们？不让我们自治？"原因在于，当时台湾的精英大多已经深度日化了。

对于"二二八"事件，国民党官方和台湾地方意识强烈的群体，双方至今各执一词。起事的原因，是一个没有贩卖香烟执照的小贩，在市场上被"烟酒公卖局"的调查人员没收财物。这一纠纷引起众多群众围观。当时不知谁发了一枪，引起群众骚动。这次事件究竟牺牲了多少人，不同来源所得的数字相距甚远。1995年台湾当局通过补偿条例，由受难者本人或遗属提出赔偿要求。这一程序实际上是由民进党的副领导人吕秀莲负责监督的。从那时至今也数十年了，受领赔偿的约有万人。民进党提出的牺牲人数，前后并不一致，却可达数万之多。这一公案，恐怕永远不会有准确而清楚的解释和陈述了。

国民党初到台湾时，面临的社会状况是：地主、雇工及小户贫农，其土地占有及收入分配非常不均。从1950年开始，国民党进行土地改革，推行"三七五减租"：原本佃农向地主承租土地要付的地租很高，至少是收成的50%；"三七五减租"则规定，地租最高不能超过全年收成的37.5%。这就使得佃农的收入增加，农村局势得以稳定，为台湾的城乡结构建设了一个新的底层基础。

接着是普设中小学，同时，国民党将日本人遗留的职业学校、专科学校改制为大学与学院，并进一步扩大招生。由大陆来的知识人出任教员，其中不少还被陆续派到国外留学。国民党由大陆带去了一批人才，包括"资源委员会""兵工署"，还有军工学校、海军学校、空军学校以及几个高等院校的教授和学生。台湾大学曾两设"特别班"，收容从大陆来台的大学肄业生，分别只有十来个人和两百多人。我读的是正式的第一届，有一千两百多人，分十来个系，例如历史系招收新生十五人，考古人类学系招收了五人。人员虽不多，但也慢慢在台湾建立起高教体系。

南京国民政府经济部、财政部、中央银行等部门的很多专业人才都到了台湾，他们将一些已成规范的制度用于台湾的现代化建设。基层也开始执行初步的民选，比如镇长、村长、里长都由民众投票选出，这一举措稳定了社会底层。社会的中层，则由比我年纪小一些的，毕业于职业学校、专科学校的人员来填充。这些措施共同为台湾的建设打下了基础。

1950年以后，台湾的建设是在无可奈何的情势下进行。当时国民党当局既穷又弱，只有此处可以立足，居然就认真地进行必要的建设。这也正是背水一战的心态：大家觉得离此一步更无生存机会，于是必须制造机制，使百姓也可以过上比较舒畅的日子。

从我读硕士班开始，出国念书五年，又回到台湾服务八年。这段时期，我们确实是全心全力想做好必要做的事，一方面是为了我们自己的生存，另一方面也是为了实现一个理想：先求温饱，然后求活得有意义。

台湾的幸运在于，从大陆来的人才中，有一大批有经验、有能力的人员。到台湾以后，这些前辈努力将台湾的教育制度从日本殖民模式转变为现代教育，我们这些学生深受其惠：老师尽了他们的力量，把着手教导我们，让我们能够成为有用的人。

说实话，那时台湾生活资源不够，我们都处于半饥饿状态。作为学生，四年本科三年硕士班，我都是吃公费，每个月的配额是三十斤米、一杯油、一把盐。每个人都打点杂工，设法赚点零用钱，维持半饿半饱的日子。

当时的建设工作任务中，不论哪一件，都有许多专业人员担任指挥，设计、执行和考核各个项目的建设。当时从大陆迁台的专业人才，是决心在台湾共渡艰难，也希望在这个小岛上能够创造一个前所未见的现代社会。大家一鼓作气，使得台湾从1960年到1990年的三十年间经济高速增长，不仅老百姓实现温饱，而且政治体制得到改善。蒋经国在去世以前，宣布开放"党禁"，结束国民党专权的历史。

国民党到台湾第十年时，进一步推动土地改革。台湾当局用土地债券以及公营事业股票，从地主手中大量换取土地；再根据家庭人口数量出售给佃农耕种，解决了"耕者有其田"的问题，台湾的地主阶级也因而消失了。如此一来，就使得原先地主阶级掌握的农业资本，转为工商资本；一部分农业剩余劳动力，也从

290

土地中解脱流向城市。国民党的这一步走得非常理智。一些地主阶层，因为不懂将官方赔偿的土地费用转化为工商业的投资，最终沦为穷困阶层。其中有些人，世世代代仇恨光复后的官方，认为是国民党强力夺取了本地人的地盘。

1948 年在大陆成立并随后迁台的"中国农村复兴联合委员会"（简称"农复会"），主导了台湾的土地改革以及农业复兴工作。日本先前已经在台湾进行过农业新技术的推广：1911 年日本就开始在台湾推行农药，并选育了能抗风的矮稻品种，使得稻子不易被台风吹倒。在此基础上，"农复会"又从美国学习了先进的农业技术，从选种、育种到土壤改造，再到施肥、害虫防治等，全方位地推进了农业新技术的运用。农民在地里劳作时，可以通过广播，从"农复会"专设的电台"农友时间"，立刻知道几小时后的天气预报，以及什么时候会有飞机来喷洒农药——大家得知后，就提前关门闭户躲起来。农田归农户、技术改善、官方贷款三方面举措同时进行，台湾的农村很快就实现了飞跃发展。农民有了钱，就可以嫁娶、造新房，送孩子读书。

农业发展后，台湾的下一步是发展工业。首先建立农产品加工业，生产凤梨罐头、香蕉干、蔗糖、樟脑、纸等产品；接着是小型日用电器制造工业，包括电扇、电炉、电锅等。

第三阶段，是要赶上西方的现代化。1962 年我从美国芝加哥大学毕业，回到台湾恰逢其时。我在史语所工作，同时也在台大任教，一直待到 1970 年。这期间我与国民党的关系从对立到对话，再到合作：一开始学者们批评他们，后来大家坐下来沟通，再之后他们主动询问学者们的意见。当时，像我们这样回来的留学生有一批人，只不过我是留美博士里第一个回到台湾的，不免惹人注意，也多招了一些是非。

慢慢地，我们这批留学生与国民党的来往越来越多，经常组织起来给他们提意见、做建议。在这个过程中，我认识到蒋经国为人确实真诚，所提的意见他都虚心听取，还与我们仔细探讨。他的行政班子大多是技术官僚，国民党的系统则有另外一批干部，如此用技术官僚来建设台湾，党务人员改造国民党。他逝世前就宣称：蒋家不再进入政治。后来，虽然国民党势微了，但技术官僚一直在发挥他们的作用。

从 1974 年开始，我们有上百人参与台湾建设，不是一下子组织起来的，而是有项目、有任务的时候陆续号召而来。大家从调研、规划到筹备，各自参与介入，也请了一批功成身退的前辈，继续发挥他们的能量。后来在此基础上，台湾工业技术研究院组织成立，负责设计整个计划各部分的前后程序，以及每一种特殊企业必须拥有的服务专家。

1980 年，台湾设立新竹科学园区，建好厂房，铺好水电、道路等基础设施，鼓励民营科技企业来此设厂，并有免税等一系列优惠举措。目前台湾最著名的高科技企业台积电，就创立于 1987 年。后来大陆建设高新园区，台湾的前例应起到了开路作用。

这三十年间，台湾工业化跃升三次并到达顶峰，经济一度位居"亚洲四小龙"之首。邓小平实施改革开放进行现代化建设时，台湾的投资商、工程师、技术工人一批一批前往大陆。如此，台湾与大陆的现代化，在邓小平时期就同步并进了。这两个现代化的过程，若是能够长期兄弟并肩，彼此扶掖，对中国而言那是多美好的景象。

结　语

我对未来中国的希望

一

几千年来，中国一路的发展颠颠簸簸，但万变不离其宗，总有一个稳定的核心；也正是这个核心，使得中国屡次经历分裂或被外敌侵占，仍然能够重振。万古江河滚滚东流，一路波折却也顺畅，然而在汇入大海之时，却突然间乌云压顶，骇浪滔天。

18世纪，中国遭逢来自西方文明的挑战，在交锋中一败涂地。如此不利的状态下，中国不得不学习西方：先是学西方的军械，后来学西方的商业和工业技能，最后才不得不输入西方的思想与文化价值。由于学习西方的动力是失败之后不得已而为之，心理状态难以平衡，也就难以遵循正常的心态学习：严拒、不甘、饥不择食、囫囵吞枣，以至于五体投地，崇拜而不省察。近二百年来，中国人学习西方事物，几乎从来不先从根本入手，从事起码的研究。过去如此，近来又何尝不然？将来，希望有人能从根本上厘清西方思想的渊源、脉络，找到中西如何互相调适的途径。

几乎二百年来，中国人承认西方船坚炮利的优势，遂以为如此建设，即足以与西方对抗。可是，中国依旧输了。中国又觉得，西方民主政治乃是最进步的体制，然而如此主张的人士并没有注意：柏拉图曾经提醒世人，民主体制会被至少四种内在因素影响，转向僭主政治而毁损民主。而且，泛科学主义学派总认为，人类的社会正如生物一样，有一定的进化过程。那一过程，他们认为是历史的必然。但是，很少人知道，赫胥黎对达尔文生物演化论的误解已被人类学家指出；也很少人知道，如此理论所根据的历史，只是西欧中古以下的数百年而已，并未充分考察人类全盘发展中各种不同的途径及其后果。

综合言之，二百年来中国承受西潮冲击，中国的知识人之中，有些人惶惶不知所向，也有些人觉得只有全面学习西方一途。我斗胆提出：国人似乎眼光只在学会西方长处，只是舍己从人，而忘了审察中西心态其实相当不同，未曾想到从中西不同之处自省其差异。若能再从他人之长处接合设计，当能另辟蹊径，开拓新天地。

直到最近一两个世代，中国才刚刚重新站起来而已。但在站起来的过程中，中国付出了多少的代价，损失了多少的时间，以及多少聪明才智之士的能力、智力？为什么近代中国屡次失败？是自身的原因，还是外来的原因？这些都是我们该反省的问题。

如今，很多人服膺自由与平等乃是普世价值。可是，这一人权观念如果受到误解，可能导致个人与群体之间的关系失衡：个人只取不予，毁损群体，导致群体萎缩；最后社会离散，个人则回到弱肉强食的丛林法则时代。我提出这些煞风景的话头，并非故意浇冷水，而是提醒大家：二百年已经蹉跎而去，我们在拣选何所趋避时，千万不可以一厢情愿，务必冷静评估。理想境界之外，还有各种可能夹带出现的后果。

美国社会，近年来渐渐出现社群解体的现象。过去都市中，商会、工会及各种社会服务性社团都不再活动，各个教会也门前冷落。如今，很多人不再有公余的活动。进入养老小区，住客之间其实很少互动：邻居们在电梯里，互道一声"hi"而已；老年人退休后，老同事间互通电话外，几乎不再有人来往。凡此现象，这次瘟疫后显得尤其严峻。加之美国强调族群平权，有些人为了避免言词失检犯了忌讳，干脆不与人往来。整体言之，美国的社会正在疏离。美国出现的现象，其他国家的都市也都存在。

人间疏离的现象如此严重，以至于最近有些社会心理学家开始提出警告：人间已经没有梦想，也就没有理想。一种文化，没有美好的愿景，最终会僵化而停滞。一个人不必高尚到一切以天下为己任，然而至少可以自己有个愿景：愿意看见自己和子孙过如何的生活。自己努力一辈子，就是走向那个愿景。假如行有余力，也可以集合同志，讨论社会群体共有的愿景，大家彼此合作，以祈能够实现如此的美好境界。这一构想，并不需要人一开始就做大思想家，也不需要"打天下"，建立一个伟大的秩序。但是，没有如此构想，如何可以开始走第一步？至少先安自己的身，从安身再逐步走向立命，也就是自己终身的愿望。这种想法，应当不是一种浮夸的空想。

人类这一群居的动物，竟沦落到孤狼般离群索居的境地，以后的人类将如何自处？我抛出这一警号，也是盼望喜好群聚的中国人，能够思考、努力，寻找自己的理想境界，才能知道奋斗的方向。

我提出如下主张：每个人都有生存与发展的权利，社会群体在公权力的保护下，充分而又努力发展。社会给予个人发展的空间，个人将其发展成果回馈于社会的各个群体。个人发展中，参与竞赛者都有公平的机会，不应有个人能力以外的因素介入。竞争中，成功者应当将其所得成果适当地回馈社会群体。

我衷心祝祷，以上的观察，可以是解救今日人类疏离的对症良方。至少我盼望，各位在自己思索寻找的途径，你不是要做一个领袖，也不是要建立一个"理想国"，该做到的只是明确自己的下一步该如何走、该如何选择。这一步，不仅是会影响自己，也会影响到子女。就因为各位的理想，使他们走向理想的途径，延续父祖辈的构想而继续努力。

二

在最后，我愿意向读者报告，我对于近代中国一个巨大误区的认识。面对西潮卷来的几个浪潮——科学、民主与现代化——中国其实对这些观念的本义，及其在各时代的差异，缺乏仔细的考校。19世纪末到20世纪初的这些浪潮，决定了中国面对西方时自己觉得该走的方向。不必我一一指名，那些介绍西方思想的中国人士，都是出于好心，尽其全力，引进他们以为无须质疑的观念；而那些观念，正是使得西方从中世纪转入近代的主要理念。他们介绍这些观念到中国，无不希望中国在选择自己方向时，也遵循着西方同样的道路，挑选这些作为主要的支柱；也希望中国可以如同西方一样，既富又强，既自由又平等。然而事实上，近代世界历史呈现的真正面貌，却与那些前贤们的盼望和期许，有相当的落差。

先说"赛先生"（science）。中文"科学"两个字代表的乃是19世纪末到20世纪初的科学观念，但其实在20世纪中期科学已经有很大的转变。19世纪对知识的肯定性，是乐观而有信念的：牛顿的世界是如此清晰地平衡，又如此可知地精准。但是，在科学领域之中，许多新的现象发生了。牛顿所建构的机械式的宇宙，如同时钟一样精准，却被相对论与量子力学几乎完全颠覆。紧接着，"测量者的角度问题"也被提出。还有，宇宙本身的质和能之间究竟如何转变？对于质点与质点之间的互动，一波又一波物理学家提出新的意见。从相对论开始，又经过杨振宁、李政道对于这一课题的质疑；一直到今天，量子力学成为物理学的显学，也成为我们理解宇宙秩序的一个重要线索——我们才知道，那些牛顿假设的质点之间的关系，相当"一厢情愿"。量子与量子之间，其互动的关系非常奇特而复杂。宇宙不只有一个，宇宙的维度也不仅只是四个。量子力学的观点又影响了生物学的研究，于是发现细胞之内还有无数的粒子，在不同形式与不同关系之内彼此互动。其互动的情况似乎有规律，又似乎不是物理学中的空间和时间可以解释。

整体而言，21世纪的宇宙观，和牛顿时代太不同了。那一可知与不可知之间的间隔，似乎在又似乎不在。对于生命本身的定义，也从动植物扩展到各种微小的生命体，比如病毒，而无论大小，这些生命体之间都在互相影响。面对这个世界，必须说我们越看越迷糊，不是说我们没有能力看见，而是不断发现其复杂的程度，使我们觉得深不见底。

"科学"两个字，在过去是代表精准，代表几乎毋庸置疑的可测性。所以，在前辈们讲到"赛先生"时，会有如此的乐观和觉得可依赖，但今天实际上已经换了天地。我们不再觉得"赛先生"一定能解决所有的问题，甚至于误用"赛先生"可能导致更多的灾害。例如：我们使用的热能太多，就会导致地球过热；我们使用肥料过于频繁，就可能一次次伤害土壤。20世纪中叶，曾有农学家乐观地认为可以无限制地促进生产力，今天我们不敢再有如此乐观的预测。

再说"德先生"（democracy）。前辈们刚到美国，看见其民主政治,和中国的皇帝制度和权威结构太不一样了。他们看见的民主，实际上和书本上描写的当年美国开国时代的民主理想，也已经有很大的落差。再说，在美国、英国读书的前辈们，大多数时间在课堂与图书馆，不太知道一般政治运作的真相。

"民主"口号第一次被提出，是在法国大革命，自由、平等、博爱是革命的三色旗帜。我们也都知道，法国大革命几乎就像一场闹剧：丹东处死了反对派，也被后来的反对者送上断头台，最终又以拿破仑皇帝登基结束。这种结果，也正是证实了古希腊柏拉图的警告：一个民主的错误，会导致僭主的出现，使得本来可能维持的民主终于夭折。

美国的民主制度，也是从自由、平等观念步步演进而来。那些开国者，吸收了清教徒在美国建立殖民地，并由成员自己管理的经验。他们希望从公民的立场出发，使得国家政策的确立取决于多数选民的同意，建立一个老百姓自己的政权。而我们看见的实际运作是：美国开国时整个的结构，只是几十个高阶层的工商业者、银行家、保险商、大地主、运输业老板等等，以他们自己的理念写成了宪法。经过两三代的修整，将一些顾虑不周的漏洞逐渐修改，想以法律作为矫正宪法偏差或疏漏的机会。

从开国到内战，美国的"平等"与"自由"一直存在问题：黑奴是不是公民，能不能获得同样的平等和自由？妇女有没有平等自由的权利，为什么她们长期没有投票权？如此种种问题困扰着美国。在执行过程中，在不同的时空和情况下，面对着法律和实际情况之间的落差，美国该如何调适？正在发生的新情况，该如何写成条例，成为法律？这一过程，使得美国的政治运作表面上是取得大家的协议，实质上不免有许多意见在沟通之间，主要考虑彼此的私人利益。于是，看上去严肃的过程，背后却躲不开利益的交换。

因此，"德先生"也经常在改变性格，并不像我们前辈所理解，是可以随手借来的一件衣服，穿在身上，摇身一变，就成了新的人。"德先生"这件美好的大氅，并不是万灵药。果然，中华民国成立以后，只有很短暂的太平时期，外患和内部的分裂，让中国没有机会真正尝试：中国披上这件大氅时，大氅与穿着者都需要多少修改？

到今天，美国和英国的学者们也时时在自问：我们的制度弊病何在？为何我们始终修不好，老是出错？于是，"德先生"作为救星的梦想居然破灭，使得"普世真理"四个字很难落实。

到今天，海峡两岸对民主、自由、科学、革命四个方面的内容，还有待更明白的理解。大陆在科学上，过于注重实用性。一直到最近二十年来，才有一些年轻学者回头反思，开始深入探讨。从希腊、罗马时期开始，到文艺复兴时代，再到科学革命时代、民主革命时代、社会思想革命时代，在厘清其来龙去脉的过程中，才能看清哪些是属于演化过程的，哪些是虚有其表的，哪些是有时代和地区性的制约。

我自己的学习，一辈子带领我思考和追溯中国历史的发展过程，也思考世界近现代发展时，哪些问题终究是躲不开。总而言之，任何书面上讨论的理想，不能仅仅从表面上的陈述寻找它的真相。我们必须不断地思考、检验，才能看出当前的问题究竟在哪里，书本上的理论和现实之间的落差有多少。单单就眼前发生的现象，从书本上找标准答案，最后终于会发生方枘圆凿的窘局。

至于社会主义，我们也得追溯到马克思和恩格斯的时代。这一理想，其基础是认为人类社会正如生物学上的演化，有一定而可测的方向：一个阶段到下一个阶段是历史命定的，而且一定是进步的。我十几岁时，看见前辈们鼓吹他们心目中的理想制度，甚至于孙中山先生提出三民主义，都是抱持如此理想给我们承诺。如今看来，19 世纪提出的演化论或者进化论，禁不起现代学术工作的考验。今天的民族学和社会学调查结果显示，任何社会和群体都是不断在变化的，但这些变化并没有一定的规律，可以作为我们预测的导向。"进化"一词由日文转译，这个"进"字，其实产生了更多的误解。

当然，我们盼望任何社会都能够越来越走向合理，更公平地分配，对人的拘束更少，而且排除帝王、贵族的专权。在 20 世纪中期，西欧和北欧的许多国家不再从现代化的教条立场改组社会，所采取的方法是福利社会，点点滴滴逐步对正在执行的制度时时修改，以符合公民共享福祉的可能性。一些社会福利国家，以英、德为例，是以国家作为实践理想的场合。而在北欧，每一个社区是社会福利的共同体，在社区之内，大家共享资源、分担责任。由于社区人数不多，他们也可以根据实际需要，随时修正权利与责任之间的调配。这种社会福利国家，不是根据教条，也不是根据历史发展的使命，乃是根据实际的情况，努力组织一个人人参与、权利和义务相对应的公平社会。

从上面所说三个观念的变化，和今天看见的实际情况，我们知道：社会福利确实是一条应走的道路，但并非任何"主义"都可以以此当作自己专有的权力和权利。

三

对于正在剧变的世界，我不能无动于衷：今天我们身处的世界，乃是近五百年来演变的结果：因为那个过去的时段，正是西方基督教文明发扬蹈厉、笼罩世界的时候。到今天，这个西方基督教文明独擅胜场的时代，其动力却在变质，居然从想象中要建设一个以上帝恩赐个人福祉为主题的世界，转变为"强凌弱、富欺贫"的境地；而且，这种独擅胜场的局面，福山他们居然认为是"历史的终结"。为此，他们尽了一切努力，鼓吹要预防其他文化体系的崛起，以免自己的霸权被终止。我深深的体会是：福山等人所主张的，并不是个"大同世界"的情境。中国文化中的"大同世界"，是个人为全体，全体也为个人。在个人到群体的每个阶段，都有相对应的责任，也有相对应的义务。而群体的存在，则是提供个人无法独立完成的工作，有群策群力的动力，可以共同走向成功。

如果以《礼运·大同篇》的陈述作为上述鄙见的依据，每个个人的抱负，应当是"修己以安人"。"安人"的过程，从近到远，逐步扩大，最后达到"安百姓"，也就是安顿所有的人类。在这"大同世界"没有实现以前的"小康世界",至少要做到人人有工作,使得人尽其才、物尽其用、货畅其流。如此的世界,确实并不容易实现,因为五百年来,基督教思想中神与个人的单线关系,已经将各级的群体置于次要。这一形势,加上对达尔文演化论观念的误解,以为"强凌弱、富欺贫"是演化的常态,于是,强者、富者就有理由藐视与抹杀世界上穷而无告的地方和人民。

我对于中国未来的方向,有一个梦想:中国走向太平,其中的国民大多数生活在一个个的小社区,比如说五千到一万人的社区,社区中的住户彼此几乎都认识。如此社区,真正投票选举管理社区的人员,只要不超越社区的资源和能力,也不超越国家共同的制度,社区居民如何分担责任等等大小事项,都可以自己决定。这样的中国,将是符合中国理想中的"大同世界"。这个世界中有许多邻里乡党,而总的合起来,则是大家共同和平居住在国家共同体之内。

我也希望,中国在世界上不称霸、不称王。今天的世界上,从法国大革命以来,法国、英国、美国一家转一家地成为霸主;向他们挑战的德国、俄国、日本,又一家转一家地败下阵去。在这争霸的程序之中,至少有两次世界大战令大半个地球的人民卷入战祸,流离失所,伤亡遍野。胜利的国家继续维持霸权,以种种手段压制新的挑战者。挑战者与原来的霸主都以种种美好的口号,自认为是处于正义的一方。可是那些倒在战地的孩子,死于残破的城市与乡村的一般老百姓,却是争霸之中真正的牺牲者。谁无父母?谁无子女?谁愿意看见一个个可贵的生命为了霸主中若干"大人物",都化为战火中的灰烬?

我愿意看见,中国以世界上大国之一自居,对内使同胞们安居乐业,对外是一个力量,自己不称霸;也大声地呼吁:谁也不许称霸，面对任何霸主，全世界共讨之。

我已年迈，在老年时仰望青天，许下心愿：天地之间应该有如此的中国，中国应该有如此的社区。希望《礼运·大同篇》那个"大同世界"的梦想，早日在中国落实：

> 大道之行也，天下为公。选贤与能，讲信修睦。故人不独亲其亲，不独子其子，使老有所终，壮有所用，幼有所长，矜、寡、孤、独、废、疾者皆有所养，男有分，女有归。货恶其弃于地也，不必藏于己；力恶其不出于身也，不必为己。是故谋闭而不兴，盗窃乱贼而不作，故外户而不闭。是谓大同。

附　录

我的学思历程

这篇文章主要为了回顾我的学习过程，如此即可理解，我的思考方式以及写文章、讨论问题的形式为何如此。

我少年时期所接受的并非正规教育，但是因为小时候不能上学，反而比别人更早开始接触中国的经典。我在十岁左右，开始一面读白话文，一面也试读浅近的文言。无人教导，自行摸索，如果摸索错了，父亲随时可以指导。于是自己连蒙带猜地阅读，到十三四岁时，基本上古文阅读没有困难，也可以用古文撰写短文。当时我自己没把握，但是在家人朋友看来，水准也还可以。如今回忆：当时，我身无旁骛，唯有专心读书。清朝改革科举以前的传统教育，一个十二三岁的孩子足以考秀才，其程度就可以写议论文、诗词。我的进程，按照年龄，似乎并未严重耽误。

到十三岁，我们从战地回到重庆。那时候可以得到机会，看梁任公的文章，读《时事新报》的副刊《学灯》，每个礼拜一次，刊载各个专业的教授以及大报名刊重要作者们写的讨论文章，政治学、经济学等领域的都有。这个阶段的学习中，我是生吞活剥，囫囵吞枣地吞下去，也消化了——所以，人的消化能力是很强的。

那时候起，我就钦佩费孝通、周鲠生、吴宓这一类人物写的文章。许多今天被认为是经典的文章，我十三岁到十五岁之间，都已经当作日常读物。

我也并非"独学无侣"，有问题可以找父亲请教。兄弟姐妹们暑假和年底春假从学校回家时，我可以随时提问，他们的帮助，于我而言十分重要。所以，我的学习过程并非没有考核，家人如此的帮助，其实非常"实惠"。看得懂费孝通的东西，就可以看得懂吴宓。这个关口，使我从古典文化的学习，走入对近代社会科学的吸收，虽然是随机进行，但比别人早起步三四年时间——一般的朋友到十六岁左右，上高中才开始看这些东西。

如此"东拼西凑"之下，我的学习进度渐渐与同龄人看齐。这时我开始注意到《国史大纲》出版了。《国史大纲》的写法和以前几部国史，例如夏曾佑、章嵚等人的完全不同。钱宾四先生谈的是制度，而非传统地以历史人物为核心；也并非遵照《资治通鉴》的想法，其写法更接近司马迁的《史记》。《国史大纲》有政治史，如同《史记》的"本纪""列传"部分，就是其主干；当然书中也有经济史，相当于把《食货志》《货殖列传》镶嵌其中；还有地理、宗教（包括《封禅书》）等因素，也被纳入讨论范围。我第一次觉得，宾四先生的《国史大纲》写得真好。

有了前面在家自修的基础，等到直接进入高中接受正规的教育，接轨并不太难。抗战胜利以后，我回到无锡辅仁中学读高一，老师觉得我的中文、历史、地理不用补，甚至不用听课。几位老师，如裘维霖先生等，他们鼓励我自己读顾炎武的《日知录》、赵翼的《廿二史札记》这一类的书籍。这一机缘，使得我进入一个新的天地，就是中国传统学问的范畴，这批知识人花了大力气，开拓现代史学的范畴。这段经历让我明白：东林子孙关怀的不再是皇帝，而是老百姓的生活。我也关怀老百姓的生活，这是东林给我们的训练。

1949年渡海来台，我进入台湾大学读书，起初报考的是外文系。这是朋友的母亲替我报的专业，她觉得我身体残疾，读好了英文，可凭翻译为生，如果文笔不错，没准会成为另一个傅雷。但是我的兴趣在历史，读到二年级，遵照老师们的吩咐，我就转入了历史系：第一步接触到的，是李济之先生的考古学、凌纯声先生的民族学，因为这是历史系的必修课。这个阶段的学习，让我看到一个全新的面貌，就是在中国的"书本"文类以外，由社会科学以实证的方式，搜集新的材料，从新的角度寻找答案。考古学是要从一块瓦片、一件石刀，去推测许多书上不见记载、石头上也无迹可寻的现象——这些工具是如何生产、制作成型的，又是谁在使用？遗址是谁在何时、以何种方式建造，又是因何毁弃的？考古地层一层层摞上去，其转变的过程、演化的历史，又该如何解释？这些想法，是许多大学的历史系学生没有机缘听闻的。

等到二年级以后开始有断代史，大半是史语所的老师们授课：劳榦的秦汉史，严耕望的隋唐史，全汉昇的经济史。我没有选过严先生的课，那一年，他并未在台大开课。幸运的是，毕业后我进入史语所工作，严先生、劳先生和我三人共有一间研究室，常有请教的机会。后来再读经济史，是以全汉昇的近代经济史为主干。如此机缘，使史语所的历史组重叠在台湾大学历史系。我们全班同学十五人，真正愿意像我这么选课的，大概只有两三个，后来都进了史语所工作。这一过程中，我学习历史的取向与一般大学的历史系学生颇为不同，就是拜这三位老师的教导：他们论文的写作方式，与同时代北大毕业的许多先生不同，教学方式也有非常大的差异。究其原因，在于工作以后所接受的史语所的训练。

所以，我的学思历程，就脱离了中国大学传统的教学方式，亦即以中国为主，以史事为主，以主要历史人物为主的方式。我的思考是文化的、社会的、常民的；我所认为的演变是渐变的，没有进步，没有退步，却是不断变化：对于长程的历史而言，个别人物的变化是最小的影响因素，制度的变化更重要一点，文化的变化再重要一点，地理的影响最为久远。如此思考问题的方式，其着眼点是长程的"大历史"，这是得益于史语所研究传统，才逐渐习得的经验和眼光。

史语所的整体学术规划，也呈现出上述"大历史"的通盘眼光：对于整体的中国历史，每位学者分担其中一节，彼此分工、相互合作之下，学者们的专题研究就需要与其他同行相关联的研究衔接得上。这句话并不容易做到——做隋唐史研究的学者，要考虑到和秦汉史怎么衔接，和宋史怎么衔接；甚至于更遥远的，例如，古代经济制度或者中古经济制度，如何与全汉昇的近代经济史衔接。

平心而论，1949 年史语所播迁台湾，穷途末路，几乎收不到新人。大学毕业生到海外留学，常常读的是英文系，或者在当地找个小学校教汉学、教中文。当时在美国大学的汉学教授，不乏原来中国一流大学的名教授，为谋生计，只能委屈自己教"你好吗""我很好""邮政局哪个方向走""车站在哪里"这种课程。

对史语所我感恩的是，一辈子有幸成为这个传统之中的一员，而且承受了几位前辈大师的熏陶和教育。尤其李济之先生，把着学生的手在教。要知道，加入史语所考古组之前，他的博士论文是《中国民族的形成》，讨论的是建造城墙、长城与中国民族的演进。有几位历史学者愿意以如此视角写文章？

我写大学毕业论文时，李玄伯先生教授欧洲古代史与古希腊、罗马历史。他的讲授方法，是依法国当时正在发展的学风：从民族学、人类学的方向去思考。他思考的是民族如何形成，文化观念又是如何整合为一个系统。这是他传授给我的观念：不能将古代史简单地认为是"历史"，而应将其理解为人类走向"未来"的早期步伐参考。例如，"姓名"有没有蕴含信仰的信息？什么是"图腾"？为什么有"姓"和"氏"？周人的"姬"姓是怎么来的？商人的"子"姓又从何而来？——"子"姓的含义很清楚，是跟随燕子飞来的，燕子是使者，带来日光的恩宠和力量，带来"天命"。满人的民族起源传说中也有如此"奇遇"：努尔哈赤的祖先，吞食神鸟衔来的朱果，方才怀孕。凡此，都是同一条路上的文化传统。这一类传说，可以当作界定族群的标志，也是古代的所谓"记号"，人类学称其为"图腾"，源自印第安语词汇"totem"。

在如此训练之下，我对古代史的思考角度，就与读尧舜禹汤禅让、文王、周公、五霸、七雄等传统历史叙述训练出来的学生，有了完全不同的方向。我的大学论文在玄伯先生指导之下，写的是"室内葬"，即将死者埋在住房内部的风俗。我用古代考古学上的一种现象，来讨论"灵魂"的问题。整篇文章，讨论灵魂是什么，灵魂是从何而来，灵魂是否有形——它像飞鸟的样子，但看不见；它在人间有个歇脚的地方，可以将其召唤至此停靠。子女的鲜血，代表父母、先祖的灵魂与下一代的联系，所以把子女的血滴在神主牌上叫"点主"，能使父母的灵魂可以有所依附——依附之所不是那块木板，而是那滴血。

从这些观念，我将古代的丧仪——从病了之后的"叫魂"到最后的埋葬、祭祀——作了通盘讨论。最后讨论《礼记》里面的祭祀：祭祀是在想象——听见门在响，听见祖宗在咳嗽、讲话、哼唱等一类声音，要自己想象，"祭神如神在"。这种训练当然也是一个"特权"，没有几个大学毕业生在学术起步阶段，就有机会撰写此种论文。因为史语所与台大特殊的环境，我有幸成为玄老的弟子，亲聆教诲，于我而言这是毕生难忘的遭际。

有一门李玄伯先生的课，只有我和李卉两个人选修。我走路不便，李先生派他自用的三轮车到台大，接我们二人到家里一起上课。这种教育，带领我的学习方向，走向文化史。

我的硕士毕业论文，则是关于"天"和"帝"的界定："天"究竟是什么？"帝"究竟是什么？生命是什么？力量是什么？我讨论草原上"长生天"的气力；讨论茫茫苍天像盖子、像穹庐笼罩着我们；也讨论到盘古开天地，上半部的蛋壳升上去作天。但天本身有一个原始的"力量"，这个力量是"生命"。还有一个问题是：生命从何而来？生命的成长，是从地底下生发出来的。所以商人的"天命"，其力量是燕子从天上带来的；西周的"天命"，是草原边缘生长在石头缝之中的植物，就是今天的枸杞子——"姬"姓是枸杞子从石头缝中生长出来，而后给予的生命，枸杞子吃下去不仅疗饥，而且可以治病。

生命从地下来，生命从天上来，生命从女性象征的符号来。所以伏羲和女娲的交配，是"阳"和"阴"的交配，这就界定了中国宇宙观的"两分法"。两分合一，一动一静，一上一下，一阴一阳，变成八卦的基本构成。中国人的祭祀究竟是祭"天"，还是祭住在天上的"帝"（神明）？这很难说。生命的抽象化是神明，生命的具体化是苍穹——苍穹给世界以雨露，"帝"给人间以力量。所以沈刚伯先生在口试时提出：《诗经·鄘风·君子偕老》中的"胡然而天也？胡然而帝也？"即作者在咏叹如此观念的演变。

这使得我到芝加哥读博士时，已有了明确的方向。芝加哥大学的东方研究所发掘了两河流域、埃及文明的文化遗址，是美国考古方面最优秀的学术单位。两河学、埃及学以及古犹太学三门学问，是东方研究所的特色。中国所在的"东方"，则是一个附属的研究领域。芝加哥博物馆也藏有不少甲骨文。当年一个汉学前辈劳费尔（Berthold Laufer），是美国汉学的"开路人"，讨论到世界上植物的起源地，以中国为主体，考察物种从何处进入中国。这并非传统的课题，而是文化学与生物学的课题，因为他也是生物学家。这条路后来启发了李约瑟的"中国科学技术史"研究计划，李约瑟因此在云南留居数年，正好赶上西南联大搬到昆明。那时候，劳费尔已经去世了。他的学生顾立雅(Herrlee G. Creel)研究甲骨文，是第一位以英文著作介绍史语所在商代遗址考古发掘成果的学者，其发表论文比史语所还早。他指出，中国文化最重要的一个阶段，是正在发掘的商代遗址，这是极为重要的点，具有枢纽意义。他的眼光锐利，站在工地上看了五个月，就得出如此结论。使得全世界知道中国新发掘出如此重要的遗址，是他的功劳。

顾立雅说："你不用选我的课，关于阅读、学习、研究，我们每个礼拜谈话两小时即可。"他那时在研究韩非子与申不害，后来以申不害思想为主要研究对象。他觉得申不害被忽略了，但其实做了许多重要的贡献，比如申不害提出该如何客观评断一个官员的责任和表现，这是中国文官制度的开始。老实讲，申不害在中国的法家里面不太受重视，顾立雅的论点有他巨大的眼光。马克斯·韦伯讨论"现代性"的时候讲到，官员要有以职业为终身的"职志"，官员考核应是客观的。顾立雅则指出：官员考核方面，申不害的方法是可以量化成分数的。所以"形名"不是"形法"和"名字"，"形名"是"表现"和"内容"。

因为一些偶然因素，我在芝加哥主要选修埃及学，授课老师是约翰·威尔逊（John A. Wilson），主要集中在埃及的宗教改革。独神教第一次出现时，那一尊神阿顿（Atun）原是城市或部落的众多保护神之一；太阳神就是从独神教中出来的，和法老也有关系。这个论点，与我硕士论文对"天"和"帝"的考察所得出的观点互为呼应，所以和威尔逊先生的路子正好配套：为什么在中东是独一真神信仰，作为权威笼罩人间？而中国的"天"和"帝"，却是普世而全在的？

同时我还修读两河流域的考古学，那时有一个重要观点，是芮德菲尔德提出来的：urbanization。这个名词通常被翻译为"都市化"，其实是在中文学界延续了数十年的误读。Urbanization 的本义是指定居聚落内部出现复杂结构和专业分工的现象，一群人住在一起并非 urbanization，一个村落也不是 urbanization，唯有村落里有了人职、神职、商业、农业这类不同性质的分工，以及军人、老百姓的分别，才能如此称呼。它是由聚落走向国家化的过程——社群有机体出现，进而国家出现。如此特殊的定义，因为中文翻译的误解，使得很少有中国学者读到其文章就能明白其所指，而只能望文生义，紧扣"都市化"做文章。时至今日，中国考古学领域还有人犯如此错误。

我之所以修读上述科目，目的是了解三大古代文化——两河的三个朝代、埃及的两个朝代和没有朝代也没有国家的犹太信仰，以及已经出现国家形态后诞生的波斯信仰（波斯是两河流域的后代）。波斯古文化是四千年前骑马民族进入农耕地区以后，所建设而产生的重要现象。有了骑马民族，才有可能出现远程的征伐，然后才有了大规模移民逐渐充实欧洲。在芝加哥，我们认为这是很重要的一个论点。但是一般人在读古代史的时候，没有注意这种特色，也没有以比较的眼光考察欧洲的形成，并未将东亚的草原与农耕文明的对抗进行动态平衡的考察。

在芝加哥大学校园，有其他大学很少见的现象：两三位学者一起，可以组织一个相当专门的项目，自己找经费或学校贴补经费做独立研究，还有授予博士学位的资格；两个研究所的名字类似，但研究的内容可能完全相反。这才是"百花齐放"——正因为如此，学生在课外见面也彼此辩论，碰撞出思想火花。

因为行动不便，我借住在芝加哥神学院，神学院处于学校正中，一走出来是五十八街，对门就是东方研究所，向右一转就走到校总部的办公楼，再向左一转就是图书馆。神学院在多教派里保持中立，这里不仅有基督教各种宗派的教士，天主教徒、东正教徒、和尚、道士都可以在这里研究神学，经常能看见同学们的辩论。宿舍里面的休息室大概有五套沙发，每套沙发都是四五张围在一起，经常有小型讨论会在此举行。真正的讨论会，往往在开放浴室进行，同学们一边擦干身体一边彼此探讨，常常讨论没结束身体已经自然晾干了，辩论到一两点乃至天亮也是常事。

这种随机教育在神学院无处可逃，所以我受他们的影响，对神学特别感兴趣，就这样身不由己被拖入了这个圈子。究竟马克斯·韦伯讨论的是什么？东亚国家有不少学者讲韦伯的理论，不知其中有多少人真正全面而深入地阅读过其著作？例如，有些人武断地认为"儒商"现象是资本主义的开始，就是如此一个例证。

我对韦伯理论的理解，有过两个机缘。一个是听彼得·布劳（Peter Blau）讲韦伯的"志业"这一课题。他讨论国家起源阶段中，知识人是如何转变为社会管理阶层；哪类知识人可以完成上述转变，哪类知识人无法完成转变。这个课题的讨论非常细致，实际上是韦伯很注重的一点：因为新教革命最为重要的目的就是将罗马教廷推翻，改组为民族国家。平常我们讲改造民族国家，注重的是"民族"，可是彼得·布劳注重的是"国家"。我认为他和顾立雅的研究有颇多共通之处，于是将彼得·布劳的讲课内容转述给顾立雅。顾立雅第一次找我喝咖啡是与彼得·布劳一起，后来他们二位经常互相讨论问题，有时把我拖到一起来讨论。这个阶段的学习，对我的影响很大：等于是彼得·布劳做了一个导读，让我理解韦伯究竟在讨论什么，尤其是关于知识人的界类、分别——知识人是业余的，还是专业的？知识人是有使命的，还是游离的？美国现在的知识人是游离的，没有自己的立场，没有自己的园地，也就是没有自己的传统。中国的知识人，长期以来秉持儒家"修己以安民"的理想，是整个国家文化体制所寄托的很重要的一环。所以我后来写文章，常常注意知识人的性质问题，与这个机缘很有关系。

神学院里面有一位宗教学大宗师，米尔恰·伊利亚德（Mircea Eliade），他是生活在法国的罗马尼亚人。他讲"神圣"和"世俗"之间的界限，在神学院里讨论哪些是天、地、人之间的象征，哪些是善恶之间的象征，哪些是圣俗之间的象征。那时，他希望阅读《道藏》，但是读不懂，所以让我帮他读。那一任务实在艰巨：

我的法文水平有限，一般性的阅读可以，口语则完全不会；他讲的英文有罗马尼亚口音，所讨论的又是非常抽象的东西。二人纠缠三个月，居然也沟通下来了。这一番二人彼此纠缠、讨论问题的经验，对我影响很大，使我后来处理文化问题中的宗教部分，有了一些轮廓。很少有学生能有机会，遭逢如此机缘。米尔恰·伊利亚德的学生余国藩，毕业后留校，很快担任芝加哥大学讲座教授，以研究《西游记》享誉学界，将其翻译为英文版 *Journey to the West*。

在芝加哥大学，我曾五度经历外科大手术，矫正肢体的残废。每年七个星期的假期，有三个星期住院。在医院里面我看见生死存亡，看见无可救药；看见俊美的少年走进医院，却在一块白布蒙盖之下被抬出去；看见二十来岁的女孩子，只有五六岁这么大，心理长大了，人却长不大；看见黑人孩子因为基因缺陷重病在身，痛得死去活来……春去秋来，日月轮替，我看见对面墙上的藤蔓，从深绿转为枫黄，最后一片红色的叶子掉下来，年年如此。

于我而言，这些遭遇都是很深的刺激。那家医院主要治疗小儿麻痹症，有研究经费，我是被研究的对象，所以不用花钱就能住进去开刀。在那里碰到的病人、医生，看到的种种景象，四面八方来的人，不同职业、不同病情，我与他们谈话、聊天、分担他们的苦难，使我懂得了美国各阶层。很少有人有这个机会，没有界限、不带偏见，把这些问题端到面前，彼此平等地谈话。这使得我理解他们的困难，理解他们的家庭情形。父母把孩子送到医院看病，却不一定能每周过来看他们，来的时候和我打声招呼，经常就开始聊天。

这给我了一个罕有的机会，去深度地理解美国。如此种种刺激之下，我投入了当时很活跃的民权运动，协助工会帮助南方来的黑人找到工作，帮助他们抵抗"工棍"与流氓的欺负。当时其实冒着生命危险，但我自己却是毫无感觉。我和神学院的很多小牧师一起做这件事情，真的是抱着一腔正义。这也给我开启了一个新的角度，看见真正的美国社会。大多数中国留学生在书斋里、宿舍里，没机会看见这些众生相。

所以我在芝加哥大学的这段经历，无法重演，太古怪、太离奇。当然，我是受益者。当时有些曾经在中国传教的牧师，回到芝加哥还继续帮助中国学生。尤其一位在山东传教的美国女牧师，这位长者每个星期必定来访，问我需要什么，陪我聊聊天。另外有一位朋友，则是在医院研究部做研究员的中国女生。她在病房同一楼的实验室工作，将小白鼠解剖后培育细胞，研究如何将其基因转移至另一只小白鼠身上。在医院的饮食部，也有一位中国女生，她们二人经常轮流带着食物，陪我在床边共享中国餐点。

钱存训先生还给我安排了一份工作，坐在新建的图书馆里以玻璃隔开的小办公室，帮学生找书。研究生到中文图书馆来，不知道找什么书、看哪个科目的材料，我帮他们出主意：找哪本书看，在哪里，为什么看这本书……这也给我一份经验，得以体察不同的学生的需求。

芝加哥大学毕业后，我回台湾大学教书。那一段时间，我常常召集不同研究项目的朋友讨论课题。台湾自从土地改革以后，三七五减租、耕者有其田，实现农业现代化。有一个农村社会学工作小组，杨懋春曾经在山东做农村社会学研究，他领导这个队伍，邀我一起参加，我就有机会对台湾的农村做持续、深入的观察。这一工作组的任务，就是追踪土地改革过程当中，农民收入呈现如何变化——研究他们记账，持续十年，就知道他们怎么挣钱、如何消费，包括农民的生活、村庄内部的结构，以及职业的转换、人生规划方向的改变等等。当时我们还用科学技术帮助改良农产品，好处、坏处都出现了：好处是水果的种植改良了——寒带水果种在山顶，热带水果种在平地，必须在热带成长的水果在南部种植。台湾的水果之多、品质之好，琳琅满目：从梨、桃子、葡萄以至热带的释迦果、莲雾、香蕉……这些专业种植，都仰仗细致的实务研究：其品质好坏，究竟是依仗土地、肥料，还是取决于品种的改良？

农业改革的研究，也注意到农业资本转变为工业建设资本的情形。这时候，康奈尔大学的经济学家费景汉也应邀访问台湾，他研究的是农业经济，主张"非农收入"在农业经济里面的地位。后来，我写作《汉代农业》时，也特别从他的指导注意到非农收入在农村经济中所占比例。非农收入，主要指"农舍工业"中农村手工业的收入。中国农村没有单纯生产粮食的作业，农产品都是"一篮子"的作物。以我的计算，从汉代开始呈现农村产业的多样化，这一传统到宋代以至于今日：宋代农业与台湾现代农业中非农收入所占比例，都是差不多四分之一；而在无锡一带的农村，非农收入（丝绸生产所得）在农村收入中占了一半——这个比例很大，在世界上独一无二。

汉代的农村成为帝国的基础，道路系统是维持帝国的关键网络，这是我从社会学家杨庆堃先生那里学到的观念。这一结论，可以印证董仲舒提出的各个不同层次和空间的"感"和"应"，也能印证帝国从上到下的血脉贯通，以及为何到了近代，居然呈现血脉阻滞的毛病。

1970 年，我到匹兹堡大学教书。匹大历史系有五个科目，研究五个地区；还有两个研究项目，即农村社会与工业社会。大家举行定期的讨论会，跨组的、不跨组的会议都有。我进去后参与的第一个讨论会就是农村组的，他们假设土壤决定农业生产。我说：不对，土壤是被人创造的。我将中国农村的情形分析给他们看，向他们介绍汉代农书之中记载的高密集、高肥量的土壤的改造，以及小面积、高产量的精耕农业。这就将他们的基本假设推翻了。后来我将非农收入这一因素放进去考察，他们才觉得这是一个重要的因素：为何非洲农业不发达？为何两河流域的农业无法转型？为何埃及农业如此丰产，而最终不能转型？甚至埃及帝国为何不能扩张，而两河帝国可以扩张，以商业来抵制游牧民族的冲击？在这一理论框架下，以上种种问题都能得到解释。乃至后来资本主义发展，非农收入被工业扼杀，中国在道光以后农村凋敝，原因也在于此。

　　通常的汉学研究者，专注于某一个领域的研究，不容易碰到如此多的机缘，接触各种思想。只有跨学科、跨地区的研究者们彼此讨论，才有可能相互借鉴各自不同领域的经验和成果。如上思想、观念上的启发与突破，都是在与同事之间的相互讨论中得到的好处。而因为如此讨论，我才懂得美国的工会、商会等等在不同阶段的功能，以及不同的社会、社群、社区的功能。

　　更重要者，是我曾经代表台湾前往欧美，恢复学术界与外界的联系。我曾访问过许多学术机构，诸如法国巴黎索邦大学等，一家一家看，也参与他们内部的一些讨论会，我就对各家的研究方法、主要的学术趋向有了基本了解。自马林诺夫斯基之后，近代英国在学术方面较少重要创见。马林诺夫斯基创立的"functional school"被翻译为"功能学派"，这个名称是不对的。"Function"是数学方程式里面的"函数"，变量在方程式里面的位置一变，方程式本身也必须跟着改变——方程式内部是彼此呼应的，所以这个学派的名称应回归其原意："函数学派"。我对法国、德国的学术最为看重。在法国，我相当深入地与几位研究"大历史"的学者讨论。从他们的定义来看，李约瑟的研究并非法国年鉴学派所谓"大历史"的范畴。其所主持的有关中国诸多项目的研究工作，各部分存在相当大的个体化差异。我同意他们的话，"大历史"不是以一个点来见全貌，而是要看历史长程演变的因素，着重文化体内部不同因素变化的快慢：地理因素不变或者变得慢，个人因素变得快、变得频繁。

除韦伯理论和年鉴学派的"大历史"之外，另一使我极为受益的，是雅斯贝尔斯的分类比较。独特的性质，决定独特的方向。这一论点，对我影响很大，令我尝试认识每个文化系统各别具有的特性。像《水浒传》里讲"人无同面，面面峥嵘"，每个人都有独特的谱系、独特的性格、独特的走向。

于是，我在美国学术界的讨论，也往往着重于中国文化与西方文化之间的差异。其一是气候与生态，美国内政部专门研究生态环境的人员，邀我参加他们对森林维护、水源保护等项目问题的讨论。我答应参加，但是也说明：我想先听你们的讨论和做法，将来我再从你们的角度撰文加入论集。那时候，我们介绍中国的风水和生态的观念，也介绍了中国农民在农村建屋、填土等等都要考虑到风水，约请风水师指导，以求趋吉避凶。其实中国人的风水观，并不是只为了吉凶，也是为了生态——人不能破坏水道，因为河流会影响沿途的全部。

这类观念的讨论，引发我对美国南部田纳西水利工程的质疑。后来我说明自己的观察：从飞机上看，各国主要河流越到出海口，河道往往越宽；美国的河流，却是越到出海口，河道越窄——水都被用掉了、堵住了、吸走了。我说你们让河道的功能倒过来走，将来会受天谴。

我平生最得启示的经验，是参加了艾森斯塔德的讨论团队。我参加他的集体讨论，至少有五次。他的团队基本成员有十多位学者，这些讨论会轮流在各处进行。因此之故，我至少到了六个国家，与当地学者讨论，也就对这六国的人情风俗有所了解。我们不是观光，只是住在学校附近的小旅馆，借用课室进行讨论；因为我们不愿增加学校的负担，往往自己申请补助经费。

我自己参加的几个课题，一个是现代化的问题——后来我们得出结论，没有一个固定的现代化模式，现代化是多样性的，有种种不同的"现代"（multi-modernities）；第二个是有关知识人（intellectuals）的讨论，知识人的特色其实也是多样性的。我们也讨论文化的定义：文化是神圣的还是世俗的？是统一的还是分开的？有的国家（比如中国）是统一的，有的国家是分开的。与不同国家的学者讨论不同课题，每个人讨论的风格、证据提出的过程、专业知识背景、怎么样讨论、怎么样融合……这些讨论，使我受教无穷。中国学者之间的讨论，很少如此形式。中国的讨论牵扯到辈分、身份等等社会因素：对长辈讲的话不要反驳，不要提问题；也同样避免因个人因素引发的无谓争执……

此外，我还担任"蒋经国国际学术交流基金会"的董事，主持"北美审查小组"，每年要审查大概百件申请案，核准率大概百分之十五，三十年看了三四千件。这种服务，对我也是教育：我的"杂学无章"，很多是从看这些申请案得来的。所以我的经验非常复杂，没有办法将其归类。人家不大愿意去参与这类事务，我愿意，而且乐此不倦，得益良多。

我的平生经历，并不在常轨之内。我盼望在此篇"自白"以后，大家会知道我为何会形成如此"杂学无章"的风格。依我的教学经验，我总觉得不能完全按照特定的工作模式与特定的进度，每个人有其特色。我主张每个人凭借其各自的背景、性情和训练，会发展出特定的风格，进而造就出特定的人物。

余　白

这本书稿即将完成，本打算作为《万古江河》的续编，以补充过去陈述的分析以外，又在别的层面进行一些讨论，以说明中国这一华夏共同体，如何可以经历数千年而不败。这本书写作过程中，我的想法逐渐改变，终于走了完全不同的路线，可以说与《万古江河》居然脱钩，全然不同了。如此改变，是顺着自己的思考路线发展，顺其自然；而且因应着考古材料的众多，有一半以上的论述是有关考古成果的启示，而并不限于传统的文献资料所记载的范畴。为此，我向故人吴美云和《万古江河》当年的编辑汤世铸致意：我平生著作，其计划与开展的过程，以《万古江河》最有特色，而在本书初期几章，我也将初稿送请汤世铸先生过目，承蒙他指出一些应该纠正的地方。到后来，发展过程完全脱离了原来的构想，那些章节已经完全与初稿的论述不同。无论如何，我对汤先生的情义，十分感激。

我已老迈，大概再无余力，撰写如此较具规模的专著。在此刻，行年九十三岁，我不能不回顾一下终身的学习成长过程。长达数十年的学习，第一个阶段是先父自己的指导；等到十五岁，我才进入辅仁中学，接受正式的教育；十五岁到今日，是七十八年了，在这漫长的学习经历中，我承受了许多师友的教诲和引导。没有他们的培植和灌溉，我七十多年的生活，不可能如此的有意义，如此的丰富，如此的快乐。因此，此刻我要感谢所有过去接触到的老师、朋友和同学们。

对于窗友，他们无私地帮助我，为我解决伤残经常碰到的问题：扶我上下台阶，陪我走完在学校里面转课堂的路程，帮助我携带书本和其他用具……这些看似很小的事情，于我而言都是时常觉得难以克服的困难。他们的帮助，使我可以顺利地在中学到大学的求学阶段，度过一段几乎独立的生活。在此期间，我才逐渐习惯于自己的先天残疾所带来的限制。

一生的岁月，我经历过不同的阶段，必须不断地调整身心。例如，我在芝大读书时，居然得到学校所提供资源，为我做矫正残疾的外科手术。那五年之中，每年大概有三到四个月，我是在医院度过。而其中一半的时间，不是在病床上躺着疗伤，就是戴着石膏套，学习如何行走。在这一段岁月之中，在芝大的中外朋友，尤其几位在医院服务的华人同胞，知道有如此一个病人后，花了时间、花了精力，在病床旁边陪我度过了寂寞的疗伤时期，也使我感觉到人间的温暖。这些朋友们无私地付出时间，尽他们的力量给予我帮助，有时还特别为我烹饪中国饭菜，也陪我聊天。更可感者，是钱存训先生和师母对我的照料无微不至；那时候，舍弟翼云正在伊利诺伊大学读书，每逢我开刀之时，他都赶来陪伴、彻夜不休，等我醒来而且恢复生活常态，他才离去；此外，有两位医院里面工作的朋友，每次开刀的时候，都会在手术室外面等候消息。如此的耐性和这种的照顾，使我在最困难的疗伤手术过程中，居然就这样顺利度过了。

我的人生阶段，颇多时候都是因为情势所致，被卷进一些始料未及的工作。最主要者是在回到台湾以后，我不知如何就开始在媒体上写社论，批评当时的形势和局面；也不知如何就卷入知识群体的抗议活动，要求当局进行体制改革。而紧接着，就是参与了台湾在各方面开始推动的体制开放和经济建设。在这些过程之中，我认识了不少媒体的朋友；而有些原来认识的朋友，忽然变成运动中的同事。现在回想当时，诸如此类的项目，实在是令人既紧张又兴奋。有时候，半小时之内要完成一篇社论，越洋传至报社。从美国回台湾，从下飞机到离开几乎没有空闲时间，要组织小组讨论，或者建议当局如何约请专家参与工作。这种生活，前后差不多有十年之久。我认识了很多终生不渝的好友，例如沈君山这位久已故去的老友。

由于师长的吩咐，我奉命与国际学术界重新取得联系。这种工作，使我学到了如何与友邦的学者讨论合作项目：既要顾及自己国家和单位的尊严，又要考虑如何使对方和我们确实公平地彼此获益。这些工作并非讨价还价，只是如何拿捏分寸，确实必须在工作中学习。为了这一类的工作，我也和几位朋友有了终身携手办事的友谊。后来"蒋经国国际学术交流基金会"成立，我长期担任创会董事。在这段三十年的任期，我幸运地能够与这些各行业的精英，共度这段有意义的时光。对所有的朋友们，我在此诚挚地表示感谢，感谢他们让我有机会在工作中成长，也让我知道什么叫作"友谅、友直、友多闻"。

我不能一一列举所有人的名字，然而我永远不能忘记一些老师，我向他们诚敬地表达我的感谢。首先，辅仁中学的老师中，对我特别注意者，有李康复先生、裴维霖先生、沈制平先生。在台湾大学，我必须感谢傅孟真校长、钱思亮校长、沈刚伯先生、李玄伯先生、李济之先生、凌纯声先生、芮逸夫先生、董彦堂先生、劳贞一先生、夏德仪先生、英千里先生、台静农先生。他们对我的教导，终身受益。在"中央研究院"史语所，胡适之院长、王雪艇院长、高去寻先生、严归田先生、全汉昇先生、石璋如先生、陈槃庵先生、高平子先生，他们对我的指点，引导我的方向，矫正我的错误，也都是别处无法找到的。在芝加哥大学，我必须感谢顾立雅先生、钱存训先生、约翰·威尔逊先生、彼得·布劳先生、米尔恰·伊利亚德先生。在芝大的岁月，承蒙他们指导和照护，使我在求学的过程，得到良师的耳提面命，完成了我生命之中最重要的一个阶段。对他们，我终身感恩。

我也有一批非常钦佩的前辈，居于师友之间，从他们那儿我得到许多指导和帮助：吴大猷院长、陈荣捷先生、陈天机先生、杨庆堃先生、刘子健先生、萧公权先生、李霖灿先生、高锟先生、林南先生、Samuel Hays 先生、Shmuel Eisenstadt 先生、David Deans 先生、Richard Walker 先生、Burkhart Holzner 先生、林嘉琳女士、Richard Smethurst 和 Mae Smethurst 夫妇、Tom Ruski 和 Evelyn Ruski 夫妇、James Watson 和 Rubie Watson 夫妇。我对他们虔致敬礼和思念。

在同学和同仁中，我特别需要感谢赖威廉（William Lyell）、沈宣仁、马汉宝、李亦园、朱云汉、王德威、金耀基、刘遵义、胡佛、沈君山、刁锦寰、郝履成、钱煦、余英时、张光直、朱永德、戴鸿超、罗锦堂、罗小梅、郭吉光、华世泌、王正义、潘超、Magret Chu、陈方正、余纪忠、吴美云、张作锦、简静惠、甘琦、刘振强、肖远芬、陈航等等。这些朋友，帮助我、启发我，我对他们感激不尽。

对于所有这些人，我诚挚地感谢你们的引导和帮助。没有你们，我不可能有今天。谢谢。

本书有关考古部分得以完成，需要感谢以下诸位给予的启发和灵感：许宏、孙华、陈星灿、邓聪、邓淑苹、郭大顺、刘家和、李峰、林嘉琳、石兴邦、孙岩、谢飞、施劲松、唐际根、吴霄龙、吴瑞满、王明珂、王巍、杨建华、朱泓。他们的著作，有的给予我考古学方向上的提示，有的说明了某些地区具体的考古现象。他们所给予的启发和解释，都已融入这本书中。尤其是许宏，因为书名和结构的变化，两度费心审稿并撰写序言，纠误指正数十处。其为学术这一共同志业所付出的心力，令我感佩，无以言表。

　　还需要特别感谢两位故人：张忠培和童恩正。承蒙忠培的安排，我才能连续十年每年都回国，访问考古遗址或研究单位；也和他共同安排了几次讨论班，与国内的考古同仁交换意见。那十年间，我从他那儿学习了中国考古学最重要的部分。我们同在遗址时，彼此商量对于这个特定遗址的解释，寻找其在中国历史上的意义。最后一次我们在一起，是访问广富林遗址。那一次我记得很清楚，我们的主题是：究竟如何寻找一个文化的发展——到了哪一个阶段，这个集团可以称为国家？这一些讨论，总是脱离不了他记忆中的苏秉琦先生和我记忆中的李济之先生。我们常常感慨：假如没有两岸的分隔，这两位老先生能够携手合作，中国的考古学可以少走多少冤枉的途径！

　　恩正在匹兹堡访问过，他也曾经替我代过课。这个绝顶聪明的朋友，不仅是见多识广，而且常常可以从一个问题，引发我们共同寻找在某些方法学上课题进一步开展的可能。例如，我们都讨论过"秦岭—汉水—淮河线"，而且从那个现象上引出他的意见：在中国黄河流域和长江流域，从北面到西南，有一个巨大的山岳弧形；而且北部高原的纬度和西南山岳的高度，形成一个气候的特殊地带，高寒地点可以在北部的高纬度，也可以在西南部的高海拔。他也常常提到，所谓"丝绸之路"其实不只是西北通道而已，南部的海洋通道穿过西南山岳谷地，可以直达印度洋或者南海。从这些意见，我们也曾经想过：四川介于这两个弧形带的交界处，也许可以在这个方面找到一些线索，说明在黄河地带以外，四川以下的长江，可以是中原以外另一个重要的发展线索。

我们也讨论过，公元前 2000 年左右（距今四千年前），龙山文化的突然萎缩，应当是与历史上"祝融八姓"的扩散有相当的关系。他们自称是敬拜火神祝融的族群，这一群体就是来自东方，供奉日光、火焰的龙山文化族群。这次中国历史上的大扩散，其意义不亚于中东历史上犹太文化的大流散。说到这里，我特别怀念与这两位故人的交往。他们让我体会到，"益友"的"多闻"，在人生之中是如何难得的际遇。

我无法在此处将每一位多闻益友给我的帮助一一叙述，只是我对上述各位朋友的帮助和提示，心存感激。

近年来，回忆当年在南京和国内各处访问，获得许多朋友的协助与照顾，其中尤其可感者，是葛岩与马敬伉俪，以及刘波、樊和平、陆挺、陆远、张维迎、赵冬梅、朱汉民等诸位学界朋友，他们对我护持有加，我铭感于心。

我还必须感谢，参与本书写作与编辑的同仁。本书写作的主要助手是冯俊文，没有他做整理工作和规划全书的出版事宜，仅凭我的口授稿，必定不能如现在的面貌出版——既具有可读性，又在格式、体例上井然有序；他还将我的部分口语整理成文字，这牵扯到我的口语和他的笔录之间如何调和的问题，是一项相当繁重的工作（张希琳也参与了前几章文稿的初步整理）；本书几度更改结构、八易其稿，俊文全程参与讨论，无论结构、论述、史实还是遣词造句，他都尽心尽力，给予种种建议和协助。有此助手，是我晚年难得的幸运。姚大力、王奇生、王媛媛、杨博四位教授，从专业角度提出若干修改建议，令我非常感激。林昌丈先生数易其稿，专门绘制了相当精确的地图，使本书增色不少。还需要感谢本书的编辑马希哲及其同仁，他们共同努力找到可用的图片和资料，极大完善了本书的内容；对于他们的尽心尽力，我感激万分。

最后，我不能不对我的家人表示我的感恩。父母生我，是个残废儿，但他们对我的照顾十分辛苦，终身教导，也处处顾全我能如何学习、如何吸收。我的兄弟姐妹，尤其我一胎同胞的翼云，为了照顾我这一伤残手足，无处不是小心翼翼，随时准备伸以援手。对于家人，我不能说谢，但是我之所以有今日，都是因他们无私的容忍和帮助才能做到。曼丽是我的爱妻，任何女孩子要与一个残缺之人携手共度一生，如此难以预见的情况，必须是心里先有准备，要终身劳累。她，就是做了如此勇敢的决定。我们之间的爱，无遮无掩，全心全力，这使我们两个人之间今天如同一人；而所有因我而生的种种困难，她都尽心尽力，无怨无悔，终身负荷。我们的誓言是：如果人有来生，我们还会在一起。

儿子乐鹏、媳妇归诗雅以及孙子归仁，他们在我们的生命中，是非常重要的人。而在我病中，他们协助曼丽日夜操心，尤其媳妇的针灸，对于缓解我严重的神经痛，几乎产生奇迹一般的效果。每次针灸，都是他们夫妇二人共同寻找穴道，然后儿子扶持我，媳妇施针。小孙子只要有空，就在我床前与我谈话，让我知道他的学习过程。这种天伦之乐，是上帝的恩赐。

部分图表出处

33 页地图：Zhao Zhijun,"Archaeobotanical Data for Research on the Introduction of Wheat into China," *Chinese Annals of History of Science and Technology 1* (1), p.70. 根据本书观点略有调整。安志敏《中国稻作文化的起源和东传》，《文物》1999 年第 2 期。

42 页地图：韩茂莉《中国北方农牧交错带的形成与气候变迁》，《考古》2005 年第 10 期。

58 页图表：张弛《原生新石器社会走了多远——论中国史前复杂社会的三次区域性兴衰》，《文物》2023 年第 6 期。感谢作者授权。

62 页地图：孙亚冰、林欢《商代地理与方国》，中国社会科学出版社，2010 年，238 页。根据本书内容略有调整。

79 页插图：1-3,俄军主编《甘肃省博物馆文物精品图集》，三秦出版社，2006 年；4,高大伦主编《三星堆出土文物全记录·青铜器》，天地出版社，2009 年；5,《中国青铜器全集·滇昆明》，文物出版社，1996 年。

80-81 页插图：1,高大伦主编《三星堆出土文物全记录·青铜器》；2,孙华《三星堆"铜神坛"的复原》，《文物》2010 年第 1 期；3-5,《长沙马王堆一号汉墓》，文物出版社，1973 年。

88 页插图：1-2,《双璧同辉》，文物出版社，2022 年；3-4,《湖北保康穆林头 2017 年第一次发掘》，《江汉考古》2019 年第 1 期，5,高大伦主编《三星堆出土文物全记录·玉器》。

151 页插图：《法藏敦煌西域文献》，上海古籍出版社，2002 年，

186 页插图：1,刘朝辉《外销、内销与其他：唐青花瓷再议》，《跨文化美术史年鉴 3》山东美术出版社，2022 年；2,曾超群编《南海 I 号：历尽千帆归来新》，西安出版社，2021 年；3-4,刘岩、秦大树、齐里亚马·赫曼《肯尼亚滨

海省格迪古城遗址出土中国瓷器》,《文物》2012 年 11 期。

245 页插图:《清宫武备图典》,故宫出版社,2014 年。

图书在版编目（CIP）数据

经纬华夏 ／（美）许倬云著 . —— 海口：南海出版公司，2023.9（2025.8 重印）
ISBN 978-7-5735-0537-8

Ⅰ．①经… Ⅱ．①许… Ⅲ．①中华文化－研究 Ⅳ．① K203

中国国家版本馆 CIP 数据核字（2023）第 119661 号

审图号：GS（2023）2264号

经纬华夏

〔美〕许倬云 著

出　　版　南海出版公司　　（0898）66568511
　　　　　　海口市海秀中路 51 号星华大厦五楼　邮编 570206
发　　行　新经典发行有限公司
　　　　　　电话（010）68423599　邮箱 editor@readinglife.com
经　　销　新华书店

文稿整理　冯俊文
项目统筹　马希哲
责任编辑　张　苓
特邀编辑　王　悦　张博炜
营销编辑　王　玥　李　妍　崔航蔚　吴泓林
装帧设计　韩　笑
内文制作　贾一帆

印　　刷　河北鹏润印刷有限公司
开　　本　880 毫米 ×1230 毫米　1/32
印　　张　10.5
字　　数　240 千
版　　次　2023 年 9 月第 1 版
印　　次　2025 年 8 月第 4 次印刷
书　　号　ISBN 978-7-5735-0537-8
定　　价　69.00 元